Einführung in das Steuerrecht
Band 6

Norbert Löschke
Umsatzsteuer

Umsatzsteuer

von

Norbert Löschke
Dipl.-Finanzwirt

C. H. Beck'sche Verlagsbuchhandlung
München 1990

CIP-Titelaufnahme der Deutschen Bibliothek

Einführung in das Steuerrecht. – München : Beck.
Bd. 6. Löschke, Norbert: Umsatzsteuer. – 1990

Löschke, Norbert:
Umsatzsteuer / von Norbert Löschke. –
München : Beck, 1990
(Einführung in das Steuerrecht ; Bd. 6)
ISBN 3 406 34863 7

ISBN 3 406 34863 7

Druck und Bindung: Weihert-Druck GmbH, Darmstadt

Vorwort

Dieses Lehrbuch stellt die Grundlagen und die Systematik der Umsatzsteuer dar. Es vermittelt das für diesen Rechtsbereich erforderliche Fachwissen insoweit praxisnah und übersichtlich.

Es soll sowohl ein Hilfsmittel für den Unterricht als auch ein Nachschlagewerk für jeden Interessenten sein, der sich mit den Grundzügen des Umsatzsteuerrechts vertraut machen will Das Lehrbuch eignet sich somit gleichermaßen für die Auszubildenden der steuerberatenden Berufe und der Finanzverwaltung, als auch für die Aus- und Fortbildung im kaufmännischen Bereich. Insbesondere die zahlreichen Beispiele und Übersichten ermöglichen dem Anfänger einen problemlosen Einstieg in diese komplexe Rechtsmaterie.

Durch den Vertrag über die Schaffung einer Währungs-, Wirtschafts- und Sozialunion zwischen der Bundesrepublik Deutschland und der Deutschen Demokratischen Republik gilt seit dem 1. Juli 1990 auch für die DDR ein Umsatzsteuerrecht nach dem System der Mehrwertsteuer, das inhaltlich im wesentlichen dem der BRD entspricht.
Da im Zeitpunkt der Drucklegung noch nicht abzusehen war, in welchem zeitlichen Rahmen die staatliche Wiedervereinigung erfolgen wird, sind die in der DDR geltenden Besonderheiten des dort neu eingeführten UStG besonders erwähnt und gekennzeichnet.

Ich werde mich bemühen, auch in Zukunft die Aktualität dieses Lehrbuches zu gewährleisten. Für Anregungen und Hinweise bin ich jederzeit dankbar.

Düsseldorf, im Juli 1990 Der Verfasser

Inhaltsverzeichnis

A. Allgemeine Einführung

B. Leistung und Leistungsaustausch

C. Lieferung als Unterart der Leistung

D. Sonstige Leistung als Unterart der Leistung

E. Werklieferung und Werkleistung

F. Unternehmer und Unternehmen

G. Erhebungsgebiet

H. Steuerbefreiung und Option

J. Steuersätze

K. Bemessungsgrundlage für Leistungen

L. Eigenverbrauch

M. Vorsteuerabzug

N. Entstehung der Umsatzsteuer

O. Besteuerungsverfahren

P. Exkurs: Besonderheiten im innerdeutschen Waren- und Dienstleistungsverkehr

Abkürzungsverzeichnis

Abs.	Absatz
abzgl.	abzüglich
AfA	Absetzung für Abnutzung
AG	Aktiengesellschaft
AO	Abgabenordnung
BewG	Bewertungsgesetz
BFH	Bundesfinanzhof
BGB	Bürgerliches Gesetzbuch
BMF	Bundesministerium der Finanzen
BStBl.	Bundessteuerblatt
bzw.	beziehungsweise
d.h.	das heißt
ESt	Einkommensteuer
EStG	Einkommensteuergesetz
EStR	Einkommensteuer-Richtlinien
EW	Einheitswert
EWG	Europäische Wirtschaftsgemeinschaft
f; ff	folgend; folgende
GbR	Gesellschaft bürgerlichen Rechts
ggf.	gegebenenfalls
GmbH	Gesellschaft mit beschränkter Haftung
grds.	grundsätzlich
GrESt	Grunderwerbsteuer
i.d.R.	in der Regel
i.H.v.	in Höhe von
i.S.d.	im Sinne des
i.V.m.	in Verbindung mit
Kfz	Kraftfahrzeug
KfzSt	Kraftfahrzeugsteuer
KG	Kommanditgesellschaft
lt.	laut
m.E.	meines Erachtens
Nr.	Nummer
o.ä.	oder ähnlich(e)

o.g.	oben genannt
OHG	Offene Handelsgesellschaft
S.	Seite
s.	siehe
s.o.	siehe oben
sog.	sogenannt
Stpfl.	Steuerpflichtiger
TBM	Tatbestandsmerkmal
u.	und
u.a.	unter anderem
u.ä.	und ähnliche(s)
USt	Umsatzsteuer
UStDV	Umsatzsteuer-Durchführungsverordnung
UStG	Umsatzsteuergesetz
UStR	Umsatzsteuer-Richtlinien
usw.	und so weiter
u.U.	unter Umständen
vgl.	vergleiche
v.H.	vom Hundert
z.B.	zum Beispiel
zzgl.	zuzüglich

A. Allgemeine Einführung

I. Systematik und wirtschaftliche Bedeutung

1. Systematik

Die Umsatzsteuer wird als *"Allphasen-Nettoumsatzsteuer mit Vorsteuerabzug"* bezeichnet.

Was bedeutet dieser Begriff?
Jeder einzelne, von Unternehmern ausgeführte steuerbare Umsatz (sog. Ausgangsumsatz) wird in jeder Wirtschaftsstufe (z.B. Produktionsstufe, Großhandelsstufe, Einzelhandelsstufe) besteuert, indem anhand dieses Umsatzes eine Umsatzsteuer berechnet wird (*Allphasensteuer*).
Ausgangsbasis für die Berechnung der Umsatzsteuer ist stets der vom jeweiligen Unternehmer kalkulierte Preis **ohne** Umsatzsteuer (*Netto - Umsatzsteuer*).
Die Umsatzsteuer wird dem kalkulierten Nettopreis aufgeschlagen und dem jeweiligen Abnehmer abverlangt.
Von der so beim Unternehmer entstandenen Umsatzsteuer kann die dem Unternehmer von seinen Vorunternehmern z.B beim Wareneinkauf (sog. Eingangsumsatz) in Rechnung gestellte Umsatzsteuer als Vorsteuer abgezogen werden (*Vorsteuerabzug*).
Die sich als Differenz zwischen Ausgangs-Umsatzsteuer und Vorsteuer ergebende Zahllast ist die eigentliche Steuerschuld.

Somit ergibt sich durch den Vorsteuerabzug keine umsatzsteuerliche Belastung, soweit Waren und Dienstleistungen innerhalb der einzelnen Unternehmerebenen weitergegeben werden.
Der private Endverbraucher trägt die wirtschaftliche Belastung, da er einerseits den Bruttopreis (also Waren- oder Dienstleistungswert zzgl. USt) aufwenden muß, andererseits keinen Vorsteuerabzug erhält.

Auf der einzelnen Unternehmerebene wird hingegen im Ergebnis nur der jeweils erzielte Mehrwert versteuert. Aus diesem Grund bezeichnet man die Umsatzsteuer auch als Mehrwertsteuer.

Übersicht: Systematik der Umsatzsteuer

"Allphasen - Nettoumsatzsteuer mit Vorsteuerabzug"

	Hersteller	Großhändler	Einzelhändler
Netto-VK Preis	1.000 DM	3.000 DM	4.000 DM
USt	140 DM	420 DM	560 DM
Brutto-VK Preis	1.140 DM	3.420 DM	4.560 DM
Steuerberechnung			
Steuerschuld	140 DM	420 DM	560 DM
./. VorSt	--	140 DM	420 DM
= Zahllast	140 DM	280 DM	140 DM

Die "verbleibende Umsatzsteuer" ist stets nach folgenden Schema zu berechnen:

Umsatzsteuer auf den Ausgangsumsatz
./. Vorsteuer
= Zahllast oder Überschuß (d.h. Erstattungsanspruch)

Überprüfen wir die einleitend aufgestellten Grundsätze:

"Allphasensteuer":
Auf jeder Produktions- bzw. Handelsstufe (hier: Hersteller - Großhändler - Einzelhändler) wird Umsatzsteuer berechnet.

"Netto - Umsatzsteuer":
Berechnungsgrundlage ist der jeweils berechnete Warenpreis, ohne daß die Umsatzsteuer einbezogen wird.

"Vorsteuerabzug":
Die vom jeweiligen Vorunternehmer in Rechnung gestellte Umsatzsteuer kann als Vorsteuer und somit zahllastmindernd gegenüber dem Finanzamt geltend gemacht werden.

"Keine umsatzsteuerliche Belastung auf der Unternehmerebene":
Die einzelnen Abnehmer "finanzieren" durch die Bezahlung des Bruttopreises die auf den jeweiligen Ausgangsumsatz zu berechnende Umsatzsteuer. Daneben wird die auf dem Eingangsumsatz lastende Umsatzsteuer als Vorsteuer berücksichtigt.

"Mehrwertsteuer":
Betrachten wir dazu den Großhändler!

Die vom ihm bezogene Ware hat einen Wert (ohne USt) von	1.000 DM
der dem Einzelhändler berechnete Wert (ohne USt) beträgt	3.000 DM
vom Großhändler realisierter Mehrwert	2.000 DM
Die Zahllast beläuft sich auf 14 v.H. des Mehrwerts, also	280 DM

"Die Wirtschaftliche Belastung trägt der Endverbraucher":
Der Endverbraucher muß insgesamt 4.560 DM für die Ware bezahlen. Da er keine Möglichkeit hat, Vorsteuern geltend zu machen, ist er letztlich mit 560 DM USt belastet.

2. Die wirtschaftliche Bedeutung der Umsatzsteuer

Die Umsatzsteuer ist die zweitgrößte Einnahmequelle für die öffentlichen Haushalte in der Bundesrepublik.
Dabei fließen ca. zwei Drittel in den Bundeshaushalt, ein Drittel entfällt auf die Bundesländer.
Außerdem verfolgt der Gesetzgeber mit Hilfe der Umsatzsteuer auch wirtschafts- und sozialpolitische Ziele.
So kann durch eine Erhöhung oder Senkung des Steuersatzes das verfügbare Einkommen der privaten Haushalte beeinflußt werden.
Die Steuerbefreiungen einzelner Umsätze führen dazu, daß die Endverbrauchspreise entsprechend niedriger ausfallen.

II. Die gesetzlichen Grundlagen

Die für die Besteuerung geltenden Regeln sind im Umsatzsteuergesetz (UStG), in der Umsatzsteuer-Durchführungsverordnung (UStDV) und den Umsatzsteuer-Richtlinien (UStR) festgelegt.
Daneben sind die von den Finanzgerichten (FG) bzw. vom Bundesfinanzhof (BFH) ergangenen Urteile zu beachten.

III. Umsätze als Besteuerungsgrundlagen

Für die Berechnung der USt bleiben die persönlichen Verhältnisse des Unternehmers und des Abnehmers (wie etwa Lebensalter, Familienstand oder Zahl der Kinder) grundsätzlich unberücksichtigt.
Aus diesem Grund kann die Umsatzsteuer den **Sach- oder Objektsteuern** zugeordnet werden.

Sie wissen bereits, daß die Umsatzsteuer nach den vom Unternehmer ausgeführten Umsätzen berechnet wird, Grundlage also wirtschaftliche Verkehrsvorgänge sind.
Die Umsatzsteuer wird deshalb auch als **Verkehrsteuer** bezeichnet.
Deswegen sollen an dieser Stelle die einzelnen Umsatzarten bereits ohne rechtliche Erläuterungen an einfachen Vorgängen vorgestellt werden.

1. Umsätze als Besteuerungsgrundlagen der Umsatzsteuer

Lesen Sie bitte zunächst § 1 Abs. 1 UStG.
Sie finden eine abschließende Aufzählung der Umsätze, die der USt unterliegen:

a) § 1 Abs. 1 Nr. 1 UStG - Lieferungen und sonstige Leistungen:

Unter den Begriff "Lieferungen" fallen die Veräußerungen von Waren bzw. fertigen Werken.

Sonstige Leistungen sind nicht durch den Warenverkehr bestimmt. Die sonstigen Leistungen umfassen im wesentlichen:

- Dienstleistungen , z.B. Beratung durch Rechtsanwälte
- Werkleistungen, d.h. Handwerkerleistungen ohne wesentlichen Materialeinsatz, z.B. ein Schneider fertigt aus von der Kundin beschafftem Stoff ein Kleid
- Vermietungsleistungen

b) § 1 Abs. 1 Nr. 2 UStG - der Eigenverbrauch

Bei der Umsatzart "Eigenverbrauch" sind drei Unterarten zu beachten: - Entnahmeeigenverbrauch
- Verwendungseigenverbrauch

aa) § 1 Abs. 1 Nr. 2 a UStG - Entnahme von Gegenständen

Unter diese Vorschrift fallen die Fälle, in denen ein Unternehmer Gegenstände aus seinem Unternehmen für Zwecke entnimmt, die außerhalb des Unternehmens liegen;

Beispiele:
- Ein Optiker aus Magdeburg bzw. Münster schenkt seiner in Berlin (Ost) studierenden Tochter ein Fernglas aus seinem Warensortiment.
- Ein Kraftfahrzeughändler aus Braunschweig schenkt einen Vorführwagen seiner Ehefrau.
- Eine GmbH überträgt einen Pkw aus ihrem Vermögen auf einen Gesellschafter. Der Gesellschafter nutzt diesen Pkw ausschließlich für private Zwecke.

bb) § 1 Abs. 1 Nr. 2b UStG - sonstige Leistungen für außerunternehmerische Zwecke

Mit dieser Vorschrift sollen die Fälle erfaßt werden, in denen Unternehmer sonstige Leistungen für außerunternehmerische Zwecke ausführen.

Beispiel:
Ein Viehhändler nutzt seinen Geschäfts - PKW für eine Urlaubsreise.

cc) § 1 Abs. 1 Nr. 2 c UStG - Aufwendungen, die unter das Abzugsverbot des § 4 Abs. 5 Nr. 1 bis 7 bzw. Abs. 7 oder des § 12 Abs. 1 EStG fallen Geschenke bis DM 75,--.

Beispiele:
- Ein Chemiewarenproduzent schenkt seinem Abnehmer eine Armbanduhr im Werte von 150 DM.
- Ein Weingroßhändler lädt anläßlich seines 65. Geburtstags seine Geschäftsfreunde zu einer Geburtstagsfeier ein.

Besonderheit für die DDR:

Die in der DDR z. Zt. gültigen ertragsteuerlichen Vorschriften kennen keine vergleichbare Regelung. Die unter das - inhaltlich gleiche - Abzugsverbot fallenden Aufwendungen sind im Anhang 1 zum UStG (DDR) aufgeführt.

Warum ist es erforderlich, auch den Eigenverbrauch der Umsatzsteuer zu unterwerfen?

In allen geschilderten Beispielen traten die Unternehmer letztlich als private Endverbraucher auf. Die entnommenen oder verwendeten Gegenstände wurden (einschl. der laufenden Kosten) jedoch ursprünglich für das Unternehmen bezogen. Etwaige, gesondert in Rechnung gestellte Umsatzsteuer konnte also als Vorsteuer abgezogen werden.
Durch die gesetzliche Regelung wird erreicht, daß Unternehmer bei privatem Endverbrauch nicht besser gestellt werden als andere Bürger, da auch sie sich Waren und Dienstleistungen letztlich nicht ohne umsatzsteuerliche Belastung zum Ver- und Gebrauch verschaffen können.

c) § 1 Abs 1 Nr. 3 UStG - unentgeltliche Leistungen von Gesellschaften und Personenvereinigungen an ihre Gesellschafter bzw Mitglieder oder diesen nahestehenden Personen

Anders als beim Eigenverbrauch sind hier unternehmerische Gründe für die Unentgeltlichkeit maßgebend.
Die Unterscheidung ist wichtig für eine Rechnungserteilung mit offenem Umsatzsteuerausweis, die beim Eigenverbrauch nie möglich ist.

Beispiel:
Der Gesellschafter einer GmbH hat den Alleinvertrieb für die Produkte "seiner" GmbH übernommen.
Die GmbH stellt die Erstausstattung des Warenlagers unentgeltlich zur Verfügung.

d) § 1 Abs. 1 Nr. 4 UStG - die Einfuhr von Gegenständen

Schließlich unterliegt auch die Einfuhr von Gegenständen in das Zollgebiet der Umsatzsteuer (Einfuhrumsatzsteuer - EUSt).
Die Besteuerung der Einfuhr soll verhindern, daß Waren aus dem Außengebiet unversteuert in den Endverbrauch gelangen.

Beispiel:
Der Käufer K. aus Köln erwirbt in Belgien einen Pkw und überführt in zu seinem Wohnsitz.

Auf die Einfuhrumsatzsteuer wird im weiteren nicht näher eingegangen.
Bei der Berechnung der Umsatzsteuerschuld im Rahmen der Steuererklärung ist nämlich gem. § 16 Abs. 1 S. 3 UStG nur von den Umsätzen i.S.d. § 1 Abs. 1 Nr. 1 bis 3 UStG auszugehen, die EUSt bleibt dabei unberücksichtigt.
Sie wird von der Zollverwaltung festgesetzt und erhoben (§ 21 Abs. 2 S. 1 UStG)

2. Steuerbare Umsätze - steuerpflichtige Umsätze

Um effektiv zu sein, erfordert die Arbeit mit dem UStG eine bestimmte Technik.

Zunächst sollten Sie prüfen, ob ein wirtschaftlicher Vorgang einen in § 1 Abs. 1 UStG aufgeführten Tatbestand darstellt. Dazu müssen Sie feststellen, ob dieser Vorgang die erforderlichen Tatbestandsmerkmale erfüllt.

Nach dieser Prüfung ziehen Sie die erste **Rechtsfolge:**

a) **Der Umsatz ist steuerbar,**

er erfüllt sämtliche Tatbestandsmerkmale einer der vier Tatbestände des § 1 Abs. 1 UStG und fällt daher unter das UStG

oder

b) **der Umsatz ist nicht steuerbar,**

er erfüllt nicht sämtliche geforderten Tatbestandsmerkmale.

Diese Arbeitsschritte sollen an Hand des § 1 Abs. 1 Nr. 1 UStG veranschaulicht werden:

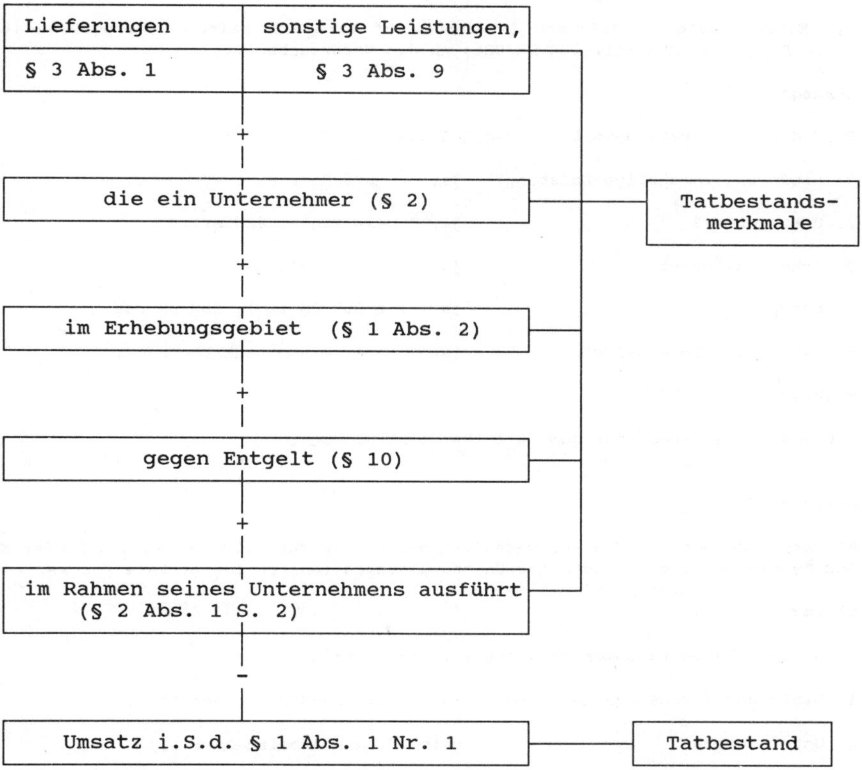
Lieferungen
§ 3 Abs. 1
sonstige Leistungen,
§ 3 Abs. 9
+
die ein Unternehmer (§ 2)
+
im Erhebungsgebiet (§ 1 Abs. 2)
+
gegen Entgelt (§ 10)
+
im Rahmen seines Unternehmens ausführt (§ 2 Abs. 1 S. 2)
-
Umsatz i.S.d. § 1 Abs. 1 Nr. 1
Tatbestands-merkmale
Tatbestand

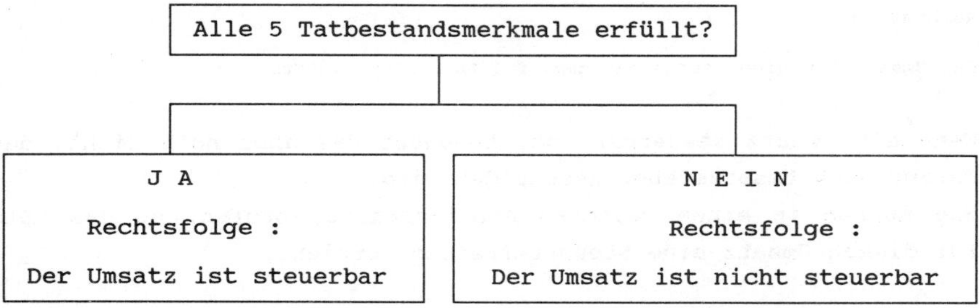
Alle 5 Tatbestandsmerkmale erfüllt?
J A
Rechtsfolge :
Der Umsatz ist steuerbar
N E I N
Rechtsfolge :
Der Umsatz ist nicht steuerbar

Beispiel 1:

Ein Einzelhändler veräußert in Düsseldorf Ware aus seinem Lagerbestand für 2.280 DM (2.000 DM zzgl. 280 DM USt) an den Verbraucher V.

Lösung:

Sind die 5 Tatbestandsmerkmale des § 1 Abs. 1 erfüllt?

1. Lieferung / sonstige Leistung?	ja, "..veräußert Ware.."
2. Unternehmer?	ja, " ein Einzelhändler.."
3. Erhebungsgebiet?	ja, " in Düsseldorf.."
4. Entgelt?	ja, "..2.000 DM zzgl. 280 DM USt.."
5. Rahmen des Unternehmens	ja, " aus seinem Lagerbestand.."

Rechtsfolge?

Der Umsatz ist steuerbar gem. § 1 Abs. 1 Nr. 1 UStG.

Beispiel 2:

Ein Arbeitnehmer aus Viersen veräußert seinen Pkw für 5.000 DM an den Käufer K. Der Arbeitnehmer verwendete das Fahrzeug ausschließlich für private Zwecke.

Lösung:

Sind die 5 Tatbestandsmerkmale des § 1 Abs. 1 erfüllt?

1. Lieferung / sonstige Leistung?	ja, "..veräußert seinen Pkw .."
2. Unternehmer?	nein, "..ein Arbeitnehmer .."
3. Erhebungsgebiet?	ja, " in Viersen .."
4. Entgelt?	ja, "..5.000 DM .."
5. Rahmen des Unternehmens	nein, "..ausschließlich private Zwecke .."

Rechtsfolge?

Der Umsatz ist nicht steuerbar gem. § 1 Abs. 1 Nr. 1 UStG.

Wenn ein Umsatz steuerbar ist, bedeutet das aber noch nicht, daß daraus auch Umsatzsteuer geschuldet wird.
Sie müssen in einem weiteren Arbeitsschritt prüfen, ob das UStG für diesen Umsatz eine Steuerbefreiung vorsieht.

Auch bei dieser Prüfung ergeben sich als Ergebnis zwei mögliche, unterschiedliche Rechtsfolgen:

a) Fällt der steuerbare Umsatz unter eine Steuerbefreiungsvorschrift, so ist er steuerbar, aber steuerbefreit

oder

b) das Gesetz sieht keine Steuerbefreiung vor, der Umsatz ist steuerbar und steuerpflichtig.

Die Frage der Steuerbefreiung erübrigt sich bei nicht steuerbaren Umsätzen, da diese keinen Steuergegenstand darstellen.

Merke:
Nur steuerbare Umsätze können steuerbefreit oder steuerpflichtig sein.

Beispiel 1:
Ein Zahnarzt behandelt seinen Patienten und erhält dafür 150 DM.

Lösung:
Der Umsatz ist steuerbar, da sämtliche Tatbestandsmerkmale des § 1 Abs. 1 Nr. 1 UStG erfüllt sind; er ist jedoch steuerbefreit - Befreiung gem. § 4 Nr. 14 UStG.

Beispiel 2:
Ein selbständiger Exportkaufmann aus Flensburg veräußert Stahlröhren für 80.000 DM an seinen Abnehmer in Dänemark.

Lösung:
Auch dieser Umsatz ist steuerbar, da er sämtliche Tatbestandsmerkmale des § 1 Abs. 1 Nr. 1 UStG erfüllt; auch er ist jedoch steuerbefreit - Befreiung gem. § 4 Nr. 1 i.V.m. § 6 UStG.

Beispiel 3:
Ein Architekt aus Köln fertigt für einen Auftraggeber eine Bauzeichnung. Das Haus soll in Dortmund errichtet werden. Der Architekt erhält für die Zeichnung 2.500 DM.

Lösung:
Dieser Umsatz ist steuerbar und steuerpflichtig, da er sämtliche Tatbestandsmerkmale des § 1 Abs. 1 Nr. 1 UStG erfüllt; eine Befreiungsvorschrift ist nicht gegeben.

Merke:
Umsatzsteuer kann grundsätzlich nur bei steuerpflichtigen Umsätzen entstehen, dagegen nie bei nicht steuerbaren oder bei steuerfreien Umsätzen.

Erst wenn Sie die Steuerpflicht eines Umsatzes bejaht haben, legen Sie den Steuersatz fest und ermitteln die Umsatzsteuer aus dem Ausgangsumsatz.
Schließlich sind die Eingangsumsätze dahingehend zu überprüfen, ob diese zum Vorsteuerabzug berechtigen.
In einem letzten Arbeitsschritt ermitteln Sie die Zahllast oder den Erstattungsanspruch.

Abschließendes Beispiel:

Der Großhändler G mit Sitz in München hat im Juni 1990 an verschiedene Einzelhändler Elektrogeräte verkauft. Die Einzelhändler haben die Geräte jeweils selbst abgeholt.G erzielte 200.000 DM (netto), der Steuersatz beträgt 14 %.
Für Eingangsumsätze sind ihm 21.000 DM USt in Rechnung gestellt worden.

Ermitteln Sie die Zahllast.

Lösung:
1. Ausgangsumsätze
Mit den Lieferungen der Elektrogeräte führt G steuerbare Umsätze aus. G ist Unternehmer. Er tätigt die Lieferungen im Erhebungsgebiet gegen Entgelt im Rahmen seines Unternehmens. Die Tatbestandsmerkmale des § 1 Abs. 1 Nr. 1 UStG sind sämtlich erfüllt.Die Umsätze sind auch steuerpflichtig, da § 4 UStG nicht zur Anwendung kommt.Bei einem Entgelt von 200.000 DM und einem Steuersatz von 14 % beträgt die zunächst von G geschuldete Umsatzsteuer 28.000 DM.

2. Eingangsumsätze
G hat Leistungen für sein Unternehmen erhalten, die Umsatzsteuer ist offen in Rechnung gestellt. Somit steht ihm ein Vorsteuerabzug von 21.000 DM zu.

3. Zahllast

	Umsatzsteuer	28.000 DM
./.	Vorsteuer	21.000 DM
=	Zahllast	7.000 DM

In den nachfolgenden Kapiteln werden die einzelnen Tatbestände noch einmal vorgestellt und eingehender behandelt.

B. Leistung und Leistungsaustausch

I. Der Begriff Leistung

1. Allgemeines

Der (Ober-)Begriff "Leistung" wird aus folgender Formulierung des § 1 Abs. 1 Nr. 1 UStG abgeleitet :

" ... Der Umsatzsteuer unterliegen die folgenden Umsätze:
1. die Lieferungen und *sonstigen* Leistungen ..."

Darüber hinaus werden im § 3 Abs. 1 UStG Lieferungen als "*Leistungen*, durch die ... u.s.w" bezeichnet. Auch § 3 Abs. 9 UStG spricht im Zusammenhang mit sonstigen Leistungen von "*Leistungen*, die keine Lieferungen sind".

Somit ergibt sich folgende Einteilung:

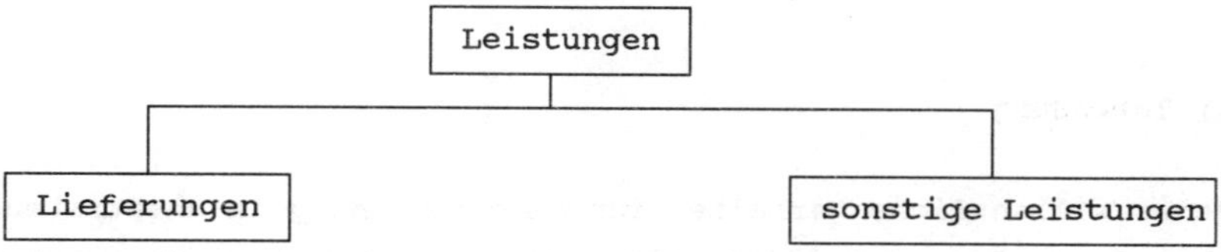

Eine zutreffende Zuordnung der einzelnen Leistung ist erforderlich, da Unterschiede bei der Ortsbestimmung, beim Steuersatz und bei Steuervergünstigungen bestehen.

Damit Sie jedoch entscheiden können, ob dieser Vorgang eine Lieferung darstellt und jener eine sonstige Leistung, müssen Sie erkennen, ob überhaupt eine Leistung vorliegt.

2. Definition der Leistung

Unter einer Leistung im umsatzsteuerlichen Sinne wird die **Zuwendung** eines **wirtschaftlichen Vorteils** an einen **Leistungsempfänger** verstanden.
Der Tatbestand "Leistung" wird also durch drei Tatbestandsmerkmale geprägt:

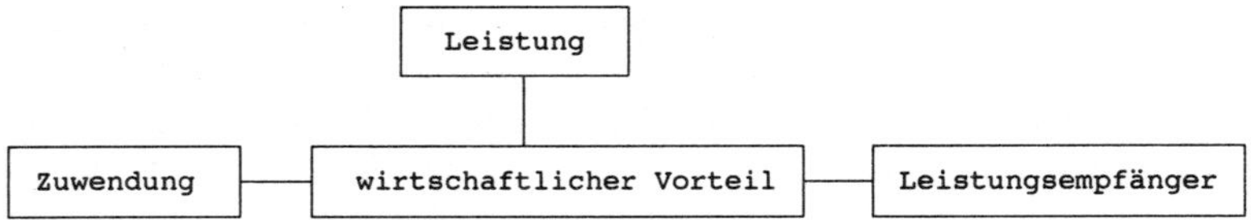

Die drei Tatbestandsmerkmale haben folgende Inhalte:

a) Zuwendung

Jedes willentliche Verhalten ist eine Zuwendung im umsatzsteuerlichen Sinn. Dieses willentliche Verhalten kann sich in einem aktiven Tun äußern. Aber auch passives Verhalten, wie die willentliche Duldung eines Zustands oder das willentliche Unterlassen einer Handlung bzw. eines Vorhabens, stellt eine Zuwendung dar.

Beispiele:

1. Aktives Tun

Die Übertragung des Eigentums an einem Grundstück, der Auftritt eines Künstlers, das Abfassen des Manuskripts für dieses Lehrbuch, die Reparatur eines defekten Fahrzeugs.

2. passives Verhalten - Dulden

Die Grundstücksvermietung und -verpachtung; der Vermieter duldet, daß der Mieter auf Grund des Mietvertrags die Wohnung (also das Eigentum des Vermieters) nutzt. Nach den allgemeinen Mietverträgen kann der Mieter dabei jeden anderen von der Nutzung ausschließen.

Beim Pachtvertrag darf der Pächter neben der Gerbrauchsnutzung sogar noch die Früchte aus dem Grundstück ziehen.

3. passives Verhalten - Unterlassen

Verzicht auf die Ausübung eines Geschäftes, Verzicht auf den Abbau von Bodenschätzen.

b) wirtschaftlicher Vorteil

Unter einem wirtschaftlichen Vorteil verstehen wir alles, was im wirtschaftlichen Leben als Nutzen (Vorteil) angesehen wird.

Beispiele:
Sachen, Rechte wie Patente, Fertigungsverfahren, Konzessionen, Nutzungsrechte, Abbaurechte; Grundstücke, aber auch alle sonstigen Vorteile wie die im vorhergehenden Beispiel aufgeführten Verzichte.

c) Leistungsempfänger

Der Leistungsempfänger muß immer eine andere Person, ein anderes Gebilde sein. Der Leistungsempfänger wird oft auch als "Dritter" bezeichnet.

Beispiele:
andere Menschen (natürliche Personen), andere juristische Personen wie Gesellschaften mit beschränkter Haftung, Aktiengesellschaften, Genossenschaften und schließlich nicht rechtsfähige Personenvereinigungen,wie nicht in das Vereins-

register eingetragene Vereine, Gesellschaften bürgerlichen Rechts, stille Gesellschaften u.s.w.

Leistungsempfänger sind jedoch nicht die Filialen, in denen ein Unternehmer sein Unternehmen betreibt.

Merke:
Keine Leistung im umsatzsteuerlichen Sinne ist die Zahlung von Geld in gängiger Währung (dazu gehört auch ausländisches Geld); dieses ist lediglich eine Leistung im Rechtssinne (s. auch BFH, BStBl. 1962 III S. 292, BStBl. 1969 II S. 637). Zahlt ein Käufer den Kaufpreis, handelt es sich dabei nicht um eine Leistung im umsatzsteuerlichen Sinn.

3. Besonderheiten

a) Raub und Diebstahl

Bei Raub und Diebstahl liegt keine Leistung des Geschädigten vor. Der Leistungsbegriff setzt voraus, daß der Unternehmer (Leistende) ein bewußtes, willentliches Verhalten zeigt, einem anderen etwas zuwenden zu wollen (Leistungswille).
Das ist bei Raub oder Diebstahl jedoch nicht gegeben.

Beispiel:
Ein Ladendieb stiehlt dem Kaufmann Ware und verzehrt sie. Später wird der Dieb entdeckt und entrichtet als Schadensersatz den Kaufpreis.

Lösung:
Der Kaufmann hat nicht willentlich geleistet, die Zahlung des Diebs ist Schadensersatz und stellt kein Entgelt für eine Leistung dar. Der Vorgang ist daher nicht steuerbar.

b) Rechtmäßig erzwungene Leistungen

Auch bei rechtmäßig erzwungenen Leistungen (z.B. Enteignung oder Zwangsversteigerung) fehlt das willentliche Verhalten des Leistenden.

Trotzdem können diese Fälle steuerbare Tatbestände sein, da § 1 Abs. 1 Satz 2 a) UStG insoweit die Steuerbarkeit (und somit eine Leistung oder Zuwendung) fingiert.

Beispiele:
1. Ein Landwirt muß auf Grund behördlicher Anordnung den gesamten Viehbestand abschaffen. Er verkauft den gesamten Viehbestand an eine Abdeckerei und erhält 5000 DM.

Lösung:
Obwohl der Landwirt nicht willentlich den Viehbestand an die Abdeckerei verkauft, ist eine steuerbare Leistung, nämlich eine Lieferung gegeben - § 1 Abs. 1 Nr. 1, insbes. Satz 2 a) UStG.
Leistungsempfänger ist die Abdeckerei

2. Die Stadt Düsseldorf benötigt zur notwendigen Erweiterung einer Kläranlage dringend das unbebaute Grundstück des Baumaterialienhändlers. B nutzt das Grundstück als Lagerplatz und weigert sich, das Grundstück an die Stadt zu veräußern. Nach Abschluß des daraufhin eingeleiteten Enteignungsverfahrens wird das Grundstück der Stadt zugesprochen, die eine Entschädigung von 300.000 DM an E. leistet.

Lösung:
Obwohl auch B nicht willentlich das Grundstück an die Stadt überträgt, ist eine steuerbare Leistung, nämlich eine Lieferung gegeben - § 1 Abs. 1 Nr. 1, insbes. Satz 2 a) UStG.

3. Der Unternehmer U ist bei einem Gläubiger in Zahlungsrückstand geraten. Nachdem trotz mehrfacher Aufforderung U seinen Zahlungsverpflichtungen nicht nachgekommen ist, läßt der Gläubiger das Inventar durch den Gerichtsvollzieher pfänden und versteigern.

Lösung:
U führt eine steuerbare Lieferung an den Meistbietenden aus. Daß die "Veräußerung" durch die Zwangsvollstreckung erfolgt, ist für die umsatzsteuerliche Beurteilung unbeachtlich.

Gerade bei den letzten drei Beispielen stellt sich die Frage, in welchem Zeitpunkt die umsatzsteuerliche Leistung ausgeführt wird. Zur Auswahl stehen mehrere Möglichkeiten:

a) der Zeitpunkt, an dem die jeweiligen Verfahren eingeleitet werden,
b) der Zeitpunkt, an dem die Verfahren durch Verkauf im Beispiel 1 und 2 bzw. Urteil im Beispiel 3 abgeschlossen sind
oder

c) zu einem bestimmten Zeitpunkt X dazwischen, an dem möglicherweise der jeweilige Ausgang des Verfahrens hinreichend erkannt werden kann.

Aber auch bei Kaufverträgen, deren Erfüllung sich über einen Zeitraum hinzieht, stellt sich die Frage, ob der Lieferant bereits bei Vertragsabschluß oder erst bei Vertragsausführung geleistet hat. Die zutreffende Beantwortung dieser Fragen ist entscheidend dafür, in welcher Steuererklärung der Vorgang zu erfassen ist.

4. Verpflichtungsgeschäft - Erfüllungsgeschäft

Einer umsatzsteuerlichen Leistung liegt grundsätzlich ein bürgerlich-rechtlich gültiger Vertrag zu Grunde.
Bei unserer Betrachtung werden wir uns auf den Kaufvertrag und auf den Mietvertrag beschränken.
Im bürgerlichen Recht werden - vereinfacht - der Vertragsabschluß als sog. Verpflichtungsgeschäft und die Vertragsausführung als Erfüllungsgeschäft bezeichnet.

Die Umsatzsteuer entsteht jedoch niemals mit dem Abschluß des Verpflichtungsgeschäfts, sondern bei der Versteuerung einer Leistung wird an das Erfüllungsgeschäft angeknüpft.

Beispiele:
1. Unternehmer A verkauft dem B einen PKW. Der Kaufvertrag wird am 15. Januar 1990 geschlossen. In dem Vertrag verpflichtet sich A den Pkw wie bestellt zu liefern. B geht die Verpflichtung ein, den Pkw abzunehmen und zu bezahlen. Die Übergabe des PKW erfolgt am 1. Juni 1990. Wann leistet A?

Lösung:

Kaufvertrag vom 15. Januar 1990	=	Verpflichtungsgeschäft - § 433 BGB
Übergabe am 1. Juni 1990	=	Erfüllungsgeschäft (Erfüllung gem. § 929 BGB durch Einigung u. Übergabe)

Die Antwort muß also lauten:

Am 1. Juni 1990, das Erfüllungsgeschäft ist entscheidend für die Leistung.

2. Der Hauseigentümer U vermietet eine Wohnung an B. Der Mietvertrag wird am 10. 1. 1990 geschlossen. Die Wohnung wird dem B am 1. 2. 1990 überlassen. Wann leistet U?

Lösung:

Mietvertrag vom 10. Januar 1990	=	Verpflichtungsgeschäft - § 535 BGB
Nutzungsüberlassung	=	Erfüllungsgeschäft durch tatsächliche Handlung - gesetzlich nicht geregelt

Also lautet in diesem Beispiel die Antwort:

Ab dem 1. 2. 1990 leistet U. Im übrigen ist sein Umsatz steuerbar, aber steuerfrei (§ 4 Nr. 12 a UStG).

II. Leistungsaustausch

1. Begriffsbestimmung

An dieser Stelle sollten Sie noch einmal die Tatbestandsmerkmale zur Steuerbarkeit der Lieferungen und sonstigen Leistungen wiederholen.
Eine Lieferung oder sonstige Leistung ist u.a. dann steuerbar, wenn sie **gegen Entgelt** ausgeführt wird.
Darunter ist zu verstehen, daß einer vom Leistungsgeber ausgeführten Leistung ein Entgelt gegenübersteht. Man spricht dann vom Leistungsaustausch.
Die Tatbestandsvoraussetzung "Leistung...gegen Entgelt" oder Leistungsaustausch liegt immer dann vor, wenn folgende Voraussetzungen erfüllt sind:

1. mehrere Beteiligte
2. Leistung und Gegenleistung
3. innere Verknüpung zwischen Leistung und Gegenleistung.

(s. auch Abschn. 1 Abs. 1 UStR und BFH in BStBl. 1981 II S. 495)

2. Mehrere Beteiligte

Neben dem leistenden Unternehmer muß an dem Vorgang ein Dritter als Leistungsempfänger beteiligt sein. Ist nur einer allein an einem Geschäft beteiligt, kann begrifflich weder eine Leistung noch ein Entgelt vorhanden sein. Es ist daher auch kein Leistungsaustausch möglich.

Ist der Leistungsgeber kein Unternehmer, liegt wohl ein Leistungsaustausch vor, die Leistung ist aber von vornherein nicht steuerbar, da die übrigen TBM des § 1 Abs. 1 Nr. 1 " Unternehmer" und "im Rahmen des Unternehmens" nicht erfüllt sind.
Dagegen braucht der Leistungsempfänger kein Unternehmer zu sein.

3. Leistung und Gegenleistung

Im Normalfall wird die Gegenleistung in Geld erbracht; sie kann aber auch in Leistungen im wirtschaftlichen Sinne (Lieferung / sonstige Leistungen) bestehen.
Voraussetzung ist jedoch nicht, daß sich Leistung und Gegenleistung auch gleichwertig gegenüber stehen.

4. Innere Verknüpfung

Die erforderliche innere Verknüpfung muß dann angenommen werden, wenn die Leistung um der Gegenleistung willen erbracht wird.
Es muß also ein zielgerichtetes Handeln des Leistenden "Entgelt" vorliegen. Dies wird als "Finalität" oder als wirtschaftlicher Zusammenhang bezeichnet.
Es kommt nicht darauf an, ob die Gegenleistung, das Entgelt aus einer rechtlichen Verpflichtung heraus oder freiwillig gegeben wird.
Ein Leistungsaustausch kommt also zustande, wenn sich die Leistung auf den Erhalt einer Gegenleistung richtet und damit die gewollte, erwartete oder erwartbare Gegenleistung auslöst.

Dies ist der Fall,

a) wenn der leistende Unternehmer erkennbar nur **um der Gegenleistung willen** handelt (insbesondere bei gegenseitigen Verträgen) oder

b) der leistende Unternehmer **erkennbar** eine **Gegenleistung erwartet** oder

c) eine Leistung ausgeführt wird, die **üblicherweise vergütet** wird oder nach den Umständen eine **Vergütung erwarten** läßt.

zu b) und c): Die Erwartungshaltung fehlt, wenn

(1) der Leistende den ernstgemeinten und den sich aus den Umständen ergebenden **Willen** hat, für diese Leistung **kein Entgelt** zu nehmen

und er

(2) überdies eine Gegenleistung dem Leistungsempfänger gegenüber **erkennbar ausgeschlossen** hat.

5. Übersichten zum Leistungsaustausch

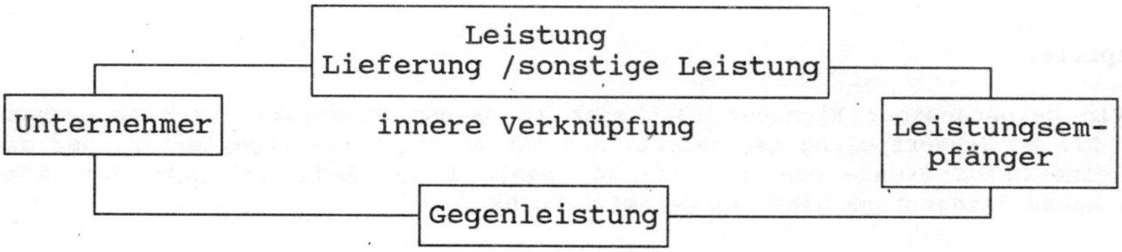

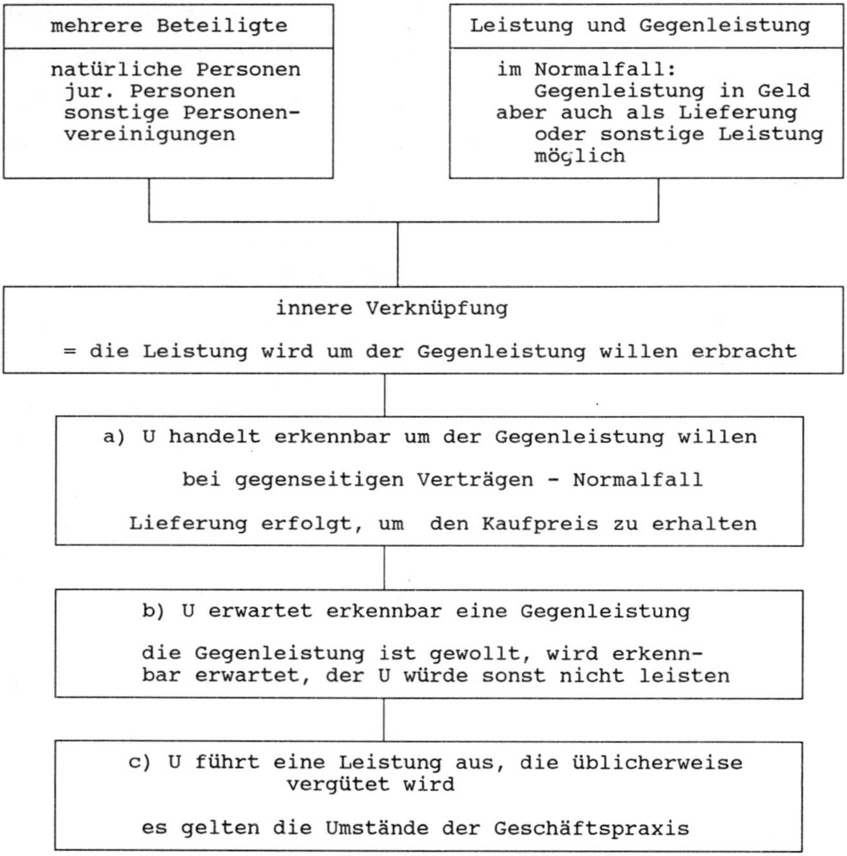

Beispiele:

1. Ein selbständiger Klempner hält sich in seinem Stammlokal nach Feierabend auf. Die WC Wasserspülung ist defekt. Auf Bitten des Wirts repariert K, der dafür eine halbe Stunde braucht, das WC, zahlt seine Zeche und geht zufrieden nach Hause. Anderntags gibt ihm der Wirt 50 DM.

Lösung:
Leistungsaustausch ist gegeben. K führt eine Leistung aus, die nach der allgemeinen Geschäftspraxis üblicherweise vergütet wird. K. schließt nicht erkennbar eine Gegenleistung aus.

2. Ein selbständiger Elektromeister verbringt seinen Urlaub in einem Hotel. Der Aufzug streikt nachts. E. wird aus dem Bett geholt, er repariert eine Stunde lang den Aufzug und geht zufrieden schlafen. Anderntags erhält er 200 DM als Dank.

Lösung:
Leistungsaustausch wie im Beispiel 1.

3. Ein selbständiger KFZ- Meister hält wegen einer Autopanne des P, den er zufällig auf der Autobahn sieht, an und behebt den Schaden in 10 Minuten. P ist hocherfreut und reicht K 100 DM. K wehrt ab und sagt: "10 DM reichen", nimmt aber 100 DM.

Lösung:
Auch in diesem Beispiel ist Leistungsaustausch gegeben. Die Gegenleistung des P beträgt 100 DM. Gleichwertigkeit ist nicht erforderlich.

4. wie Beispiel 3, jedoch hat der Kfz-Meister hat von vornherein ausdrücklich auf eine Gegenleistung verzichtet. 4 Wochen später erhält er als Dank eine Armbanduhr zugesandt.

Lösung:
Ein Leistungsaustausch wird nicht begründet. K hat ausdrücklich und erkennbar auf eine Gegenleistung verzichtet. Die Armbanduhr ist vielmehr als Gegengeschenk zu werten.

Merke:
Ein Gegengeschenk nach Erhalt eines Geschenks ist keine Gegenleistung im umsatzsteuerlichen Sinn, mithin liegt in diesen Fällen ein Leistungsaustausch nicht vor. Die Leistung (= Geschenk) wird nämlich nicht um der Gegenleistung willen erbracht.
Es ist jedoch zu prüfen, ob ein Eigenverbrauch gegeben ist.

6. Mangelnder Leistungsaustausch

a) Sog. Innenumsätze

Umsätze zwischen verschiedenen Betrieben eines Unternehmens (vgl. § 2 I 2) sind nicht steuerbar, auch dann nicht, wenn sich die Betriebe wechselseitig interne Rechnungen erteilen und bezahlen. Die verschiedenen Betriebe eines Unternehmens haben alle denselben Unternehmer (§ 2 Abs. 1 Satz 2).

Hier handelt es sich **nicht** um eine Leistung an **einen anderen Beteiligten**. Spielt sich in einem solchen Fall die Tätigkeit im unternehmerischen Bereich ab, spricht man von einem "nicht steuerbaren Innenumsatz".

Beispiele:
1. Ein Unternehmer besitzt in Münster eine Metzgerei und eine Gastwirtschaft. Von der Metzgerei wird Fleisch zur Gastwirtschaft gebracht und dort an die Gäste verkauft. Da getrennte Buchführungen bestehen, erteilt die Metzgerei der Gastwirtschaft eine Rechnung über 500 DM, die auch bezahlt wird.

Lösung:
Es existiert nur ein Unternehmer. Obwohl das Fleisch von einem Betrieb in den anderen wechselt, ist ein Dritter als Leistungsempfänger nicht gegeben. Ein fremder Leistungsempfänger ist aber unabdingbares Tatbestandsmerkmal für die Annahme einer umsatzsteuerlichen Leistung und für den Leistungsaustausch. Es handelt sich um einen sog. Innenumsatz.

2. Ein anderer Unternehmer betreibt ein Baugeschäft und einen Baustoffhandel. Darüber hinaus vermietet er ein Mietwohngrundstück an fremde Mieter. Für dringend erforderliche Reparaturarbeiten an dem Mietwohngrundstück verwendet der Unternehmer Material aus seinem Baustoffhandel. Die Reparaturarbeiten werden von Arbeitnehmern des Baugeschäfts ausgeführt.

Lösung:
Auch in diesem Beispiel betreibt nur **ein** Unternehmer ein Unternehmen, das sich aus mehreren Betrieben zusammensetzt.Da ein fremder Leistungsempfänger fehlt, kann es nicht zu einer Leistung bzw. zu einem Leistungsaustausch kommen.

3. EM ist mit EF verheiratet. Während EM einen Textilgroßhandel betreibt, unterhält EF einen Textileinzelhandel. EF kauft bei EM Ware für 5.700 DM und begleicht die Rechnung.

Lösung:
Obwohl EM und EF miteinander verheiratet sind, handelt es sich um zwei unterschiedliche Personen, die einen gegenseitigen Kaufvertrag schließen. Somit liefert EM im Leistungsaustausch.

4. Der Unternehmer U hat einen Einzelhandel mit Schiffsbedarf. Gleichzeitig ist U an der Nautic GmbH beteiligt, die die Herstellung von Tauwerk als Geschäftszweck hat. U kauft bei der GmbH geschlagenes Tauwerk und bezahlt die Rechnung über 3.420 DM.

Lösung:
In diesem Fall stehen sich U als selbständige natürliche Person und die Nautic GmbH als selbständige juristische Person gegenüber, die einen Kaufvertrag miteinander schließen.
Da es sich um zwei selbständige Beteiligte handelt und eine Gegenleistung von vornherein erwartet bzw. vereinbart ist, sind alle Voraussetzungen für das Vorliegen eines Leistungsaustausches erfüllt. Leistender Unternehmer ist die GmbH (Lieferung Tauwerk), Leistungsempfänger ist U.

b) Schenkung

Bei einer Schenkung sind sich Schenker und Beschenkter darüber einig, daß die Leistung unentgeltlich erfolgt. Eine Leistung liegt wohl vor, jedoch keine Gegenleistung.
Eine Schenkung kann jedoch Eigenverbrauch auslösen, wenn ein Gegenstand aus dem unternehmerischen Vermögen verschenkt wird.

aa) Unentgeltlichkeit durch außerunternehmerische Veranlassung
Es liegt ein Eigenverbrauch vor, soweit nicht Geldgeschenke erfolgen.

Beispiel:
Der Juwelier J schenkt seiner Braut zur Verlobung einen kostbaren Ring sowie aus seiner Ladenkasse 3.000 DM.

Lösung:
Der Tatbestand des § 1 Abs. 1 Nr. 1 UStG Lieferung und sonstige Leistung ist mangels Entgelt nicht erfüllt.
Da die Schenkung aus privaten Gründen erfolgt, liegt hinsichtlich des Rings Gegenstands-Eigenverbrauch i.S.d. § 1 Abs. 1 Nr. 2a UStG vor.

bb) Unentgeltlichkeit durch unternehmerische Veranlassung
Soweit die Gründe für eine Schenkung unternehmerischer Natur sind, kann ein Eigenverbrauch nach § 1 Abs. 1 Nr. 2 a) oder b) UStG nicht realisiert werden.
Sie müssen aber prüfen, ob die Aufwendungen für das Geschenk unter das Abzugsverbot des § 4 Abs. 5 Nr. 1 bis 7 bzw. Abs. 7 oder des § 12 Nr. 1 EStG fallen. Dann liegt nämlich ein Eigenverbrauch nach § 1 Abs. 1 Nr. 2 c) UStG vor.

Besonderheit für die DDR:
In der DDR ergibt sich im Prinzip die gleiche Rechtsfolge. Allerdings ist hier zu prüfen, ob die Aufwendungen für das Geschenk im Anhang 1 zum UStG (DDR) aufgeführt sind.

Beispiele:
Ein Unternehmer gibt folgende Geschenke:

a) einem guten Kunden zum 20jährigen Jubiläum eine lederne Schreibtischgarnitur im Werte von 500 DM;

b) seiner Laufkundschaft Kalender und Kugelschreiber im Gesamtwert von 10 DM;
c) dem angestellten Einkäufer eines Großabnehmers Bargeld i.H.v. 5000 DM.

Lösung:
zu a): Die Aufwendungen sind nach § 4 Abs. 5 Nr. 1 EStG nicht bei der Gewinnermittlung abziehbar *(in der DDR gilt: die Aufwendungen fallen unter Nr. 1 des Anhangs 1 zum UStG)*, es liegt somit ein Eigenverbrauch nach § 1 Abs. 1 Nr. 2 c) UStG vor.
zu b): Da der Wert der Geschenke im Einzelfall 75 DM nicht überschreitet, sind die Aufwendungen bei der Gewinnermittlung abziehbar *(in der DDR gilt: Geschenke bis 75 DM sind im Anhang 1 Nr. 1 zum UStG ausdrücklich ausgenommen)*; kein Eigenverbrauch.
zu c): kein Eigenverbrauch bei Geldgeschenken - § 1 Abs. 1 Nr. 2 c) S. 2 UStG.

cc) Erbfolge

Der Erbe erwirbt nicht im Leistungsaustausch, sondern kraft gesetzlicher Erbfolge oder kraft Bestimmung im Testament.

Beispiel:
Der Metzgermeister M stirbt. Sein Sohn und Alleinerbe S führt die Metzgerei weiter.

Lösung:
Kein Leistungsaustausch. Der Sohn erbt kraft gesetzlicher Erbfolge.

Merke:
Für die Prüfung, ob ein Leistungsaustausch gegeben ist, müssen folgende vier Fragen immer mit "ja" beantwortet werden:
1. Liegt eine Leistung vor?
2. Ist eine Gegenleistung gegeben?
3. Sind verschiedene Personen beteiligt?
4. Besteht eine innere Verknüpfung zwischen Leistung und Gegenleistung?

III. Grundsatz der Einheitlichkeit der Leistung

1. Allgemeines

Dieser Grundsatz bedeutet, daß einheitliche Leistungen umsatzsteuerlich nicht aufgeteilt werden dürfen.

Denn Gegenstand der Umsatzbesteuerung ist die einzelne selbständige Leistung (Leistungseinheit). Mehrere selbständige Leistungen innerhalb eines einheitlichen wirtschaftlichen Vorgangs werden grundsätzlich umsatzsteuerlich einzeln gewürdigt.
Die Abgrenzung, ob eine einheitliche Leistung vorliegt oder mehrere selbständige Leistungen hat Auswirkung auf Steuerbefreiungen und Steuersätze.
Werden mehrere Lieferungen aufgrund einer einheitlichen Bestellung ausgeführt, ist die einzelne Lieferung umsatzsteuerlich zu beurteilen. Dies gilt auch dann, wenn aufgrund einer einheitlichen Bestellung mehrere Gegenstände geliefert werden. Dann liegen so viele einzelne Lieferungen vor, wie verschiedenartige Liefergegenstände zur Lieferung kommen.

Merke:
Soviele Sachen, soviele Lieferungen.

Handelt es sich um Sachen, die im Verkehr nach Zahl bestimmt werden, so entspricht die Zahl der Sachen der Zahl der Liefergegenstände.
Handelt es sich um abgepackte Sachen, ist regelmäßig jede einzelne Packung ein Liefergegenstand (z.B. Liebesperlen in einer Tüte). Entscheidend ist die Verkehrsauffassung.

Beispiel:
Ein Lebensmittelhändler liefert einem Kunden aufgrund einer Bestellung eine Flasche Sekt (Steuersatz 14 %), ein Pfund Butter (Steuersatz 7 %) und ein Paket Waschmittel (Steuersatz 14 %).

Lösung:
Es liegen drei Lieferungen vor (Sekt, Butter, Waschmittel).

Bei Werklieferungen und sonstigen Leistungen wird die Leistungseinheit durch das Verpflichtungsgeschäft, z.B. einen Auftrag, bestimmt.

Beispiel:
Ein selbständiger Handwerksmeister führt eine Reparatur als sonstige Leistung aus.

Lösung:
Alles was der Handwerker in Durchführung der Reparaturleistung tut, gehört zu der einheitlichen sonstigen Leistung. Auch von ihm eingesetzte Kleinteile rechnen zu dieser sonstigen Leistung.

Beispiel:
Ein Bauunternehmer hat einem Auftraggeber gegenüber die Herstellung eines schlüsselfertigen Hauses übernommen.

Lösung:
Der Bauunternehmer führt durch die Herstellung des Hauses eine einheitliche Werklieferung, nämlich die Herstellung des Hauses aus. Daß sich der Bauvorgang über eine längere Zeit erstreckt und eine Vielzahl verschiedenartiger Arbeiten erfordert, ist unwesentlich.

2. Teilleistungen

Sonstige Leistungen, die sich über einen längeren Zeitraum erstrecken, z.B. Nutzungsüberlassung eines Grundstücks über zwei Jahre, sind eine Leistung.

Teilleistungen liegen vor, wenn für Teile einer wirtschaftlich teilbaren Leistung das Entgelt gesondert vereinbart wird (§ 13 Abs. 1 Nr. 1 a) S. 3 UStG).
Folgende Voraussetzungen müssen für das Vorliegen einer Teilleistung also erfüllt sein:

eine Leistung
\+ wirtschaftlich **teilbar**
\+ für die Teile wird das **Entgelt gesondert** vereinbart

Teilleistungen sind bei der Sollversteuerung bereits mit Ablauf des Voranmeldungszeitraums (des Kalenderjahres) zu versteuern, in dem sie ausgeführt werden.
Beispiele:
1. In einem auf 5 Jahre abgeschlossenen Mietvertrag ist bestimmt, daß die Miete monatlich zu entrichten ist.

Lösung:
Hier wird die Vermietungsleistung (= Duldungsleistung) in Teilen bewirkt.

2. Eine Heizungsfirma hat sich verpflichtet, die Heizung eines Kunden für 1 Jahr zu warten. Das Entgelt hierfür ist vierteljährlich zu entrichten.

Lösung:
Auch diese sonstige Leistung wird in Teilen bewirkt.

3. Haupt- und Nebenleistung

Mehrere Leistungen können auch im Verhältnis Haupt- und Nebenleistung stehen.

Hauptleistungen und übliche Nebenleistungen innerhalb eines einheitlichen wirtschaftlichen Vorgangs werden umsatzsteuerlich einheitlich gewürdigt (Grundsatz der Einheitlichkeit der Leistung). Übliche Nebenleistungen teilen umsatzsteuerlich das Schicksal der Hauptleistung (z.B. fällt die Hauptleistung unter eine Steuerbefreiungsvorschrift, so umfaßt die Steuerbefreiungsvorschrift die gesamte einheitliche Leistung). Das gilt auch dann, wenn für die Nebenleistung ein besonderes Entgelt verlangt und entrichtet wird. Dem liegt die Überlegung zugrunde, daß ein wirtschaftlich einheitlicher Vorgang auch steuerlich einheitlich behandelt werden muß. Eine Nebenleistung ist gundsätzlich dann als Nebenleistung zu einer Hauptleistung anzusehen, wenn sie

- im Vergleich zur Hauptleistung nebensächlich ist,
- mit ihr eng zusammenhängt und
- üblicherweise in ihrem Gefolge vorkommt.

Beispiele:
1. Der Unternehmer U liefert an seinen Abnehmer A eine Maschine und befördert die Maschine mit seinem LKW zum Abnehmer. U berechnet für die Maschine 48.000 DM und für Transportkosten 1.000 DM. U verwendet dabei zwei Rechnungsvordrucke.

Lösung:
Eine Lieferung mit einer **Nebenleistung**. Es handelt sich also nicht um zwei selbständig zu beurteilende Leistungen)

2. Der Unternehmer vermietet eine Garage incl. Wasser, Licht und Heizungswärme.

Lösung:
Hauptleistung ist die Vermietung der Garage, die Überlassung von Wasser, Licht und Wärme ist übliche Nebenleistung, die das Schicksal der Hauptleistung teilt. Die Steuerbefreiung des § 4 Nr. 12 a UStG umfaßt daher auch die unselbständigen Nebenleistungen.

3. Ein Lebensmittelgroßhändler berechnet dem Lebensmitteleinzelhändler neben dem Warenpreis auch Kosten für Verpackung und Transport.

Lösung:
Verpackung und Transport teilen als übliche Nebenleistungen das Schicksal der Hauptleistung (= Lebensmittellieferung). Unterliegen also die Lebensmittel z. B. dem ermäßigten Steuersatz von 7 %, so gilt dies auch für Verpackung und Transport.

4. Der Unternehmer vermietet eine Maschine. Er übernimmt auch den An- und Abtransport.

Lösung:
An- und Abtransport teilen als Nebenleistungen das Schicksal der Vermietung (= Hauptleistung). Dies ist auch bedeutsam für die Bestimmung des Leistungsorts, die insgesamt nach § 3a Abs. 4 Nr. 11 i.V.m. Abs. 3 UStG zu erfolgen hat. Für den An- und Abtransport ist - da es sich um eine Nebenleistung handelt - nicht § 3a Abs. 2 Nr. 2 UStG anzuwenden.

5. Der Unternehmer tätigt den Verkauf einer Maschine als Ausfuhrlieferung (§ 4 Nr. 1 i. V. m. § 6 UStG).

Lösung:
Die Steuerbefreiung erstreckt sich auch auf berechnete Verpackungs- und Transportkosten

Andererseits können zusammengehörige Vorgänge jedoch nicht allein deshalb als einheitliche Leistung angesehen werden, weil sie einem einheitlichen wirtschaftlichen Ziel dienen.

Beispiel:
Ein Bauunternehmer veräußert Eigentumswohnungen. Auf Wunsch der Erwerber vermittelt er auch Mieter für die Wohnungen.

Lösung:
Es handelt sich hier um zwei Leistungen, die jeweils eigenständig zu beurteilen sind.

Der Grundsatz der Einheitlichkeit einer Leistung gilt nicht uneingeschränkt. So fällt bei einer grenzüberschreitenden Beförderungsleistung nur der inländische Teil der Leistung unter das UStG (vgl. § 3 a Abs. 2 Nr. 2 UStG).

C. Lieferung als Unterart der Leistung

In Kap. B.I.1 wurde darauf hingewiesen, daß eine Differenzierung der Leistungen in "Lieferungen" einerseits und "sonstige Leistungen" andererseits für die zutreffende umsatzsteuerrechtliche Behandlung von großer Bedeutung ist. In diesem Kapitel beschäftigen wir uns zunächst mit der Lieferung.

I. Begriff der Lieferung

1. Der umsatzsteuerliche Lieferbegriff

§ 3 Abs. 1 UStG definiert - kurz gefaßt - die Lieferung als Verschaffung der Verfügungsmacht an einem Gegenstand. Damit ist der umsatzsteuerliche Lieferungsbegriff vom sprachgebräuchlichen Lieferungsbegriff abzugrenzen, der als Auslieferung, also als Vorgang einer Warenbewegung vom Unternehmer zum Abnehmer verstanden wird.

Es können also nur Gegenstände geliefert werden. Das UStG selbst enthält keine eigene Bestimmung des Begriffs "Gegenstand". Im BGB wird ebenfalls der Begriff Gegenstand verwendet:

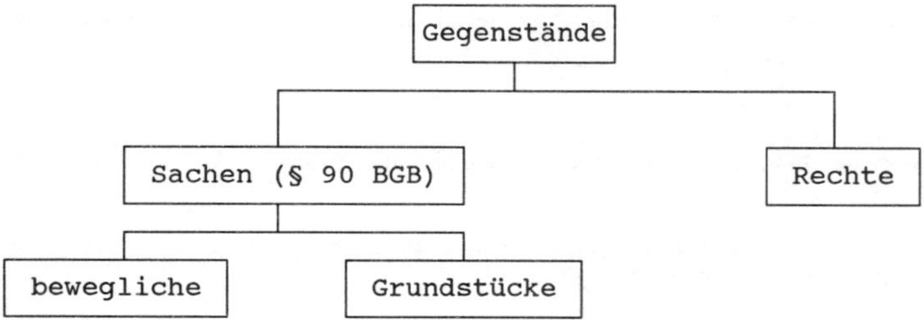

a) Liefergegenstand

Gegenstände einer Lieferung i.S.d. UStG können körperliche bewegliche Gegenstände und Grundstücke, d.h. Sachen i.S.d. § 90 BGB sowie alle sonstigen Güter sein, die im allgemeinen wirtschaftlichen Verkehr wie Sachen behandelt werden. Auf den Aggregatzustand kommt es nicht an.

Beispiele:
Waren, Rohstoffe, Betriebsstoffe, Maschinen, Inventarstücke, Sachgesamtheiten wie ein ganzes Warenlager, Wasser, Erdgas als Sachen i.S.d. § 90 BGB; elektrischer Strom und Fernwärme als Güter, die im allgemeinen wirtschaftlichen Verkehr wie Sachen behandelt werden.

Rechte sind **keine Liefergegenstände**; die Übertragung von Rechten stellt eine sonstige Leistung dar (vgl. Abschn 24 Abs. 1 S. 4 UStR).

b) Verschaffung der Verfügungsmacht

Mit Verschaffung der Verfügungsmacht ist die Erlangung der faktischen Befähigung, im eigenen Namen (wie ein Eigentümer) über den Gegenstand verfügen zu können (benutzen, zerstören, verbrauchen, insbesondere die Befähigung zur Weiterveräußerung).

Dabei stellt nicht schon jede tatsächliche Übergabe eines Gegenstandes eine Lieferung dar.

Beispiele:
1. Vermietung eines PKW, der PKW wird dem Mieter übergeben.

Lösung:
Es handelt sich um eine sonstige Leistung und zwar dem Dulden, daß der Mieter den Pkw zum eigenen Gebrauch nutzen kann.

2. Übergabe eines Gegenstandes an einen Spediteur zum Zweck des Transportes von Köln nach Leipzig.

Lösung:
Der Spediteur besorgt lediglich für den Auftraggeber die Güterversendung, die Übergabe an ihn ist keine Leistung i.S.d. UStG.
Der Spediteur selber führt eine sonstige Leistung gegenüber seinem Auftraggeber aus, die in dem Gegenstandstransport besteht.

3. Übergabe von Möbeln an einen Lagerhalter zum Zweck der Einlagerung.

Der Lagerhalter übernimmt lediglich die Verwahrung der Möbel i.R. eines Verwahrungsvertrages. Wie im Beispiel 2 ist die Übergabe der Möbel an den Lagerhalter keine Leistung im umsatzsteuerlichen Sinn.

In all diesen Fällen ist eine gewisse Verfügungsmacht verschafft worden, die jedoch durch den jeweiligen Vertrag eingeschränkt ist und insbesondere die Besitzer (also den Mieter, den Spediteur bzw. den Lagerhalter) nicht befähigt, den Gegenstand weiter zu veräußern.

In der Literatur werden dazu sinngemäß folgende anderen Begründungen gegeben:

Der Mieter einer Sache hat keine Verfügungsmacht, solange er das Mietverhältnis respektiert, da er keinen Herrschaftswillen hat. Faktisch kann er wie ein Dieb mit der Sache nach Belieben verfahren. Unterscheidendes Kriterium zwischen beiden Fällen ist danach der Herrschaftswille.

Nach einer anderen Auffassung soll vielmehr entscheidend sein, ob dem Empfänger mit der Übergabe Substanz, Wert und Ertrag des Gegenstandes und damit die volle körperliche und wirtschaftliche Sachherrschaft zugewendet werden soll. Bei einer Vermietung fehlt dem Vermieter z.B. der Lieferwille.

Grundlage für eine Lieferung dürfte im allgemeinen ein bürgerlich-rechtlicher Kaufvertrag und die damit verbundene Eigentumsübertragung sein. Deswegen werden an dieser Stelle zunächst die Formen der bürgerlich-rechtlichen Eigentumsübertragung dargestellt. Es schließen sich dann die Fälle an, in denen ohne Eigentumsübertragung gleichwohl eine Lieferung im umsatzsteuerlichen Sinn erfolgt und - umgekehrt - trotz Eigentumsübertragung eine Lieferung nicht gegeben ist.

2. Die bürgerlich - rechtliche Eigentumsübertragung

Die Grundformen der bürgerlich-rechtlichen Eigentumsübertragung sind in §§ 929 ff BGB geregelt und zwar:

a) § 929 S. 1 BGB - Einigung und Übergabe

Verkäufer und Käufer einigen sich, daß das Eigentum an dem Kaufgegenstand übergehen soll, der dem Käufer übergeben wird.

Beispiel:
Ein Bäcker verkauft Brötchen über die Ladentheke.

b) § 929 S. 2 BGB - bloße Einigung

Die körperliche Übergabe ist entbehrlich, wenn der Erwerber bereits im Besitz der Sache ist. In diesem Fall geht das Eigentum bereits mit der Einigung, daß das Eigentum übertragen wird, über.

Beispiel:
s. Beispiel 1. zu Verschaffung der Verfügungsmacht: während der Mietzeit kauft der Mieter das Fahrzeug.

Da der Mieter bereits das Fahrzeug in seinem Besitz hat, genügt für den Eigentumsübergang die bloße Einigung.

c) §§ 931, 929 S.1 BGB - Einigung und Abtretung des Herausgabeanspruchs

Ist ein Dritter im Besitz des Verkaufsgegenstandes, so kann die Übergabe dadurch ersetzt werden, daß der Eigentümer seinen Anspruch auf die Herausgabe an den Erwerber abtritt.

Beispiel:
Der Spediteur S hat wegen geringer Auftragslage einen Spezialtransporter aus seinem Fuhrpark an den M für die Zeit vom 15. Januar 1990 bis 15. April 1990 vermietet. Am 10. Februar 1990 meldet sich bei S der Interessent K, der den Transporter kaufen will. Sie legen den Kaufpreis fest. K erlangt das Eigentum durch die Einigung des Übergangs und durch die Abtretung des Herausgabeanspruchs, den S gegenüber dem M hat.

d) §§ 930, 929 S. 1 BGB - Einigung und Vereinbarung eines Besitzkonstitus

Die Übergabe kann auch durch Vereinbarung eines Besitzkonstituts oder Besitzmittlungsverhältnisses ersetzt werden. Bei dieser Form der Eigentumsübertragung bleibt der bisherige Eigentümer weiterhin im Besitz der Sache, etwa als Mieter oder Pächter.

Beispiel:
A ist Eigentümer eines Baukrans. Er veräußert diesen an B.
A und B treffen jedoch die Vereinbarung, daß A den Kran noch drei Monate als Mieter nutzen kann.

Übersicht Eigentumsübertragung bei beweglichen Sachen

	§ 929 S. 1 BGB	§ 929 S. 2 BGB	§ 930 BGB	§ 931 BGB
	Die Einigung über den Eigentumsübergang ist immer erforderlich			
+	Übergabe d. Sache	Übergabe nicht erforderlich	Vereinbarung des Besitzkonstituts	Abtretung des Herausgabeanspruchs
=	E i g e n t u m s ü b e r t r a g u n g			

e) Eigentumsübertragung bei Grundstücken

Im Prinzip wird das Eigentum an Grundstücken wie in den Fällen des § 929 BGB übertragen.
Für Grundstücke werden bei den zuständigen Amtsgerichten Grundbücher geführt. Eigentümer ist grundsätzlich derjenige, der im Grundbuch als Eigentümer eingetragen ist.
Aus diesem Grund werden die beiden Schritte zur Eigentumsübertragung etwas anders vollzogen als bei den beweglichen Sachen:

1. Einigung über Eigentumsübergang (sog. "Auflassung" § 925 BGB) und
2. Eintragung der Rechtsänderung ins Grundbuch

An Grundstücken (unbebauten und bebauten) wird zivilrechtlich das Eigentum also erst nach der Einigung über den Eigentumsübergang (Auflassung) mit der Eintragung des Eigentumswechsels ins Grundbuch übertragen (§§ 873, 925 BGB).

Die umsatzsteuerliche Lieferung, d.h. die Verschaffung der Verfügungsmacht, erfolgt in der Praxis regelmäßig vorher. Es wird nämlich i.d.R. vereinbart, daß Nutzen und Lasten an dem Grundstück bereits vor der Eintragung des Eigentumswechsels im Grundbuch auf den Erwerber übergehen. Bereits mit Übergang von Nutzen und Lasten wird der Erwerber wirtschaftlicher Eigentümer, d.h. er kann wie ein Eigentümer über das Grundstück verfügen.

3. Lieferungen ohne Eigentumsübergang

Die Verfügungsmacht an einem Gegenstand kann auch verschafft werden, ohne daß bürgerlich-rechtlich das Eigentum übertragen wird. Denn die Überlassung eines Gegenstandes an einen anderen ohne Eigentumsübertragung, aber in einer Form, die den rechtlichen Eigentümer für dauernd wirtschaftlich von der Einwirkung auf den Gegenstand ausschließen kann, ist umsatzsteuerrechtlich eine Lieferung.

Beispiele:
1.Ein Dieb verkauft gestohlene Waren.

Der Dieb ist nicht Eigentümer der Waren; er kann auch dem Erwerber (selbst bei gutgläubigem Erwerb) kein Eigentum übertragen (vgl. § 935 Abs. 1 S. 1 BGB).

Trotzdem liegt umsatzsteuerlich eine Lieferung vor, da der Erwerber befähigt wird, wie ein Eigentümer im eigenen Namen zu verfügen.

2. Ein Elekrohändler räumt dem Erwerber einer Waschmaschine die Möglichkeit ein, den Kaufpreis in Raten zu zahlen. Daraufhin liefert der Händler unter Eigentumsvorbehalt (§ 455 BGB) bis zur vollständigen Zahlung des Kaufpreises,

d.h. das Eigentum geht erst mit der Zahlung der letzten Rate auf den Käufer über.

Obwohl zunächst noch kein Eigentum übertragen wird, liegt umsatzsteuerlich mit Übergabe der Waschmaschine bereits eine Lieferung vor (vgl. A 24 II 4 UStR).

Hinweis:
Macht der Lieferer bei Zahlungsverzug von seinem Vorbehaltsrecht Gebrauch, so kommt es zu einer Rückgängigmachung der Lieferung, d.h. der getätigte Umsatz fällt ersatzlos weg. Die für die zwischenzeitliche Nutzung und Wertminderung vom Lieferer zurückbehaltenen Raten werden dann umsatzsteuerlich wie ein Mietentgelt behandelt.

II. Ort der Lieferung

1. Grundfall

Nach dem Grundsatz des § 3 Abs. 6 UStG wird eine Lieferung dort ausgeführt, wo sich der Liefergegenstand zur Zeit der Verschaffung der Verfügungsmacht befindet.
Somit wird also eine Lieferung immer zu einem bestimmten Zeitpunkt ausgeführt. Damit kann der Ort der Lieferung sich entweder nur im Erhebungsgebiet oder im Außengebiet befinden. Eine Lieferung ist folglich entweder in vollem Umfang steuerbar oder nicht steuerbar. Mit der zutreffenden Bestimmung des Lieferorts erkennen Sie zugleich, ob das Tatbestandsmerkmal des § 1 Abs. 1 Nr. 1 - 3 UStG "im Erhebungsgebiet" erfüllt ist.

Der Ort der Lieferung ist zunächst bei allen Lieferungen nach § 3 Abs. 6 UStG zu bestimmen, bei denen auch das bürgerlich-rechtliche Eigentum nach den §§ 929 - 931 BGB übertragen wird.

Beispiele:
1. Der Niederländer N erwirbt beim Einzelhändler E in Düsseldorf für 150 DM eine Hose, die ihm sofort übergeben wird. Noch am gleichen Tag bringt N die Hose in die Niederlande.

Lösung:
E führt eine Lieferung durch Einigung und Übergabe (§ 929 S. 1 BGB) in seinen Geschäftsräumen, mithin im Erhebungsgebiet aus (§ 3 Abs. 6 UStG). Da auch die übrigen TBM des § 1 Abs. 1 Nr. 1 UStG erfüllt sind, ist die Lieferung steuerbar.
Diese Form der Lieferung wird auch als Abhollieferung bezeichnet.

2. U betreibt sein Unternehmen in Osnabrück. Geschäftszweck ist der Handel und die Vermietung von Baumaschinen. Für die Zeit vom 1. März 1990 bis 31. Mai 1990 vermietet er eine Dampframme an M mit Sitz in Oldenburg. M setzt diese Dampframme während der gesamten Zeit auf seiner Baustelle in Arnheim (NL) ein. Am 15. April 1990 einigen sich U und M, daß das Eigentum an der Dampframme mit sofortiger Wirkung auf M übergehen soll. M zahlt daraufhin den vereinbarten Preis.

Lösung:
U führt zwei umsatzsteuerliche Leistungen aus:

In der Zeit vom 1. März 1990 bis 15. April 1990 ist eine sonstige Leistung gegeben. Die Dampframme wird M zwar zum Gebrauch überlassen. In dieser Zeit gehen die Vertragspartner aber davon aus, daß die Maschine nach Ablauf des Vertrages zurückzugeben ist. M konnte also nicht wie ein Eigentümer verfügen. Die sonstige Leistung wird in Oldenburg (§ 3a Abs. 4 Nr. 11 i.V.m. Abs 3 - Einzelheiten s.u.), also im Erhebungsgebiet, ausgeführt und ist steuerbar.

Mit der Einigung (§ 929 S. 2 BGB) tätigt U eine Lieferung an M. Die Übergabe der Dampframme ist nicht erforderlich, da M sie als Mieter bereits in seinem Besitze hat. Im Zeitpunkt der Lieferung, dem 15. April 1990, befindet sich der Liefergegenstand in Arnheim (NL) (§ 3 Abs. 6 UStG) und somit nicht im Erhebungsgebiet.
Die Lieferung ist nicht steuerbar, da nicht alle TBM des § 1 Abs. 1 Nr. 1 UStG erfüllt sind.

3. Abwandlung zu Beispiel 2: nicht der Mieter M, sondern der Bauunternehmer B aus Münster schließt mit U am 15. April 1990 einen Kaufvertrag über die Dampframme. U und M einigen sich über den Eigentumsübergang und U tritt seinen Herausgabeanspruch (den er als Eigentümer gegenüber dem Mieter hat) noch am gleichen Tage ab.

Lösung:
Hinsichtlich der Vermietung ergeben sich keine Änderungen.

Mit Einigung und Abtretung des Herausgabeanspruchs nach § 931 BGB liefert U am 15. April 1990 die Dampframme an M. Sie befindet sich zu diesem Zeitpunkt nicht im Erhebungsgebiet (§ 3 Abs. 6 UStG), der Umsatz ist nicht steuerbar.

4. Der selbständige Ingenieur I aus Stuttgart führt für seine Auftraggeber u. a statische Berechnungen durch. Dazu benutzt er einen Computer. Um sein Leistungsangebot erweitern zu können, bestellt I am 12. April 1990 eine leistungsstärkere Anlage, die voraussichtlich im August 1990 ausgeliefert werden soll.
Am 20. Mai 1990 trifft I den interessierten Abnehmer A, der den gebrauchten Computer sofort erwerben will. Da I aber bis zur Auslieferung der neuen Rechenanlage dringend auf seinen Computer angewiesen ist vereinbaren sie am 20. Mai 1990 folgendes:

- das Eigentum an dem Computer soll sofort auf A übergehen
- gleichzeitig schließen A und I einen Mietvertrag, nach dem I den Computer bis zur Auslieferung der neuen Anlage weiter gebrauchen kann.

Lösung:
I liefert am 20. Mai den Computer an A und zwar durch Einigung und Vereinbarung eines Besitzkonstituts (§ 930 BGB). Der Liefergegenstand befindet sich zum Lie-

ferzeitpunkt im Erhebungsgebiet, die Lieferung ist steuerbar (§ 1 Abs. 1 Nr. 1 i.V.m. § 3 Abs. 6 UStG).

2. Befördern und Versenden

Etwas anderes gilt, wenn der Liefergegenstand durch den leistenden Unternehmer befördert oder versendet wird. Dazu zunächst ein Beispiel:

Der Kunde K aus Essen kauft bei dem Möbelhändler M in Köln am 8. Mai 1990 eine Wohnzimmereinrichtung. Beide sind sich einig, daß das Eigentum übergehen soll. Da K. lediglich einen Kleinwagen hat und so die Möbelstücke nicht sofort mitnehmen kann, erklärt sich M bereit, die Einrichtung mit seinem Lkw nach Essen zu transportieren. Am 15. Mai 1990 belädt M morgens den Lkw und erreicht mittags die Wohnung des K in Essen, wo die Möbel abgeladen und aufgestellt werden.

Wendet man die Grundregel des § 929 S. 1 BGB i.V.m. § 3 Abs. 6 UStG auf diesen Fall an, so kann die Ortsbestimmung nur Essen lauten. Andererseits ist aber zu bedenken, daß M übergabewillig bzw. lieferwillig war, nur sah sich K außerstande, die Möbelstücke in Empfang zu nehmen. Es ist also nur schwer einzusehen, warum dieser Sachverhalt anders als eine sofortige Übergabe zu beurteilen ist. Für eine eindeutige Rechtslage sorgt § 3 Abs. 7 UStG.

Diese Vorschrift bestimmt den **Zeitpunkt** der Lieferungsausführung in den Fällen des Beförderns und Versendens.

Die Lieferung gilt mit Beginn der Beförderung bzw. beim Versenden mit der Übergabe an den mit der Versendung Beauftragten als ausgeführt. Der Zeitpunkt der Verschaffung der Verfügungsmacht wird also durch eine **gesetzliche Fiktion** vorverlegt.
Aber beachten Sie bitte:
§ 3 Abs. 7 bestimmt den **Lieferungszeitpunkt**. Es muß sich in Anwendung des § 3 Abs. 6 UStG die Frage anschließen, wo sich der Liefergegenstand zu diesem Zeitpunkt befunden hat. Dort ist dann der Ort der Lieferung.

Lösung zu obigem Beispiel:
M. liefert die Wohnzimmereinrichtung durch Befördern an K. Die Beförderung beginnt in Köln und gilt nach § 3 Abs. 7 UStG zu diesem Zeitpunkt als ausgeführt. Mithin ist Lieferort ebenfalls Köln (§ 3 Abs. 6 UStG).

Der Bestimmung des Lieferzeitpunkts und damit des Lieferorts kommt besondere Bedeutung bei Geschäften über die Grenze zu.

Beispiel:
Eine landwirtschaftliche Produktionsgenossenschaft aus Leipzig bestellt bei einem Traktorenhersteller in München 5 Traktoren. Der Kaufvertrag wird am 12. April 1990 geschlossen. Am 25. April 1990 werden die Traktoren auf einen Transporter des Herstellers geladen und am 26. April 1990 an die Abnehmerin übergeben.

Lösung:
Ohne die Regelung des § 3 Abs. 7 UStG wäre Ort der Lieferung Leipzig und somit der Umsatz in der Bundesrepublik nicht steuerbar.
Da aber nach § 3 Abs. 7 UStG die Lieferung mit dem Beginn der Beförderung als ausgeführt gilt und die Traktoren sich zu diesem Zeitpunkt in München befinden, ist die Lieferung in der Bundesrepublik steuerbar und mangels Steuerbefreiung auch steuerpflichtig.
Die Einzelheiten zum Erhebungsgebiet und zu den Steuerbefreiungen werden in Kap. H (S. 89 ff) und in Kap I (S. 93 ff) besprochen.

a) Befördern

Nach § 3 Abs. 7 S. 1 u. 2 UStG ist Befördern jede Fortbewegung eines Gegenstandes durch den Unternehmer oder einen unselbständigen Erfüllungsgehilfen (vgl. dazu Abschn. 30 Abs. 2 S. 2 UStR) an den Abnehmer oder in dessen Auftrag an einen Dritten.
Dabei sind folgende Formen der Fortbewegung möglich:

- Überbringen,
- Transport mit eigenem Beförderungsmittel des liefernden Unternehmers (z.B. durch einen LKW)
- Fortbewegung - mit eigener Kraft des Liefergegenstandes (z.B. PKW, LKW, vgl. Abschn. 30 Abs. 2 S. 3 UStR)

Wichtig:
Eine Beförderungslieferung kann nur gegeben sein, wenn der Abnehmer bei Beförderungsbeginn bereits feststeht. Ein sog. rechtsge-

schäftsloses Verbringen bedeutet noch keine Beförderungslieferung (vgl. Abschn. 30 Abs. 2 S. 4 UStR).

Beispiel:
Ein Elekrohändler belädt seinen Lieferwagen in West-Berlin mit einigen Elekrogeräten, um sie in Berlin (Ost) auf einem Wochenmarkt wenn möglich zu verkaufen. Zu seiner Freude kann er in Berlin (Ost) alle Geräte an Erwerber veräußern, die die Ware sofort mitnehmen.

Lösung:
Es handelt sich hier um Abhollieferungen; der Ort der Lieferung ist Berlin (Ost) (§ 3 Abs. 6), die Lieferungen sind nicht in der Bundesrepublik sondern in der DDR steuerbar. Es liegen keine Beförderungslieferungen vor, da die Abnehmer bei Transportbeginn noch nicht feststanden.

b) Versenden

Auch bei einer Versendung wird der Liefergegenstand befördert. Zur "reinen" Beförderung i.S.d. § 3 Abs. 7 S. 1 u. 2 UStG besteht jedoch der Unterschied, daß der Unternehmer die Beförderung nicht selbst ausführt, sondern sich eines selbständigen Beauftragten bedient (§ 3 Abs. 7 S. 3 UStG)

Selbständige Beauftragte sind:
- Frachtführer (z.B. Bundesbahn, Bundespost, Transportunternehmer)
- Verfrachter (z.B. ein Schiffsreeder)
- ein die Beförderung besorgender Spediteur.

Auch eine Privatperson kann ein Beauftragter sein, soweit sie nicht Arbeitnehmer des liefernden Unternehmers ist, ebenso ein nicht gewerbsmäßig mit Transporten beschäftigter Unternehmer.

Mit Übergabe des Liefergegenstandes an den Beauftragten gilt die Lieferung als ausgeführt. Dort, wo der Gegenstand dem Beauftragten übergeben wird, ist dann nach § 3 Abs. 6 UStG der Ort der Lieferung.
Dabei ist aber zu beachten, daß das Versendungsgeschäft erst dann erfüllt ist, wenn **Lieferungsgegenstand und Beförderungsauftrag an den Abnehmer** dem selbständigen Beauftragten vorliegen.

Beispiel:
Ein Unternehmer in Köln beauftragt einen Kölner Spediteur, eine Ladung Ware, die für den österreichischen Markt bestimmt ist, zunächst zu seiner weiteren Verfügung zum Bahnhof in Wien zu transportieren. Während die Ware noch auf deutschem Boden rollt, erteilt der Kölner Unternehmer einem Wiener Spediteur den Auftrag, die ankommende Ware an einen Abnehmer in Klagenfurth zu transportieren.

Lösung:
Zwar erhält der Kölner Spediteur die Ware und einen Beförderungsauftrag, aber ein Abnehmer stand bei Transportbeginn in Köln noch nicht fest. Auch diese Warenbewegung ist ein rechtsgeschäftsloses Verbringen. Erst mit der Übernahme der Ware in Wien durch den Wiener Spediteur gilt die Lieferung als ausgeführt (§ 3 Abs. 7 S. 3 UStG). Ort der Lieferung ist Wien (§ 3 Abs. 6 UStG); die Lieferung ist nicht steuerbar.

c) Mischfälle (gebrochene Beförderungs- Versendungslieferung)

Von einem Mischfall spricht man, wenn der Transport der Ware in einem Zuge durch befördern und versenden erfolgt. Ein solcher Mischfall wird als ein einheitlicher Vorgang behandelt, wenn bei **Beginn** der Beförderung der **Abnehmer feststeht** und der Unternehmer **alles Erforderliche** getan hat, um die Ware an den Abnehmer gelangen zu lassen.

Beispiel:
Ein Maschinenbauunternehmen in Münster soll eine Maschine nach Saudi Arabien liefern. Es befördert die Maschine mit eigenem LKW von Münster in den Freihafen von Hamburg und verbringt sie dort auf ein Seeschiff zur Versendung an den Abnehmer in Saudi Arabien.

Lösung:
Mit Beginn der Beförderung in Münster gilt die Lieferung als ausgeführt (§ 3 Abs. 7 S. 3 UStG); Ort der Lieferung ist damit Münster (§ 3 Abs. 6 UStG). Die Lieferung ist steuerbar.

Hinweis:
Grundsätzlich ist sie jedoch steuerfrei nach § 4 Nr. 1 i.V.m. § 6 UStG (Ausfuhrlieferung).

3. Ausführungsarten der Lieferung

Die Möglichkeiten, den Liefergegenstand dem Abnehmer zukommen zu lassen, sind vielfältig. Ausgehend vom Wortlaut des § 3 Abs. 1

UStG sollen an einem Grundfall die verschiedenen Möglichkeiten und ihre umsatzsteuerlichen Konsequenzen dargestellt werden.

Grundfall:

Norbert L. (= Abnehmer) aus Düsseldorf schließt mit Friedhelm M (= Unternehmer) aus Viersen in dessen Ladenlokal am 21. Juni 1990 einen Kaufvertrag über die Lieferung von 10 Tieftauchmuffen (Unterwassersportbedarf).

Ausführungsarten:

1. Friedhelm M. hat die Tieftauchmuffen auf Lager und übergibt sie sofort Norbert L., d.h. der Unternehmer verschafft dem Abnehmer die Verfügungsmacht.

Folge:
Abhollieferung, Zeitpunkt: bei Übergabe, Lieferort: - § 3 Abs. 6 UStG - Ladenlokal

2. Friedhelm M. hat die Tieftauchmuffen nicht auf Lager. Er bestellt sie bei einem Großhändler in Mönchengladbach. und beauftragt diesen , die Gegenstände zu Norbert L. zu bringen, was am 22. Juni 1990 geschieht.

"Im Auftrag des Unternehmers verschafft ein Dritter dem Abnehmer die Verfügungsmacht."

Folge:
Es handelt sich um eine Beförderungslieferung des Friedhelm M. an Norbert L., die mit dem Beginn der Beförderung am 22. Juni 1990 ausgeführt wird (§ 3 Abs. 7 S. 3 UStG); Ort: Mönchengladbach - § 3 Abs. 6 UStG.

Hinweis:
Da der Großhändler zugleich an Friedhelm M. liefert, handelt es sich um ein Reihengeschäft; dazu mehr im nächsten Abschnitt dieses Kapitels.

3. Norbert L. bittet Friedhelm M., die Tieftauchmuffen seiner Freundin als Geburtstagsüberraschung zu bringen. Am 25. Juli 1990 erfolgt die Auslieferung.

"Der Unternehmer verschafft einem Dritten im Auftrag des Abnehmers die Verfügungsmacht."

Folge:
Friedhelm M. liefert an Norbert L. durch Beförderung; Lieferzeitpunkt: 25. Juli 1990 (§ 3 Abs. 7 S. 1 u. 2 UStG), Lieferort: § 3 Abs. 6 UStG Viersen

4. Norbert L. bittet Friedhelm M., die Gegenstände bereit zu halten. Er beauftragt am folgenden Tag einen Spediteur aus Düsseldorf, die Tieftauchmuffen in Viersen abzuholen und zu ihm nach Hause zu bringen.

Folge:
Obwohl ein Frachtführer eingeschaltet ist, handelt es sich nicht um eine Versendungslieferung. Der Frachtauftrag wird nämlich durch den Abnehmer erteilt. Diese Möglichkeit ist wie Fall 1 zu lösen.
Bei einer Beförderung/Versendung durch den Abnehmer gilt für den Zeitpunkt der Lieferung: Übergabe an den Beauftragten, Lieferort somit: - § 3 Abs. 6 UStG - Ladenlokal

5. Bei der fünften Möglichkeit werden die Abwandlungen 2 und 3 kombiniert:

Norbert L. bittet Friedhelm M., die Tieftauchmuffen seiner Freundin als Geburtstagsüberraschung zu bringen. Da Friedhelm M. die Tieftauchmuffen nicht auf Lager hat, bestellt er sie bei dem Großhändler in Mönchengladbach und beauftragt diesen, die Gegenstände zur Freundin zu bringen, was pünktlich 25. Juli 1990 geschieht.

"Im Auftrag des Unternehmers verschafft ein Dritter dem vom Abnehmer benannten Dritten die Verfügungsmacht."

Folge:
Es handelt sich hier - wie im Fall 2 - um eine Beförderungslieferung des Friedhelm M. an Norbert L., die mit dem Beginn der Beförderung am 25. Juli 1990 ausgeführt wird (§ 3 Abs. 7 S. 3 UStG); Ort: Mönchengladbach - § 3 Abs. 6 UStG.

Auch jetzt handelt es sich - da der Großhändler zugleich an Friedhelm M. liefert - um ein Reihengeschäft. Was es damit auf sich hat, wird im Abschnitt III dieses Kapitels erläutert

4. Die Besonderheit des § 3 Abs. 8 UStG

Bei grenzüberschreitenden Lieferungen sind Besonderheiten zu beachten. Je nachdem, wer Schuldner der bei Grenzübertritt entstehenden Einfuhrumsatzsteuer ist, muß der Ort der Lieferung abweichend von den oben dargestellten Grundsätzen bestimmt werden.
Die Ortsbestimmung nach § 3 Abs. 8 UStG ist an mehrere unterschiedliche Tatbestandsmerkmale geknüpft. Alle denkbaren Fallgestaltungen haben jedoch zwei Tatbestandsmerkmale gemeinsam:

- Es handelt sich um eine Beförderungs- oder Versendungslieferung und
- der Lieferant ist Schuldner der bei der Einfuhr zu entrichtenden Einfuhrumsatzsteuer.

Schuldner der Einfuhrumsatzsteuer ist derjenige, für dessen Unternehmen der Liefergegenstand zum freien Verkehr abgefertigt wird. Indiz für die Steuerschuldnerschaft sind die zwischen Lieferant und Abnehmer getroffenen Lieferkonditionen.
Lautet die Lieferkondition "verzollt und versteuert" kann davon ausgegangen werden, daß der Lieferant den Liefergegenstand für sein Unternehmen zum freien Verkehr abfertigen läßt, er also Schuldner der bei Grenzübertritt zu entrichtenden Einfuhrumsatzsteuer ist. Bei der Lieferkondition "unverzollt und unversteuert" hingegen, erfolgt die Abfertigung für den Abnehmer. In diesen Fällen schuldet er die Einfuhrumsatzsteuer. Darüberhinaus ist der Warenweg entscheidendes Kriterium:

a) Der Liefergegenstand gelangt vom Außengebiet in das Erhebungsgebiet

Schuldet also der Lieferant die bei der Einfuhr zu entrichtende Einfuhrumsatzsteuer und gelangt die Ware vom Außengebiet in das Erhebungsgebiet, so gilt - kraft gesetzlicher Fiktion des § 3 Abs.8 UStG - die Lieferung als im Erhebungsgebiet ausgeführt.
Wenn auch die Abgrenzung Erhebungsgebiet - Außengebiet später erläutert wird, so soll hier bereits zum weiteren Verständnis klargestellt werden:
Für die Bundesrepublik stellen alle Länder mit Ausnahme der DDR Außengebiet dar.
Für die DDR hingegen sind alle Länder mit Ausnahme der Bundesrepublik Außengebiet.

Beispiele:
1. Der Unternehmer U aus Madrid und der Abnehmer A aus Frankfurt/Main schließen einen Kaufvertrag über die Lieferung von 100 Stierhäuten. A beauftragt den Spediteur S die Häute in Madrid abzuholen und nach Frankfurt/Main zu bringen. Bei Grenzübertritt läßt S weisungsgemäß die Häute für A zum freien Verkehr abfertigen (= Lieferkondition "unverzollt und unversteuert").

Lösung:
Der Ort der Lieferung, die U an A ausführt ist Madrid (§ 3 Abs. 6 UStG). Sie ist somit nicht steuerbar.
A kann die in seinem Namen entrichtete Einfuhrumsatzsteuer als Vorsteuer abziehen (s.u.).

2. wie Beispiel 1, jedoch beauftragt U den Spediteur, der die Häute für U zum freien Verkehr abfertigen läßt (= Lieferkondition "verzollt und versteuert")

Lösung:
Es handelt sich nunmehr um eine Versendungslieferung des U an den A, die nach § 3 Abs. 7 UStG mit dem Beginn der Versendung als ausgeführt gilt. Da der Lieferer (= U) Schuldner der bei der Einfuhr ins Erhebungsgebiet zu entrichtenden Einfuhrumsatzsteuer ist, gilt die Lieferung abweichend von § 3 Abs. 6 i.V.m. Abs. 7 UStG als im Einfuhrland (= Bundesrepublik Deutschland) ausgeführt.
Die Lieferung des U ist somit steuerbar und steuerpflichtig. U kann die entrichtete Einfuhrumsatzsteuer als Vorsteuer geltend machen.
Soweit er in seiner Rechnung an den A eine Rechnung die Umsatzsteuer offen ausweist, ist diese bei A. i.R.d. § 15 UStG als Vorsteuer abziehbar.

3. Der Unternehmer L aus Leipzig liefert mit eigenem Lkw 1.000 Platinen an den Abnehmer P in Pforzheim.

Lösung:
Es handelt sich nicht um einen Sachverhalt, auf den § 3 Abs. 8 UStG anwendbar ist. Obwohl das Staatsgebiet der DDR nicht zum Erhebungsgebiet der BRD und somit nicht zum Gebiet der Europäischen Wirtschaftsgemeinschaft gehört, werden auf Waren mit Ursprung Deutsche Demokratische Republik Zölle und Abschöpfungen nicht erhoben (s. Protokoll über dem innerdeutschen Handel zum EWG-Vertrag).
Es handelt sich um eine "normale" Beförderungslieferung, die in Leipzig ausgeführt wird (§ 3 Abs. 6 i.V.m. Abs. 7 UStG) und dort steuerbar ist.

Hinweis:
P kann die in Rechnung gestellte USt (DDR) als Vorsteuer geltend machen und erhält - für eine Übergangszeit - eine weitere Steuervergünstigung i.H.v. 11 % des gezahlten Entgelts (weitere Einzelheiten s. Kap. M und P).

b) Der Liefergegenstand gelangt vom Erhebungsgebiet in einen Mitgliedstaat der Europäischen Wirtschaftsgemeinschaft

Das Vorliegen der beiden allgemeinen Tatbestandsmerkmale vorausgesetzt, kommt es in diesen Fällen zu einer Verlagerung des Lieferorts in das Einfuhrland (= entsprechender Mitgliedstaat der EWG).

Beispiele:
1. Der Unternehmer D aus Düsseldorf liefert 100 t Waschmittel an den Abnehmer E in Eindhoven (NL). D beauftragt einen Spediteur mit dem Transport. Vereinbarungsgemäß wird die Lieferung beim Grenzübertritt für D abgefertigt (Lieferkondition "verzollt und versteuert") und die niederländische Einfuhrumsatzsteuer entrichtet.

Lösung:
D liefert im Wege der Versendung das Waschmittel an E. Die Lieferung wird mit Beginn der Versendung ausgeführt (§ 3 Abs. 7 UStG). Da aber D. Schuldner bei der Einfuhr in den Niederlanden zu entrichtenden Einfuhrumsatzsteuer ist, gilt die Lieferung gem. § 3 Abs. 8 UStG als im Einfuhrland (= Niederlande als ausgeführt. Sie ist somit in der Bundesrepublik nicht steuerbar. Ob die Voraussetzungen

zungen für die Steuerbefreiung nach § 4 Nr. 1 UStG (Ausfuhrlieferung) erfüllt sind, braucht nicht geprüft zu werden.

2. wie Beispiel 1, jedoch sitzt der Lieferer D in Dessau (DDR).

Lösung:
Es kommt zu keiner anderen Lösung, da das seit dem 1. Juli 1990 in der DDR geltende Umsatzsteuergesetz dieselben Vorschriften enthält.

c) Der Liefergegenstand gelangt vom Erhebungsgebiet ins übrige Ausland

Die Voraussetzungen des § 3 Abs. 8 UStG sind nicht erfüllt, der Ort der Lieferung ist nach den allgemeinen Grundsätzen zu bestimmen.

III. Das Reihengeschäft

Für das Reihengeschäft (oder besser: für Lieferungen im Reihengeschäft) finden Sie in § 3 Abs. 2 UStG mehrere Tatbestandsmerkmale:

- **mehrere Unternehmer** schließen
- **mehrere Umsatzgeschäfte** (d.h. Lieferverträge) über
- **denselben Liefergegenstand** ab;
- es erfolgt aber nur **eine Warenbewegung vom ersten Unternehmer** (das ist der, der mit der Lieferung beginnt) **zum letzten Abnehmer** (das ist der, der den Gegenstand erhält).

§ 3 Abs. 2 UStG ist keine Ausnahmeregelung, sondern nur eine Klarstellung zu § 3 Abs. 1 UStG. Die Klarstellung besteht darin, daß trotz der Verschaffung der Verfügungsmacht an dem Liefergegenstand durch den ersten Unternehmer in der Lieferkette an den letzten Abnehmer in der Lieferkette (besser: Warenbewegung zum letzten Abnehmer) kraft gesetzlicher Fiktion soviele Lieferungen wie Umsatzgeschäfte vorliegen.

Beispiel:
Ein Papierhersteller aus Duisburg benötigt für seine Produktion eine größere Menge Bariumsulfad und Titandioxid. Er bestellt diese Rohstoffe bei seinem

ständigen Lieferanten L in München. L hat die benötigte Menge nicht auf Lager und bestellt diese seinerseits bei einem Chemiekonzern in Leverkusen mit der gleichzeitigen Bitte, die Stoffe direkt nach Duisburg auszuliefern. Wegen eines Defektes in der Pumpanlage hat der Chemiekonzern die Produktion der benötigten Materialien kurzfristig unterbrechen müssen. Er kauft die benötigte Menge bei einem Hersteller in Leuna (DDR) und bittet diesen, den direkten Transport nach Duisburg zu veranlassen. Ein Mitarbeiter des Herstellers transportiert die Rohstoffe am 21. Juni 1990 von Leuna nach Duisburg.

Lösung:
Der Lieferant L liefert im Reihengeschäft das Bariumsulfad und das Titanoxid an den Papierhersteller in Duisburg.
Ein Reihengeschäft liegt vor, da mehrere Unternehmer (Lieferant L, der Chemiekonzern und der Hersteller in Leuna) mehrere Umsatzgeschäfte (Kaufvertrag zwischen L und dem Chemiekonzern sowie zwischen dem Chemiekonzern und dem Hersteller) über denselben Liefergegenstand (Bariumsulfad und Titanoxid) abschließen. Außerdem wird die Lieferung dadurch ausgeführt, daß der erste Unternehmer in der Lieferkette (= der Hersteller in Leuna) dem letzten Abnehmer in der Lieferkette (= Papierhersteller in Duisburg) unmittelbar die Verfügungsmacht verschafft.
Dies geschieht durch eine Beförderungslieferung i.S.d. § 3 Abs. 7 S. 1 u. 2 UStG, die mit dem Beginn der Beförderung am 21. Juni 1990 als ausgeführt gilt.
Zu dem gleichen Zeitpunkt gelten auch die Lieferungen des Chemiewerks an den Lieferanten und des Herstellers an das Chemiewerk als ausgeführt.

Da sich der Gegenstand im Zeitpunkt der drei Lieferungen in Leuna befindet, ist er nicht in der Bundesrepublik sondern in der DDR steuerbar und zwar für alle beteiligten Lieferanten.

Merke:

1. Die für die Bestimmung des Orts der Lieferung im Fall der Abhollieferung sowie der Beförderung und Versendung anzuwendenden Grundsätze gelten für Lieferungen im Reihengeschäft entsprechend (§ 3 Abs. 6 u. 7 UStG)
2. Da im Reihengeschäft der erste Unternehmer dem letzten Abnehmer "unmittelbar die Verfügungsmacht an dem Liefergegenstand verschafft", ergibt sich für alle Unternehmer in der Reihe derselbe Ort der Lieferung. Dieser liegt dort, wo der erste Unternehmer dem letzten Abnehmer in der Reihe die "Verfügungsmacht verschafft" (vorbehaltlich der Regelungen § 3 Abs. 8 UStG).

Hat also der erste Unternehmer an den letzten Abnehmer befördert oder versendet, so liegt der Ort der Lieferung für alle beteiligten Unternehmer am Ort des Beginns der Beförderung oder Versendung durch den ersten Unternehmer.

Bei Abholung durch den letzten Abnehmer liegt der Ort der Lieferung am Abholungsort.

Übersicht

Ort der Lieferung im Reihengeschäft

Abhollieferung durch letzten Abnehmer	Beförderungslieferung	Versendungslieferung
Ort der Übergabe durch ersten Unternehmer	Ort, wo die Beförderung durch ersten Unternehmer	Ort, wo der erste Unternehmer den Gegenstand an den selbständigen Beauftragte mit dem Auftrag übergibt, den Gegenstand an den letzten Abnehmer zu transportieren

Bei Reihengeschäften über die Grenze kann ebenfalls der § 3 Abs. 8 UStG zur Anwendung kommen. Dann wird möglicherweise der Grundsatz durchbrochen, daß der Ort der Lieferung des ersten Unternehmers in der Reihe zugleich der Ort der Lieferung aller beteiligten Unternehmer ist.

Beispiel:
Der Werkzeugmaschinenhersteller W in Wuppertal benötigt für seine Produktion Drehstähle, die er bei dem Produzenten S in Saarbrücken bestellt. S hat die Stähle nicht auf Lager und beschafft diese bei M in Metz (Frankreich). S weist M an, die Gegenstände unmittelbar an W zu versenden und sie an der Grenze für S zum freien Verkehr abfertigen zu lassen.

Lösung:
S liefert an W im Reihengeschäft (§ 3 Abs. 1 i.V.m. Abs. 2 UStG). Die Lieferung wird erfolgt dadurch, daß der erste Unternehmer in der Lieferreihe (M) die Liefergegenstände unmittelbar an den letzten Abnehmer versendet und wird mit Übergabe an den selbständigen Beauftragen ausgeführt. Für den Ort der Lieferung gilt:
a) Lieferung M an S:
Versendungslieferung; da S als Abnehmer Schuldner der EUSt ist, kommt § 3 Abs. 8 UStG nicht zur Anwendung. Ort somit Metz (§ 3 Abs. 6, 7 UStG), die Lieferung ist nicht steuerbar.

b) Lieferung S am W:
ebenfalls Versendungslieferung; abweichend von § 3 Abs. 6 und 7 UStG gilt sie als im Erhebungsgebiet ausgeführt (§ 3 Abs. 8 UStG) da der Lieferer (= S) Schuldner der EUSt ist. Im übrigen kann S die EUSt als Vorsteuer abziehen.

Gleiches gilt für entsprechende Vorgänge in der DDR:

Beispiel:
Die Ski-Produktionsgesellschaft mbH (SPG) aus Annaberg-Buchholz erhält von einem Abnehmer aus Klingenthal den Auftrag, kurzfristig 200 Paar Langlaufski zu liefern. Die SPG kann wegen anderer Lieferverpflichtungen die angeforderten Ski nicht selbst herstellen und bestellt diese bei dem Produzenten G in Graz (Österreich). G soll die Ski direkt zu dem Abnehmerin Klingenthal befördern und an der Grenze für die SPG zum freien Verkehr abfertigen lassen.

Lösung:
Indem G die Ski zum Abnehmer in Klingenthal befördert, liegt eine Lieferung von G an die SPG und eine Reihenbeförderungslieferung von der SPG an den Abnehmer vor. Die Lieferungen werden mit Beginn der Beförderung ausgeführt. Zum Ort ist folgende festzustellen:
a) Lieferung von G an die SPG:
Da G nicht Schuldner der EUSt ist, gilt § 3 Abs. 6 i.V.m. 7 UStG, der Ort dieser Lieferung ist Graz, die Lieferung ist nicht steuerbar.
b) Lieferung der SPG an Abnehmer
Da die Ski für die SPG abgefertigt werden, schuldet sie die EUSt. Der Ort ihrer Lieferung liegt gem. § 3 Abs. 8 UStG somit im Erhebungsgebiet (DDR), die Lieferung ist steuerbar und die EUSt als Vorsteuer abziehbar.

D. Sonstige Leistung als Unterart der Leistung

I. Begriff der sonstigen Leistung

1. Die gesetzliche Definition

Das Umsatzsteuergesetz bestimmt in § 3 Abs. 9 die sonstigen Leistungen nur negativ, nämlich als "Leistungen, die keine Lieferungen sind". So kann man folgende "Gleichung" aufstellen:

Leistungen
abzügl. Lieferungen
= sonstige Leistungen

Sonstige Leistungen sind mithin Leistungen, die nicht in der Verschaffung der Verfügungsmacht an einem Liefergegenstand bestehen. Bereits bei der Definition des Begriffs "Leistung" (s.o. S. 14) haben Sie erfahren, daß der Bogen vom aktiven Tun bis zum passiven Verhalten gespannt ist. Gleiches trifft für die **Formen der sonstigen Leistung** zu:

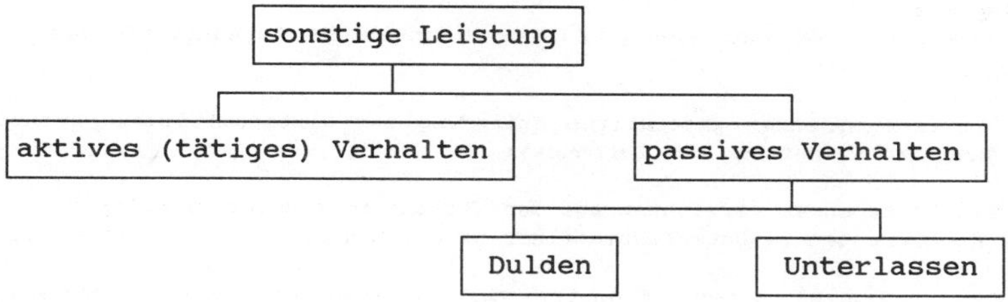

Im allgemeinen bestehen sonstige Leistungen in einem aktiven (tätigen) Verhalten.

Beispiele:

1. Ein Busunternehmer befördert Touristen zum Olympiastadion in Berlin (Beförderungsleistung).

2. Ein Reisebüro vermittelt Reisenden Ferienwohnungen im Schwarzwald (Vermittlungsleistungen).

3. Prof. Biedenkopf hält einen Vortrag über die soziale Marktwirtschaft auf einer Tagung des DIHT (Vortragstätigkeit).

4. Ein Rechtsanwalt berät seinen Mandanten über die Gestaltung eines Joint-Venture-Vertrags (Beratungstätigkeit)

5. Der Arzt behandelt einen Patienten (Dienstleistung, § 611 BGB)

6. Ein Fernsehtechniker repariert ein defektes Fernsehgerät, ohne dabei wesentliche Teile auszutauschen (Werkleistung, § 631 BGB)

7. Ein Spediteur transportiert im eigenen LKW Waren (§§ 407, 412 HGB)

8. Ein Grundstücksmakler vermittelt den Verkauf eines Hauses (Maklervertrag, § 652 BGB)

9. Eine Bank gewährt ein Darlehen (Darlehensvertrag, § 607 BGB)

Nicht selten bestehen sonstige Leistungen aber auch in einem passiven Verhalten (vgl. § 3 Abs. 9 S. 2 UStG).
Während "Dulden" als Geschehenlassen fremder Handlungen definiert werden kann, ist die Nichtvornahme eigener Handlungen gemeint, wenn vom "Unterlassen" die Rede ist.

Beispiele:
1. Vermietung von Wohnungen (= Dulden, Gebrauchsüberlassung, Mietvertrag nach § 535 BGB);

2. Überlassung einer geschützten Erfindung zur wirtschaftlichen Ausnutzung (= Duldung der Ausnutzung des Patentes);

3. Ein Unternehmer verzichtet auf den Verkauf bestimmter Produkte zugunsten eines Konkurrenten (= Unterlassen einer bestimmten gewerblichen Tätigkeit);

4. Der Komponist einer bekannten Melodie überläßt das Urheberrecht einem Schallplattenverlag (Duldung der Ausnutzung des Urheberrechts)

Merke:
Die Überlassung von Verfahren und Kenntnissen sowie die Abtretung von Rechten ist immer eine sonstige Leistung.

Ein Unternehmer kann gleichzeitig verschiedene sonstige Leistungen erbringen, die jedoch jeweils eigenständig zu beurteilen sind.

Beispiel:
Ein Busunternehmer führt mit eigenen Bussen Ferienreisen durch. Hinsichtlich der Unterbringung und Verpflegung wird er als Vermittler tätig.

Lösung:
Es handelt sich um zwei eigenständige sonstige Leistungen, nämlich um eine Beförderungsleistung gegenüber seinen Fahrgästen und um eine Vermittlungsleistung gegenüber den Hotel- und Gaststättenbetrieben.

2. Besonderheiten:

Eine sonstige Leistung wird nicht dadurch zur Lieferung, daß der Anspruch darauf durch einen käuflich zu erwerbenden Berechtigungsschein begründet wird. Berechtigungsscheine sind die Verkörperung eines Anspruchs auf sonstige Leistungen.

Beispiel:
Eine Fahrkarte verkörpert den Anspruch auf eine Beförderungsleistung.

Eine Theaterkarte berechtigt zum Besuch der Vorstellung. Die Theatervorführung ist eine sonstige Leistung.

Hinweis:
Ein Lotterielos wird nach der Rechtsprechung als Liefergegenstand angesehen.

Bei vielen geistigen Leistungen konkretisiert sich der Erfolg weitgehend in einem Plan, einem Manuskript, einem Muster, einer Zeichnung oder einer Berechnung. Die Übertragung einer verkörperten geistigen Leistung ist eine sonstige Leistung. Das zu Papier gebrachte Ergebnis ist nur ein unselbständiger Teil der Hauptleistung, eine zwangsläufige Folge der sonstigen (geistigen) Leistung.

Hinweis:
Wird der Erfolg geistiger Leistung jedoch vervielfältigt, so entstehen Liefergegenstände (z. B. Bücher). Von Kunstmalern angefertigte Gemälde werden nach der Verkehrsauffassung als Liefergegenstände angesehen.

II. Der Zeitpunkt der sonstigen Leistung

Die sonstige Leistung ist umsatzsteuerlich bei ihrer Beendigung zu erfassen, d.h. wenn sie bewirkt oder erbracht ist.

Beispiele:
1. Ein Architekt erhält am 31. Januar 1990 den Auftrag, einen Bauplan zu zeichnen. Er beginnt damit am 9. Februar. Nach mehreren Rücksprachen mit seinen Auftraggebern überreicht der Architekt den fertigen Bauplan am 12. April 1990.

Lösung:
Die sonstige Leistung ist am 12. April 1990 mit der Übergabe an die Auftraggeber bewirkt, der Umsatz in der Umsatzsteuer-Voranmeldung für den Monat April zu erfassen.

2. Ein Autor einigt sich mit einem Verlag Mitte Mai 1990, ein Manuskript für ein Lehrbuch zu erstellen. Er macht sich unverzüglich an die Arbeit und sendet das fertige Manuskript am 29. Juni 1990 per Einschreiben dem Verlag zu. Die Postsendung geht am 3. Juli 1990 bei dem Verlag ein.

Lösung:
Die sonstige Leistung ist am 29. Juni 1990 mit Aufgabe der Postsendung bewirkt, da der Autor alles in seiner Macht stehende getan hat, damit der Auftraggeber in den Genuß der Leistung kommt.

Dieser Grundsatz kann insbesondere bei langfristigen Verträgen bzw. bei Verträgen, deren Ablauf ungewiß ist zu unbefriedigenden Ergebnissen führen.

Beispiel:
Ein Unternehmer vermietet mit Vertrag vom 15. November 1989 eine Lagerhalle für den Zeitraum vom 1. Januar 1990 bis zum 31. Dezember 2000 an einen Produktionsbetrieb. Der Vertrag ist während die Mietdauer von keiner Seite kündbar.

Lösung:
Der Unternehmer führt eine sonstige Leistung aus, die am 1. Januar 1990 beginnt und nach den oben dargestellten Grundsätzen am 31. Dezember 2000 beendet ist. Für die Umsatzbesteuerung hätte das zur Folge, daß der Unternehmer erst mit Ablauf des Jahres 2000 die gesamten erzielten Mietumsätze für die abgelaufenen 11 Jahre erklären und versteuern müßte.

Aus diesem Grund bestimmt § 13 Abs. 1 Nr. 1 a S. 2 und 3 UStG, daß die Umsatzsteuer bereits anteilig entsteht, wenn Teilleistungen ausgeführt werden. Teilleistungen liegen dann vor, wenn

- die Gesamtleistung wirtschaftlich sinnvoll teilbar ist,
- die Gesamtleistung auch in Teilen geschuldet und bewirkt wird, d.h. wenn für die einzelnen Teilleistungen ein gesondertes Entgelt berechnet wird.

Fortführung des Beispiels:

Für die umsatzsteuerliche Behandlung kommt es darauf an, wie in dem Vertrag die Mietzahlungen vereinbart sind.
Verpflichtet sich der Mieter - wie es üblich ist - zur monatlichen Mietzahlung, so liegen Teilleistungen des Unternehmers vor:

- die Gesamtleistung (Vermietung für 11 Jahre) ist wirtschaftlich sinnvoll in einzelne Monate teilbar,
- die Gesamtleistung wird auch in Teilen geschuldet und bewirkt, denn die Halle wird Monat für Monat überlassen, es wird eine monatliche Miete entrichtet.

Der Vermieter führt also monatliche Teilleistungen aus.

III. Ort der sonstigen Leistung

1. Die Ortsbestimmung nach § 3 a UStG

a) Allgemeine Regelung

Wie bei den Lieferungen auch ist die Bestimmung des Ortes der sonstigen Leistung bedeutsam für die Steuerbarkeit der Leistung. Die rechtlichen Grundlagen finden Sie in § 3 a UStG und § 1 UStDV.

Hinweis:
§ 1 UStDV regelt Sonderfälle des Ortes der sonstigen Leistung und wird in diesem Einführungsband nicht näher erläutert

Nach dem Gesetzesaufbau bestimmt § 3 a Abs. 1 den Ort der sonst. Leistung grundsätzlich als den Ort, von dem aus der Unternehmer sein Unternehmen betreibt. Das Unternehmen wird dort betrieben, wo der Unternehmer tätig wird, d.h. insbesondere dort, wo er Aufträge entgegennimmt (sog. Unternehmersitz - Prinzip).

b) Die Ausnahmen des § 3a Abs. 2 bis 4 UStG

Von diesem Grundsatz gibt es jedoch mehrere Ausnahmen, wie Sie sich durch einen Blick auf § 3 a Abs. 2 bis 4 UStG überzeugen können.

aa) Der Ort der Belegenheit nach § 3a Abs. 2 Nr. 1 UStG

Sonstige Leistungen im Zusammenhang mit einem Grundstück werden dort ausgeführt, wo das Grundstück liegt (sog. Belegenheits - Prinzip).
Das UStG bezieht sich dabei auf den bürgerlich - rechtlichen Grundstücksbegriff, der in § 94 BGB beschrieben ist. Ein Grundstück umfaßt den Grund und Boden und seine wesentlichen Bestandteile. Wesentliche Bestandteile sind alle fest mit dem Grund und Boden verbundenen Sachen wie Gebäude, Eingrenzungsmauern, Fabrikhallen, Pflanzen u.s.w.. Die wesentlichen Bestandteile müssen so mit dem Grund und Boden verbunden sein, daß sie voneinander nicht getrennt werden können, ohne daß sie selbst zerstört oder in ihrem Wesen verändert werden (z.B. vorher Wasserleitung, hinterher Schrott). Nicht zum Grundstück hingegen gehört das sog. Zubehör. Zum Zubehör zählt man bewegliche, also nicht fest mit dem Grundstück verbundene Sachen, die dem wirtschaftlichen Zweck dienen.

Mit der beispielhaften Aufzählung in § 3a Abs. 1 Nrn. a) - c) UStG macht der Gesetzgeber deutlich, was er unter solchen sonstigen Leistungen versteht.

(1) "...sonstige Leistungen der in § 4 Nr. 12 bezeichneten Art."
Darunter fallen zunächst alle Vermietungs- und Verpachtungsumsätze und zwar unabhängig davon, ob sie letztlich steuerbefreit sind oder nicht.

Beispiele:
Die Vermietung bzw. Verpachtung von Grundstücken, Wohnungen, Parkplätzen, Parkhäuser Campingplätzen, Bootsliegeplätzen sowie die Vermietungsleistungen der Hotels und Pensionen

Auch die Vermittlung von Vermietungen fällt darunter.

(2) " ... sonstige Leistungen im Zusammenhang mit der Veräußerung oder dem Erwerb von Grundstücken."

Damit sind die Leistungen der Grundstücksmakler und der Grundstückssachverständigen gemeint. Die Beurkundungsleistungen der Notare hinsichtlich des Grundstückskaufvertrags gehören ebenfalls dazu.

Hinweis:
Selbständige Beratungsleistungen in Grundstücksangelegenheiten der Notare, Rechtsanwälte oder Steuerberater, die nicht in unmittelbarem Zusammenhang mit einem Grundstückserwerb stehen, fallen unter § 3 a Abs. 4 Nr. 3 UStG (vgl. Abschn. 39 Abs. 11 UStR)

Beispiel:
Der Notar Bolamus mit Sitz in München beurkundet für einen Klienten folgende Vorgänge:
1. den Grundstückskaufvertrag für ein Grundstück, das in Österreich belegen ist, sowie
2. die Bestellung einer Grundschuld zur Finanzierung des Kaufpreises.
Der Klient will das Grundstück zu privaten Zwecken nutzen.

Lösung:
Während die Beurkundung des Kaufvertrages unter § 3a Abs. 1 Nr. 1b) UStG fällt und somit in Österreich ausgeführt wird, handelt es sich bei der Beurkundung

der Grundschuld um eine andere selbständige Leistung. Diese wird nach § 3a Abs. 1 UStG in München ausgeführt. Also ergibt sich folgendes Ergebnis:

zu 1: nicht steuerbar, da nicht im Erhebungsgebiet
zu 2: steuerbar (und steuerpflichtig)

(3) "... sonstige Leistungen, die der Erschließung von Grundstücken oder der Vorbereitung oder der Ausführung von Bauleistungen dienen."

Diese Vorschrift gilt insbesondere für die Leistungen der Architekten, Bauingenieure, Vermessungsingenieure, Abbruchunternehmer. Aber auch Unternehmer die Erdarbeiten ausführen oder die Pflege von Grünanlagen übernommen haben, führen sonstige Leistungen aus, die unter § 3a Abs. 1 Nr. 2 c fallen.

Merke:
Nicht unter das Belegenheits - Prinzip fallen sonstige Leistungen an Zubehör und andere Sachen, die keine wesentlichen Bestandteile des Grundstücks sind.

bb) Der Ort der Beförderung nach § 3 a Abs. 2 Nr. 2 UStG

Eine Beförderungsleistung (Personen- und Güterbeförderung) wird dort ausgeführt, wo die Beförderung bewirkt wird, also auf der Fahrstrecke.

Erstreckt sich eine Beförderung nicht nur auf das Erhebungsgebiet, so ist nur der auf das Erhebungsgebiet entfallende Teil der Leistung steuerbar.

Hinweis:
Die grenzüberschreitende Beförderung von Gegenständen ist nach § 4 Nr. 3 a) steuerbefreit.

Wegen weiterer Besonderheiten im grenzüberschreitenden Beförderungsverkehr wird auf §§ 2 - 6 UStDV verwiesen.

cc) Der Ort der Tätigkeit nach § 3 a Abs. 2 Nr. 3 UStG

Mit § 3a Abs. 2 Nr. 3 a) UStG wird der Ort für künstlerische, wissenschaftliche, unterrichtende, vortragende oder unterhaltende Leistungen bestimmt.

Der Ort dieser sonstigen Leistungen liegt dort, wo der Unternehmer jeweils zum überwiegenden Teil tätig wird. Durch das Wort "jeweils" wird klargestellt, daß der einzelne Umsatz und nicht die unternehmerische Gesamttätigkeit zu beurteilen ist.

Der wesentliche Teil der Leistung wird dort erbracht, wo der Unternehmer bei der geschuldeten Leistungserbringung tätig wird, nicht, wo er sich auf die geschuldete Leistung vorbereitet. Dies gilt selbst dann, wenn die Vorbereitungszeit einen größeren Zeitraum beansprucht als die eigentliche Leistung. Kurz:

Wofür wird der Unternehmer bezahlt?

Beispiel:
Ein Rockmusiker bereitet sich in Hannover auf eine USA Tournee vor und tritt anschließend bei verschiedenen Konzerten in den USA auf.

Lösung:
Die sonstigen Leistungen werden nach § 3 a Abs. 2 Nr. 3 in den verschiedenen Städten in den USA bewirkt, weil dort der wesentliche Teil der Leistung erbracht wird. Die Leistungen sind somit nicht steuerbar. Daß die Konzerte in Hannover vorbereitet wurden, ist ohne Bedeutung.

Bei wissenschaftlichen Tätigkeiten ist zu unterscheiden:

- Vorträge,

der Ort ist nach § 3a Abs. 2 Nr. 3 a) UStG zu bestimmen.

- Gutachten,

bei Gutachten ist zu prüfen, welchen Zweck der Auftraggeber mit dem von ihm bestellten Gutachten verfolgt.

Dient das Gutachten allgemein der Erweiterung z.B. beruflicher Kenntnisse, so ist der Ort der Leistung ebenfalls nach § 3a Abs. 3 Nr. 3 a) UStG zu bestimmen.

Beispiel:
Ein Hochschullehrer hält im Auftrag eines Wirtschaftsverbandes auf einer Fachtagung einen Vortrag. Inhalt des Vortrags ist die Mitteilung und Erläuterung der von ihm auf seinem Forschungsgebiet gefundenen Erkenntnisse. Im Anschluß an den Vortrag händigt der Hochschullehrer allen Teilnehmern ein Manuskript seines Vortrags aus.

Lösung:
Vortrag und Manuskript sind ein wissenschaftliches Gutachten, daß der Erweiterung des Wissenstandes aller Teilnehmer dient. Ort der Leistung ist der Vortragsort.

Dient das Gutachten hingegen einer konkreten Entscheidung im Einzelfall, so ist eine Beratungsleistung gegeben. Der Ort ist dann ggf. nach § 3a Abs. 4 Nr. 3 i.V.m. § 3a Abs. 3 UStG (s.u.) zu bestimmen.
Schließlich gilt § 3a Abs. 3 Nr 3a) UStG noch der Ortsbestimmung bei "ähnlichen" Leistungen. Das gilt z.B. für die Tätigkeiten der Konferenzdolmetscher und Konferenzübersetzer (vgl. Abschn. 36 Abs. 4 UStR).

Hinweis:
Sonstige Dolmetscher und Übersetzer bestimmen den Ort der sonstigen Leistung nach § 3 a Abs. 1 UStG (vgl. Abschn. 33 Abs. 2 UStR).

Schließlich ist in § 3a Abs. 2 Nr. 3 c UStG eine Ausnahme vom Unternehmersitz-Prinzip für Werkleistungen an beweglichen körperlichen Gegenständen bzw. die Begutachtung dieser Gegenstände geschaffen worden.

Hinweis:
Für Werkleistungen an Gebäuden s. § 3 a Abs. 2 Nr. 1 UStG.

Es muß sich um Werk**leistungen** (§ 3 Abs. 9 i.V.m. § 3 Abs. 4 UStG) handeln ; Werk**lieferungen** (vgl. § 3 Abs. 4 UStG) sind hinsichtlich des Orts der Leistung gar nicht unter § 3 a UStG zu subsumieren.
Die Werkleistung ist dadurch gekennzeichnet, daß der Unternehmer zur Ausführung keine eigenen oder selbst beschaffte Hauptstoffe verwendet.

Beispiele:
Wartungsleistungen an Anlagen, Maschinen und Fahrzeugen, Reparaturleistungen auch, wenn keine oder nur unwesentliche Zutaten verwendet werden:
Reparaturleistungen an einem PKW mit unwesentlichem Materialeinsatz (Ausbeulen des Kotflügels).

Auf die einzelnen Abgrenzungsmerkmale wird in Kap. F näher eingegangen.

dd) Der Ort der Leistung bei Tätigkeiten i.S.d. § 3 a Abs. 4 UStG

§ 3 a Abs. 4 UStG enthält eine Aufzählung von insgesamt elf sonstigen Leistungen, bei denen ggf. der Leistungsort abweichend vom Unternehmersitz-Prinzip des § 3a Abs. 1 UStG zu bestimmen ist.
Führt nämlich ein Unternehmer eine im Leistungskatalog des Abs. 4 enthaltene sonstige Leistung aus, so müssen Sie prüfen, an wen diese Leistung erbracht wird.
Bei einer sonstigen Leistung i.S.d. Abs. 4 an einen **anderen Unternehmer für dessen Unternehmen** gilt nämlich das sog. Empfängersitz-Prinzip.
Das bedeutet, daß die sonstige Leistung an dem Ort ausgeführt wird, an dem der Leistungsempfänger seinen Sitz hat.
Gleiches gilt, wenn der Leistungsempfänger eine **Privatperson** (oder ein Unternehmer für seinen nichtunternehmerischen Bereich) mit Wohnsitz **außerhalb** des Gebiets der Europäischen Wirtschaftsgemeinschaft ist.
Der Ort der sonstigen Leistung ist hingegen in den Fällen, in denen die Leistung i.S.d. Abs. 4 UStG an eine Privatperson mit Sitz **innerhalb** der EWG erbracht wird, nach § 3a Abs. 1 UStG zu bestimmen.

Hinweis:
Die **12 EG-Länder** sind Belgien, Dänemark, Frankreich, Griechenland, Irland, Italien, Luxemburg, Niederlande, Vereinigtes Königreich Großbritannien und Nordirland, Spanien (außer Kanarische Inseln, Ceuta und Melilla), Portugal und die Bundesrepublik Deutschland.

Bei den sonstigen Leistungen i.S.d. § 3a Abs. 4 bestimmt sich der Leistungsort in

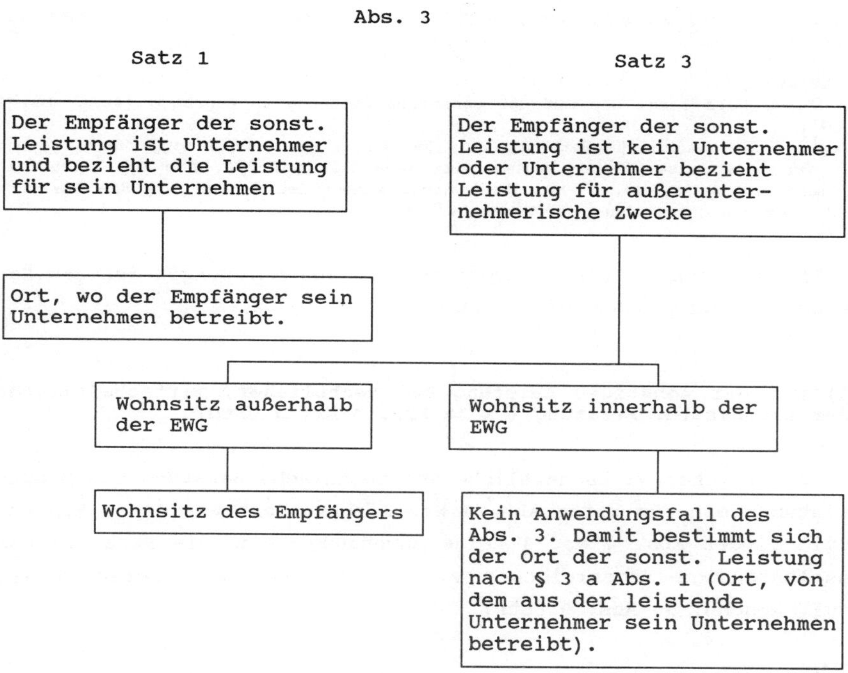

Beispiel:
Ein Rechtsanwalt mit Sitz in Augsburg berät folgende Mandanten:

1. einen Unternehmer mit Sitz in Basel über deutsches Vertragsrecht,
2. eine Privatperson mit Wohnsitz in Wien über deutsches Erbrecht und
3. einen Unternehmer mit Sitz in Paris über den Kauf eines in der Bundesrepublik belegenen Grundstücks. Der Unternehmer will das Grundstück für private Zwecke nutzen.

Lösung:
zu Leistung 1:
Die sonstige Leistung ist in § 3a Abs. 4 Nr. 3 UStG aufgeführt. Da der Leistungsempfänger ein Unternehmer ist und die Beratung für dessen Unternehmen ausgeführt wird, führt der Rechtsanwalt nach § 3a Abs. 3 UStG die Beratung in Basel aus. Der Umsatz ist nicht steuerbar.
§ 3a Abs. 1 Nr. 1 b) UStG ist nicht anzuwenden, da die Beratung nicht unmittelbar dem Erwerb des Grundstücks dient (s.o.).

zu Leistung 2:
Es handelt sich um eine rechtliche Beratung i.S.d. § 3a Abs. 4 Nr. 3 UStG, Leistungsempfänger ist eine Privatperson mit Sitz außerhalb der EWG. Die sonstige Leistung des Rechtsanwalts wird somit gem. § 3a Abs. 3 UStG am Wohnsitz des

Leistungsempfängers ausgeführt, also in Österreich. Auch dieser Umsatz ist nicht steuerbar.

zu Leistung 3:
In diesem Fall liegt der Ort der sonstigen Leistung in Augsburg (§ 3a Abs. 1 UStG).
Zwar ist die rechtliche Beratung in § 3a Abs. 4 Nr. 3 UStG aufgeführt, jedoch hat der Leistungsempfänger seinen Sitz innerhalb der EWG. Das Empfängersitz-Prinzip des § 3a Abs. 3 UStG kann nicht angewendet werden, da die Beratung nicht für das Unternehmen des Mandanten erfolgt.

Nachfolgend werden einige typische sonstige Leistungen aus dem Katalog des Abs. 4 UStG erläutert.

(1) Ort der sonstigen Leistung bei rechtlicher, wirtschaftlicher oder technischer Beratung (§ 3a Abs. 4 Nr. 3 UStG)

Die rechtliche, wirtschaftliche und technische Beratung muß Hauptleistung sein, um unter Abs. 4 Nr. 3 subsumiert werden zu können. Somit findet Abs. 4 Nr. 3 keine Anwendung, wenn die Beratung nur unselbständige Nebenleistung z. B. zu einer Werklieferung ist (vgl. Abschn. 39 Abs. 9 UStR).

Beispiel:
Ein Eigenheimbesitzer möchte seine Elektro-Speicherofenheizung auf Gas-Heizung umstellen. Vor Durchführung der Arbeiten berät die Heizungsfirma den Kunden über die Vor- und Nachteile verschiedener Heizungsbrenner.

Lösung:
Die Heizungsfirma erbringt eine (Werk-)Lieferung. Der Ort der Lieferung bestimmt sich nach § 3 Abs. 6 UStG. Die technische Beratung teilt als unselbständige Nebenleistung das Schicksal der Hauptleistung, also der Werklieferung.

Bei Rechtsanwälten, Patentanwälten, Steuerberatern und Wirtschaftsprüfern fallen alle berufstypischen Leistungen unter § 3 a Abs. 4 Nr. 3 UStG (vgl. Abschn. 39 Abs. 10 UStR).
Selbständige Beratungsleistungen der Notare fallen unter § 3 a Abs. 4 Nr. 3 UStG (vgl. Abschn. 39 Abs. 11 UStR); die Beurkundung von Grundstückskaufverträgen (einschl. damit zusammenhängender Beratung) fällt dagegen unter § 3 a Abs. 2 Nr. 1 b UStG.
Unter Abs. 4 Nr. 3 fallen grundsätzlich auch die Beratungsleistungen von Sachverständigen. Hierzu gehören z. B. die Anfertigung von rechtlichen, wirtschaftlichen und technischen Gutachten.

Merke:

1. Steht die Begutachtung i.Z.m. einem Grundstück, so ist § 3 a Abs. 2 Nr. 1 UStG anzuwenden.
2. Steht die Begutachtung i.Z.m. beweglichen Gegenständen (z. B. einem Kfz.), so ist § 3 a Abs. 2 Nr. 3 c anzuwenden (vgl. Abschn. 39 Abs. 12 UStR.)

Ingenieurleistungen sind alle sonstigen Leistungen, die zum Berufsbild eines Ingenieurs gehören, also nicht nur beratende Tätigkeiten. Es ist dabei nicht erforderlich, daß der leistende Unternehmer Ingenieur ist (vgl. Abschn. 39 Abs. 13 UStR). Nicht unter § 3 a Abs. 4 Nr. 3 fallen jedoch Ingenieurleistungen i.Z.m. einem Grundstück (= § 3 a Abs. 2 Nr. 1 c UStG).

(2) Ort der sonstigen Leistung bei bestimmten Vermittlungen (§ 3a Abs. 4 Nr. 10 UStG)

Auch die Vermittlung der in § 3 a Abs. 4 genannten sonstigen Leistungen fällt selbst unter Absatz 4.

Beispiele:

1. Der Unternehmer vermittelt die Vermietung einer Planierraupe.

Wichtig:
Die Vermittlung der Vermietung eines Beförderungsmittels fällt unter § 3 a Abs. 1. UStG

2. Der Unternehmer vermittelt einen Sachverständigen, der ein wirtschaftliches Gutachten zu einer geplanten Unternehmensgründung abgeben soll.

Wichtig:
Soll der vermittelte Sachverständige eine Begutachtung i.Z.m. einem Grundstück vornehmen, so ist § 3 a Abs. 2 Nr. 1 anzuwenden, steht die Begutachtung i.Z.m. beweglichen Gegenständen, so ist der Ort der sonstigen Leistung nach § 3 a Abs. 2 Nr. 3 c zu bestimmen.

(3) Ort bei der Vermietung beweglicher körperlicher Gegenstände (§ 3a Abs. 4 Nr. 11 UStG

§ 3a Abs. 4 Nr. 11 UStG erfaßt die Vermietung beweglicher körperlicher Gegenstände. Ausgenommen sind jedoch Beförderungsmittel.

Anwendungsfälle:

Vermietung von	Beispiele für Beförderungsmittel:
- Planierraupen - Rasenmähern - Baukränen - Baustellenlasten-aufzügen - Teppichreinigungs-maschinen - Gabelstaplern - Baggern	PKW, LKW, Segelboote, Ruderboote, Paddelboote, Motorboote, Sport-Segelflugzeuge, Wohnmobile, Wohnwagen mit anderen Worten: Gegenstände, deren Hauptzweck auf die Beförderung von Personen und Gütern gerichtet ist und die sich auch tatsächlich fortbewegen
Der Ort der sonstigen Leistung: § 3 a Abs. 4 Nr. 11 i.V.m. Abs. 3	Der Ort der sonstigen Leistung bestimmt sich nach § 3 a Abs. 1 UStG

Merke:
Soweit durch § 3 a Abs. 2 Leistungen erfaßt werden, die auch unter Abs. 4 fallen, geht Abs. 2 vor. (§ 3 a Abs. 3 letzter Satz).

2. Arbeitstechnik

Zur zutreffenden Ortsbestimmung müssen Sie also zunächst prüfen, ob die Ausnahmetatbestände greifen und zwar in folgender Reihenfolge:

1. Ist die sonstige Leistung in Abs. 2 bezeichnet?
Wenn ja, bestimmt sich der Leistungsort nach § 3 a Abs. 2.

2. Ist die sonstige Leistung **nicht in Abs. 2** bezeichnet, so müssen Sie prüfen, ob die sonst. Leistung **in Abs. 4** bezeichnet ist.
Wenn ja, bestimmt sich der Leistungsort nach § 3 a Abs. 3. Dabei ist zu beachten, daß auch in Anwendung des Abs. 3 der Leistungsort nach Abs. 1 zu bestimmen sein kann. Nämlich dann, wenn der Empfänger der in Absatz 4 genannten sonstigen Leistung ein Nichtunternehmer mit Wohnsitz innerhalb der EWG ist.

3. Ist die sonst. Leistung auch nicht in Absatz 4 bezeichnet, so greift erst dann der Grundsatz des Absatzes 1.

Wichtig:
§ 3 a Abs. 2 hat unbedingten Vorrang vor § 3 a Abs. 4 UStG (vgl. § 3 a Abs. 3 letzter Satz).

Die Prüfungsreihenfolge in Übersicht:

<u>Ist die sonstige Leistung in § 3 a Abs. 2 bezeichnet?</u>

ja	nein
1. Belegenheitsort 2. Ort der Beförderung 3. Tätigkeitsort	§ 3a Abs. 4 prüfen

<u>Ist die sonstige Leistung in § 3 a Abs. 4 bezeichnet?</u>

ja	nein
§ 3a Abs. 3 prüfen	Der Leistungsort ist nach § 3a Abs. 1 zu bestimmen: Unternehmersitz-Prinzip

<u>Ist § 3 a Abs. 3 anzuwenden ?</u>

ja	nein
Empfängersitz-Prinzip nach § 3a Abs. 3	Unternehmersitz-Prinzip nach § 3a Abs. 1

Beispiele zur Prüfungsreihenfolge:

1. Ein Mietwagenunternehmer vermietet einen PKW für einen Monat an einen amerikanischen Touristen, der damit eine Europareise unternimmt. Der Tourist nimmt

den PKW in Düsseldorf in Empfang, von wo aus der Mietwagenunternehmer sein Unternehmen betreibt.

Lösung:
Die Vermietung ist eine sonstige Leistung (§ 3 Abs. 9 = Dulden).Der PKW ist ein Beförderungsmittel (vgl. auch Abschn. 33 Abs. 4 UStR). Die Vermietung eines Beförderungsmittels ist nicht in § 3 a Abs. 2 bezeichnet. Insbesondere liegt kein Fall des § 3 a Abs. 2 Nr. 2 vor, da der Mietwagenunternehmer den Kunden nicht transportiert, als keine Beförderungsleistung vornimmt.
Die Vermietung eines Beförderungsmittels ist auch nicht in Abs. 4 aufgeführt; vielmehr ist ein solcher Umsatz ausdrücklich in Abs. 4 Nr. 11 ausgenommen.
Somit findet § 3 a Abs. 1 Anwendung. Der Ort der Vermietungsleistung ist also Düsseldorf, denn von Düsseldorf aus wird das Mietwagenunternehmen betrieben (Abschn. 33 Abs. 3). Die sonstige Leistung ist somit steuerbar und auch in vollem Umfang steuerpflichtig.

2.Rechtsanwalt R aus Regensburg berät seinen Mandanten M (Unternehmer in München) in einem Rechtsstreit über eine Forderung aus dem Verkauf einer Ware aus dessen Unternehmen.

Lösung:
Die Rechtsberatung ist eine sonstige Leistung (§ 3 Abs. 9 = aktives Tun). Die Rechtsberatung ist nicht in Abs. 2 genannt.(Auch die Rechtsberatung in Grundstückssachen fällt nicht unter Abs. 2; vgl. A 34 Abs. 9 UStR). Die Rechtsberatung fällt unter Abs. 4 Nr. 3. Der Leistungsempfänger ist ein Unternehmer und bezieht die Leistung für sein Unternehmen. Der liegt somit dort, wo der Leistungsempfänger (Unternehmer) sein Unternehmen betreibt (= Sitzort) ist also München. Die sonstige Leistung ist steuerbar.

3. Sondervorschriften im Verhältnis beider Deutscher Staaten

Zur Vereinfachung des Besteuerungsverfahrens bestimmt § 26a der Umsatzsteuergesetze beider deutschen Staaten:

Wird eine sonstige Leistung von einem in dem jeweiligen Erhebungsgebiet ansässigen Unternehmer in dem anderen deutschen Staat ausgeführt, so gilt immer das Unternehmersitz-Prinzip des § 3a Abs. 1 UStG.

Bei den sog. innerdeutschen sonstigen Leistungen werden also die Absätze 2 bis 4 des § 3a UStG außer Kraft gesetzt.

Beispiele:
1. Ein Notar mit Sitz in Frankfurt/Main beurkundet den Kaufvertrag über ein Grundstück in Lutherstadt Wittenberg.

Lösung:
An sich ist dies ein Fall des § 3a Abs. 2 Nr. 1b) UStG, der Leistungsort wäre Lutherstadt Wittenberg.
Wegen der Ausnahmeregelung des § 26 a gilt jedoch das Unternehmersitz-Prinzip: der Ort der sonstigen Leistung ist Frankfurt/Main.

2. Ein selbständiger Ingenieur mit Sitz in Leipzig berät einen westdeutschen Unternehmer über den Einsatz technischer Optiken.

Lösung:
Zwar ist diese sonstige Leistung in § 3a Abs. 4 UStG aufgeführt und der Leistungsempfänger ist auch Unternehmer, aber abweichend von § 3a Abs. 3 UStG gilt nach § 26 a das Unternehmersitz-Prinzip. Der Ort der sonstigen Leistung ist Leipzig.

E. Werklieferung und Werkleistung

I. Zivilrechtliche Grundlagen

Bei Abschluß eines Dienstvertrages (§ 611 BGB) schuldet der Unternehmer "die Leistung der versprochenen Dienste".
Ärzte, Rechtsanwälte, Steuerberater etc. schließen i. d. R. Dienstverträge ab (= umsatzsteuerlich sonstige Leistungen); es kann sich allerdings auch um einen Werkvertrag handeln.

Der Werkvertrag nach § 631 BGB beinhaltet folgendes:
" (2) Gegenstand des Werkvertrages kann sowohl die Herstellung oder Veränderung einer Sache, als ein anderer durch Arbeit oder Dienstleistung herbeizuführender Erfolg sein."

Im Gegensatz zum Dienstvertrag wird also ein Erfolg geschuldet. Durch den Werkvertrag übernimmt ein Unternehmer die Be- oder Verarbeitung (Herstellung oder Veränderung) eines Gegenstandes. Gegenstand des Werkvertrages kann auch die Herbeiführung eines bestimmmten Erfolges durch Arbeitsleistung (z.B. Architektentätigkeit oder Herstellung von Computersoftware = unkörperliches Arbeitsergebnis) sein.

II. Allgemeines zur umsatzsteuerlichen Betrachtung

Werkverträge, die auf die Herstellung oder Veränderung einer Sache ausgerichtet sind, beinhalten sowohl Elemente einer Lieferung als auch einer sonstigen Leistung.
Wichtig ist jedoch:
Da es sich aber um einen wirtschaftlich einheitlichen Vorgang handelt, kann **nicht** in eine Lieferung und eine sonstige Leistung **aufgeteilt** werden.

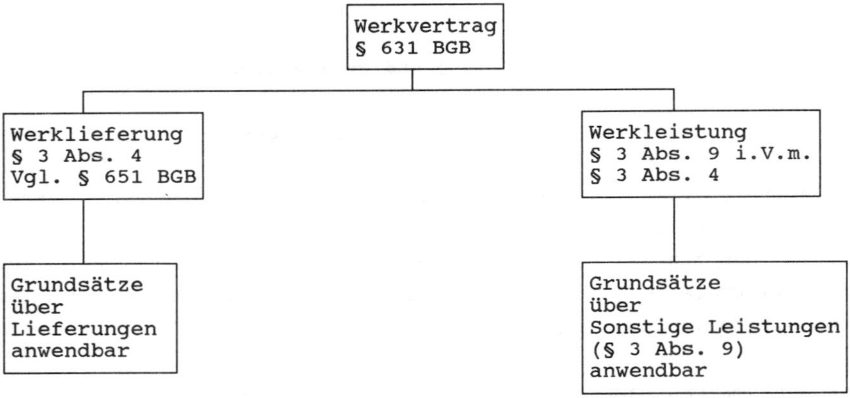

Merke:
1. Leistungen auf Grund eines Werkvertrages sind entweder einheitliche Werklieferungen oder einheitliche Werkleistungen.

2. Auf Werklieferungen sind die Grundsätze über Lieferungen, auf Werkleistungen die über sonstige Leistungen anzuwenden.

Nach § 3 Abs. 4 hängt die Unterscheidung allein von der Art und Beschaffenheit der verwendeten Stoffe (Material) ab.

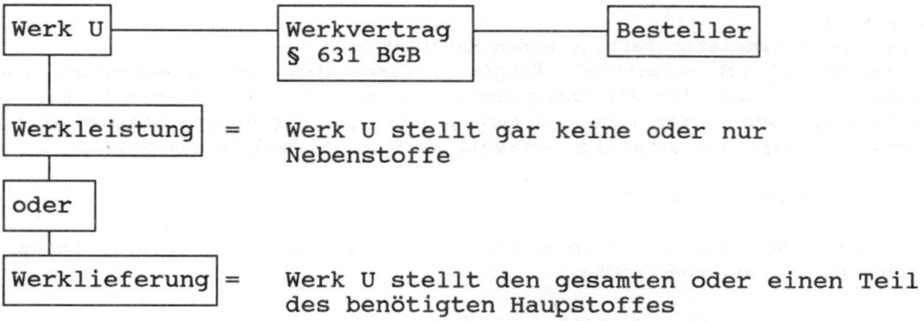

III. Werklieferung - § 3 Abs. 4 UStG

Eine Werklieferung ist gegeben, wenn folgende Tatbestandsmerkmale erfüllt sind:

1.Der Unternehmer muß die Be- oder Verarbeitung bzw. Herstellung) eines Gegenstandes übernommen haben (auch Hausbau, vgl. § 3 Abs. 4 letzter Satz UStG).
2. Dabei muß der Unternehmer zumindest einen Teil des oder der benötigten Hauptstoffe(s) selbst beschafft haben. " Selbst beschaffen von Hauptstoffen" kann kaufen, herstellen und gewinnen sein.
3. Der Hauptstoff muß in das fertige Werk eingehen, d.h. er muß bei der Be- und Verarbeitung bzw. Herstellung verwendet werden.

Merke:
Gegenstand der Werklieferung ist das fertige Werk.

- Hauptstoffe, Nebenstoffe

Haupstoffe bestimmen die Eigenart des aus ihnen hergestellten Gegenstandes.
Nebenstoffe mögen zur Herstellung des Gegenstandes erforderlich sein; ihr Fehlen läßt jedoch das Wesen des Gegenstands unangetastet.

Beispiele:
1.Ein Schneidermeister fertigt einen Maßanzug an.
Der Anzugstoff ist Hauptstoff, Knöpfe u. Garne etc. sind Nebenstoffe. Die Nebenstoffe sind zwar für die Anzugherstellung erforderlich, bestimmen aber nicht die Eigenart des Gegenstandes (= fertiger Anzug). Die Knöpfe bleiben auch dann Nebenstoff, wenn sie erheblich wertvoll sind (z. B. Knöpfe aus Gold).

2. Ein Schreinermeister stellt einen Schrank her.

Das verwendete Holz ist Hauptstoff. Die verarbeiteten Schrauben, Leime, Beschläge etc, sind Nebenstoffe.

3. Ein Bauunternehmer errichtet einen Rohbau.

Beton und Steine sind Hauptstoffe. Der Zement und der Sand zum Mauern der Steine sind Nebenstoffe.

Problematischer in der Beurteilung sind Reparaturleistungen:

Werden für eine Reparatur Hauptstoffe benötigt, die der Unternehmer zumindest zum Teil selbst beschafft, so liegt eine Werklieferung vor. Sind zur Reparatur nur Nebenstoffe erforderlich, ist eine Werkleistung gegeben. Gleiches gilt, wenn zur Reparatur keinerlei in das fertige Werk eingehende Stoffe erforderlich sind; es handelt sich ebenfalls um eine Werkleistung.

Beispiele:
1. Ein Wasserhahn tropft, es wird eine neue Dichtung eingebaut.

Es handelt sich um eine Werkleistung , zur Reparatur sind nur Nebenstoffe erforderlich.

2. Eine Heizungsanlage arbeitet unwirtschaftlich und muß neu eingestellt werden; der Handwerker verwendet nur sein Werkzeug.

Es liegt ebenfalls Werkleistung vor.

3.a) Bei einer Autoreparatur wird ein neuer Keilriemen eingebaut.

Werkleistung, der Keilriemen ist lediglich ein Nebenstoff

3.b) Bei einer Autoreparatur wird eine neue Kurbelwelle eingebaut.

Hierbei handelt es sich um eine Werklieferung.

Merke:
Wird also ein Teilstück, das unbrauchbar geworden ist, ausgetauscht, so liegt nur dann eine Werklieferung vor, wenn dem Teil-

stück eine gewisse selbständige Bedeutung zukommt (vgl. Abschn. 27 Abs. 1 S. 8 UStR).

IV. Werkleistung - § 3 Abs. 9 i.V.m. § 3 Abs. 4 UStG

Ausgehend von dem Werklieferungsbegriff kann nun die Werkleistung negativ abgegrenzt werden. Sie liegt vor in den Fällen,

1. in denen der Werkhersteller nicht wenigstens einen Teil des zur Werkherstellung erforderlichen Hauptstoffes selbst beschafft hat (z.B. Besteller beschafft den Stoff, Schneidermeister schneidert Hose. Knöpfe und Garn besorgt er selber), oder
2. in denen zur Werkherstellung nur Nebenstoffe (Zutaten) oder überhaupt keine Stoffe erforderlich sind (z.B. Ausschachtung eines Grundstücks mit Bagger).

V. Umfang, Zeitpunkt und Ort der Werklieferung bzw. Werkleistung

Zum Umfang einer Werklieferung bzw. Werkleistung gehört alles, was bis zur Abnahme des fertigen Werks zu seiner Herstellung getan wird.

Beispiele:
1. Ein Architekt soll für seinen Auftraggeber ein Bauwerk planen, entwerfen und eine abschließenden Bauzeichnung fertigen. Zum Umfang der Werkleistung gehören sämtliche Tätigkeiten, also auch der fertige Plan. Nebenleistungen sind nicht gegeben.

2. Ein Schuhmacher repariert Schuhe (Neubesohlung). Die Schuhe werden vom Auftraggeber abgeholt.

Zum Umfang der Werklieferung gehört alles, was bis zur Abnahme der fertige besohlten Schuhe getan wird.

3. Ein Unternehmer fertigt für seinen Auftraggeber eine Maschine an. Montage und Probelauf finden beim Auftraggeber statt.

Es handelt sich um eine Werklieferung; zu ihrem Umfang gehört alles, was bis zur Übergabe des fertigen Werks zur Herstellung getan wird, also auch Probelauf und Montage.

Merke:
Sämtliche bis zur Übergabe bzw. Abnahme des fertigen Werks angefallenen Arbeiten gehören zum Umfang der Werklieferung bzw. Werkleistung und können nicht Nebenleistung sein.

Der Auftraggeber kann durch die Zurverfügungstellung von Hauptstoffen, Nebenstoffen und sonstigen Beistellungen an der Entstehung des fertigen Werkes beteiligt sein. Deshalb kann Gegenstand der Leistung des Werkunternehmers nur der von ihm eingebrachte Teil des fertigen Werkes sein.

Beispiel:
Ein Kunde läßt von einem Goldschmied einen Goldring mit Edelstein fertigen. Der Kunde stellt den Edelstein, der Goldschmied beschafft das erforderliche Gold. Der Kunde muß für die Leistung des Goldschmiedes 3.000 DM bezahlen.

Lösung:
Das Gold und der Edelstein sind Hauptstoffe; es handelt sich um eine Werklieferung (§ 3 Abs. 4), da der Goldschmied einen Teil der Hauptstoffe, nämlich das Gold, selbst beschafft hat. Die USt ist lediglich auf der Grundlage der bezahlten 3.000 DM zu berechnen. Es handelt sich nicht um einen Tausch (mit Baraufgabe) i. S. d. § 3 Abs. 12 S. 1 UStG; der Wert des hingegebenen Edelsteins ist nicht Teil der Bemessungsgrundlage für den Umsatz des Goldschmiedes (vgl. § 10 Abs. 1 i. V. m. Abs. 2 S. 2 UStG). Die Materialbeistellung des Kunden nimmt nicht am Leistungsaustausch teil.

1. Materialgestellung, -beistellung und sonstige Beistellungen

Von einer Materialgestellung wird gesprochen, wenn der Werkbesteller den gesamten Hauptstoff zur Verfügung stellt. Es handelt sich dann um eine Werkleistung (= sonstige Leistung, § 3 Abs. 9 UStG) des Werkunternehmers; die Materialgestellung nimmt nicht am Leistungsaustausch teil.

Eine Materialbeistellung (vgl. auch obiges Beispiel) ist anzunehmen, wenn der Werkbesteller dem Werkunternehmer folgendes zur Verfügung stellt:

- einen von mehreren Hauptstoffen,
- einen Teil des erforderlichen Hauptstoffes,

- alle Nebenstoffe oder
- einen Teil der Nebenstoffe

Es handelt sich in einem solchen Fall um eine Werklieferung (§ 3 Abs. 4 UStG); die Materialbeistellung nimmt ebenfalls am Leistungsaustausch nicht teil.

Beteiligt sich der Werkbesteller durch Zurverfügungstellung von Nebenstoffen oder von Fahrzeugen, Arbeitskräften, Energie etc., so liegen sonstige Beistellungen vor, die ebenfalls nicht am Leistungsaustausch teilnehmen. Ob in derartigen Fällen im übrigen eine Werklieferung oder eine Werkleistung erbracht wird, hängt davon ab, ob der Unternehmer erforderliche Hauptstoffe beschafft.

Beispiel:
Ein Bauunternehmer erstellt für einen Fabrikanten einen Erweiterungsbau des Fabrikgebäudes. Die Baumaterialien beschafft der Bauunternehmer, der Fabrikant stellt nur eigene Hilfsarbeiter und Fahrzeuge mit Fahrer sowie Wasser und Strom zur Verfügung.

Lösung:
Es handelt sich um eine Werklieferung (§ 3 Abs. 4). Der Wert der sonstigen Beistellungen nimmt am Leistungsaustausch nicht teil.

2. Zeitpunkt der Werklieferung bzw. Werkleistung

Wie zivilrechtlich auf einen Werklieferungsvertrag die Vorschriften über den Kauf anzuwenden sind (§ 651 Abs. 1 BGB), gelten umsatzsteuerlich die für die Lieferungen allgemein getroffenen Regelungen, d.h. auch bei einer Werklieferung wird die Verfügungsmacht grundsätzlich durch Übergabe, Beförderung oder Versendung verschafft.

Nach § 640 BGB ist der Besteller verpflichtet, das vertragsmäßig hergestellte Werk abzunehmen. Unter einer Abnahme ist dabei die grundsätzliche Billigung des Werkes durch den Besteller zu verstehen; dies kann auch durch schlüssiges Verhalten (konkludentes Verhalten) z.B. durch Ingebrauchnahme des Gegenstandes durch den Auftraggeber geschehen. Der Abnahmeverpflichtung kann sich der Be-

steller nur entziehen, wenn das fertige Werk nicht fehlerfrei ist, bzw. nicht die zugesicherten Eigenschaften hat. Ein Mängelvorbehalt nach § 640 BGB schließt die Verschaffung der Verfügungsmacht nicht aus.
Bei der Herstellung beweglicher körperlicher Gegenstände tritt m.E. für die Bestimmung des Zeitpunkts der Verfügungsmacht die bürgerlich-rechtlich vorgesehene Abnahme in den Hintergrund, wenn der Werkunternehmer auftragsgemäß gehandelt hat. Die Verfügungsmacht kann daher mit dem Beginn der Beförderung oder Versendung verschafft sein, selbst wenn eine förmliche Abnahme noch nicht erfolgt ist.

Beispiel:
Ein Schneider fertigt einen Maßanzug unter Beschaffung sämtlicher Haupt- und Nebenstoffe. Der Anzug wird vom Auftraggeber beim Schneider anprobiert und anschließend dem Abnehmer per Post zugeschickt.

Lösung:
Die Anprobe ist keine offizielle Abnahme, sie dient aber zur Feststellung, daß das Werk schon fertig ist. In diesem Moment hat der Unternehmer alles zur Herstellung erforderliche getan.
Die Versendung des fertigen Werk ist eine umsatzsteuerliche Nebenleistung. Die Werklieferung wird gem. § 3 Abs. 7 UStG mit dem Beginn der Versendung ausgeführt.

Lediglich bei der Errichtung von Gebäuden auf dem Grundstück des Auftraggebers kommt der Abnahme besondere Bedeutung zu. In Kap. D III (S. 53) haben Sie bereits erfahren, daß zu einem Grundstück auch die wesentlichen Bestandteile gehören. Wer also Eigentümer des Grund und Bodens ist, ist grundsätzlich zugleich Eigentümer der wesentlichen Bestandteile.
Errichtet also ein Bauunternehmer auf dem Grundstück des Auftraggebers ein Gebäude bedarf es - anders als bei beweglichen Sachen - nicht einer Eigentumsübertragung. In diesen Fällen dient die Abnahme des Bauwerks der Feststellung, daß die Werklieferung tatsächlich beendet ist. Aber auch hier gilt, daß Mängelrügen einer Abnahme nicht entgegenstehen, wenn der Besteller das Gebäude bereits in Gebrauch nimmt.

Beispiel:
Ein Bauunternehmer erstellt auftragsgemäß bei Selbstbeschaffung aller erforderlichen Stoffe ein schlüsselfertiges Haus.

a) Im Mai 1990 erfolgt die Abnahme, der Besteller bestätigt, daß das Gebäude dem erteilten Auftrag entspricht.

b) Bei dem Abnahmetermin im Mai 1990 rügt der Besteller den schadhaften Außenputz und verlangt Nachbesserung. Diese erfolgt im Juli 1990 . Noch im Mai 1990 ziehen die Mieter bereits in das Haus ein.

In beiden Fällen erfolgt die behördliche Abnahme durch das Bauaufsichtsamt im September 1990.

Lösung:
Der Besteller erlangt in beiden Fällen mit dem Einbau der Materialien, sozusagen Stein für Stein, bürgerlich-rechtliches Eigentum. Eine gesonderte Eigentumsübertragung ist daher nicht erforderlich.

zu a) Die Abnahme durch den Bauherrn dient der Feststellung, daß das Gebäude fertig und die Werklieferung ausgeführt ist. Im Zeitpunkt der Abnahme ist auch die Verfügungsmacht am Haus verschafft, also im Mai 1990.

zu b) Obwohl der Besteller eine Mängelrüge anbringt, wird auch in diesem Fall die Verfügungsmacht im Mai 1990 verschafft. Durch den Einzug der Mieter (= schlüssiges oder konkludentes Verhalten) wird zum Ausdruck gebracht, daß das fertige Werk grundsätzlich die Billigung des Auftraggebers gefunden hat.

Auf die behördliche Abnahme kommt es nicht an.

Bei einer Werkleistung ist ebenfalls stets auf die Vollendung des Werkes abzustellen.

3. Der Ort der Werklieferung

Der Ort der Werklieferung bestimmt sich nach § 3 Abs. 6 UStG, d.h. die Werklieferung wird dort ausgeführt, wo sich das fertige Werk zur Zeit der Verschaffung der Verfügungsmacht befindet.

Wie bereits angesprochen, ist die Vorschrift des § 3 Abs. 7 (Befördern/Versenden) bei Werklieferungen beweglicher Sachen anwendbar, wenn die Abnahme keine Bedeutung mehr hat und Montage und Erprobung keine Rolle mehr spielen. (vergl. auch Abschn. 30 Abs. 4 UStR)

Beispiel:
Der Gegenstand des Werkvertrages ist die Fertigung eines Spezialtransporters für einen Abnehmer in München. Der Werkunternehmer in Köln läßt den Transporter nach Fertigstellung durch einen Angestellten zum Abnehmer nach München überführen.

Lösung:
Es handelt sich bei der Werklieferung um eine Beförderungslieferung i. S. d. § 3 Abs. 7 S. 1 und 2 UStG. Mit Beginn der Beförderung in Köln gilt die Lieferung als ausgeführt. Ort der Werklieferung ist somit nach § 3 Abs. 6 Köln. Die Werklieferung ist steuerbar gem. § 1 Abs. 1 Nr. 1 UStG.

§ 3 Abs. 7 UStG ist jedoch nicht bei einer sog. Montagelieferung anzuwenden.

Beispiel:
Der Werkunternehmer in Köln fertigt für einen Abnehmer in Paris eine betriebsfertige Maschinenanlage. Nach Fertigstellung der Maschine und der zugehörigen Montageteile gibt der Werkunternehmer diese in Köln zur Bahn. Ein Montagetrupp des Werkunternehmers begibt sich ebenfalls nach Paris und montiert dort die fertige Anlage.

Lösung:
Die Verfügungsmacht am fertigen Werk wird erst in Paris verschafft. Ort der Werklieferung ist nach § 3 Abs. 6 Paris. Die Werklieferung ist damit nicht steuerbar. Das Versenden der Maschine nebst Montageteilen ist ein sog. rechtsgeschäftsloses Versenden, da Gegenstand des Werkvertrages die in Paris fertig montierte Maschinenanlage ist.

Wichtig:
Wird dagegen eine betriebsfertig hergestellte Maschine lediglich zum Zwecke eines besseren und leichteren Transportes in einzelne Teile zerlegt, dann zum Abnehmer befördert oder versendet und beim Abnehmer von einem Monteur des Lieferers wieder zusammengesetzt, so ist dagegen § 3 Abs. 7 anzuwenden, d. h. die Werklieferung gilt mit dem Beginn der Beförderung bzw. mit Übergabe an den Beauftragten als ausgeführt.

abschließendes Beispiel:

Der Schreinermeister S bekommt am 3. Mai 1990 von den Eheleuten E den Auftrag, in der gerade von ihnen bezogenen Wohnung in Düsseldorf eine Küche gebrauchsfertig einzubauen. Entwurf und Ausführung sollen von S übernommen werden. S erstellt daraufhin den Entwurf, der von den Eheleuten auch akzeptiert wird. Wegen anderer dringender Aufträge ist S aber nicht in der Lage, die Arbeit selbst auszuführen. Er übergibt deshalb am 8. Mai 1990 seinen Entwurf dem selbständigen Schreinermeister M aus Köln und beauftragt ihn, die Einzelteile für die Küche danach zu besorgen und dem Entwurf entsprechend einzubauen. M bestellt sei-

nerseits die notwendigen Teile beim Hersteller in Venlo (Holland) mit dem Auftrag, sie unmittelbar an die Eheleute in Düsseldorf zu senden, was am 18. Mai 1990 geschieht. M überweist den Betrag für diese angelieferten Teile direkt an den Hersteller. M nimmt Werkzeug, Schrauben und Nägel und begibt sich in die Wohnung der Eheleute E, paßt die einzelnen Teile nach dem Entwurf an und baut sie fest in die Küche ein. Er ist mit dieser Arbeit am 22.Mai 1990 fertig und rechnet anschließend mit S über seine Arbeitsleistung sowie über die verwendeten Einzelteile ab.
S besichtigt noch am 22. Mai 1990 das fertige Werk und ist sehr zufrieden. Lediglich Frau E bemängelt, daß einige Wandschränke schief angebracht sind und verlangt von S Abhilfe. Frau E läßt sich aber nicht davon abhalten, bereits am Abend des 22. Mai 1990 die Küche in Gebrauch zu nehmen. S beseitigt Anfang Juni 1990 die berechtigt vorgetragenen Mängel und rechnet Ende Juni mit den Eheleuten über Entwurf und Einbau der Küche ab.

Lösung:
S führt eine Werklieferung (§ 3 Abs. 4 UStG) aus, nämlich die Anfertigung und den Einbau einer gebrauchsfertigen Küche. S beschafft Hauptstoffe selbst Der Ort der Werklieferung ist Düsseldorf (§ 3 Abs. 6), der Zeitpunkt: 22. Mai 1990. Die Mängelrüge hat hierauf keinen Einfluß, zumal die Küche auch unverzüglich in Gebrauch genommen worden ist.

Ein Reihengeschäft liegt nicht vor, da nicht über denselben Gegenstand Umsatzgeschäfte abgeschlossen wurden:

- S : Werklieferung (Entwurf und Einbau der fertigen Küche)
- M : Werklieferung an K (nur Einbau der fertigen Küche)
- Hersteller in Holland = Lieferung der Einzelteile am M

Die Werklieferung des S erfolgt gegen Entgelt und somit im Leistungsaustausch , sie ist steuerbar (§ 1 Abs. 1 Nr. 1 UStG).

4. Der Ort der Werkleistung

Da eine Werkleistung eine sonstige Leistung i. S. d. § 3 Abs. 9 UStG ist, bestimmt sich der Ort der Werkleistung nach § 3 a UStG.

Wird die Werkleistung an beweglichen körperlichen Gegenständen erbracht, so gilt § 3 a Abs. 2 Nr. 3 c) UStG. Der Ort liegt dort, wo der Werkunternehmer ausschließlich oder zum wesentlichen Teil tätig wird.

Beispiel:
Ein Werkunternehmer in Köln führt an einer Maschine eines Pariser Auftraggebers eine Generalinspektion als Werkleistung durch. Die Maschine wird zu diesem Zweck durch den Werkunternehmer mit eigenem LKW nach Köln transportiert und anschließend so wieder zurückgebracht.

Lösung:
Der Ort der Werkleistung ist Köln, da der Unternehmer dort ausschließlich tätig wurde. Der Transport der Maschine ist lediglich eine unselbständige Nebenleistung.

Bei Werkleistungen an Grundstücken gilt § 3 a Abs. 2 Nr. 1 UStG, d.h. das Belegenheits-Prinzip .

5. Prüffolge

1. Ist der Werkunternehmer zur Be- oder Verarbeitung bzw. zur Herstellung eines Werkes verpflichtet?

2. Ist für den Werkerfolg wenigstens ein 1 Hauptstoff erforderlich?

3. Wird wenigstens 1 Hauptstoff vom Werkunternehmer im eigenen Namen beschafft?

Zwischenlösung:
Wenn die Fragen 2 und 3 bejaht werden, handelt es sich um eine Werklieferung.

4. Materialbeistellungen und Materialgestellungen ausscheiden.

5. Zeit und Ort

a) Werklieferung
Zeitpunkt: Verschaffung der Verfügungsmacht am fertigen Werk
- bei Grundstücken: immer Abnahme i.V.m. § 3 Abs. 6 UStG.
- bei beweglichen Sachen: Grundsatz § 3 Abs. 1 i.V.m. § 3 Abs. 6 UStG, Beförderung und Versendung möglich;

b) Werkleistung:
Zeitpunkt : Vollendung des Werkes
Ort: § 3a Abs. 2 Nr. 1 bzw. Nr. 3c.

F. Unternehmer und Unternehmen

I. Bedeutung des Unternehmerbegriffs

Die Unternehmereigenschaft ist zunächst Tatbestandsmerkmal und Voraussetzung für die Steuerbarkeit von Umsätzen i.S.d. § 1 Abs. 1 Nr. 1 - 3 UStG
Darüber hinaus ist der Unternehmer Steuerschuldner in den Fällen des § 1 Abs. 1 Nr. 1 - 3 (und § 14 Abs. 2) UStG (vgl. § 13 Abs. 2 UStG).

Hinweis:
Schuldner der Einfuhrumsatzsteuer (§ 1 Abs. 1 Nr. 4 UStG) kann auch ein Nichtunternehmer sein.

Schließlich können nur Unternehmer den Vorsteuerabzug nach Maßgabe des § 15 UStG vornehmen.

II. Der Unternehmerbegriff

Eine gesetzliche Definition finden Sie in § 2 Abs. 1 S. 1 UStG.

Danach ist Unternehmer, "..**wer** eine **gewerbliche oder berufliche Tätigkeit selbständig** ausübt."

Somit müssen drei Tatbestandsmerkmale erfüllt sein:

- **wer**, d.h. es ist die Frage der Unternehmerfähigkeit zu untersuchen

- gewerbliche oder berufliche Tätigkeit

- Selbständigkeit

1. Unternehmerfähigkeit

§ 2 Abs. 1 UStG führt nicht im einzelnen auf, welche Personen Unternehmer sein können.
Nach dem Wortlaut des UStG ("wer") können Wirtschaftsgebilde aller die Unternehmereigenschaft besitzen. Es besteht somit keine Identität zwischen bürgerlich-rechtlicher Rechtsfähigkeit und umsatzsteuerlicher Steuerfähigkeit (= Fähigkeit Unternehmer sein zu können).
Diese weit gespannte Auslegung des Gesetzeswortlauts führt dazu, daß umsatzsteuerlich drei Gruppen von Unternehmern unterschieden werden können:

a) Natürliche Personen = Einzelunternehmer

Es wird nochmals darauf hingewiesen, daß für die Einstufung als Unternehmer die Frage der Geschäftsfähigkeit bzw. Geschäftsunfähigkeit oder beschränkte Geschäftsfähigkeit der Person unmaßgeblich ist.

b) Juristische Personen

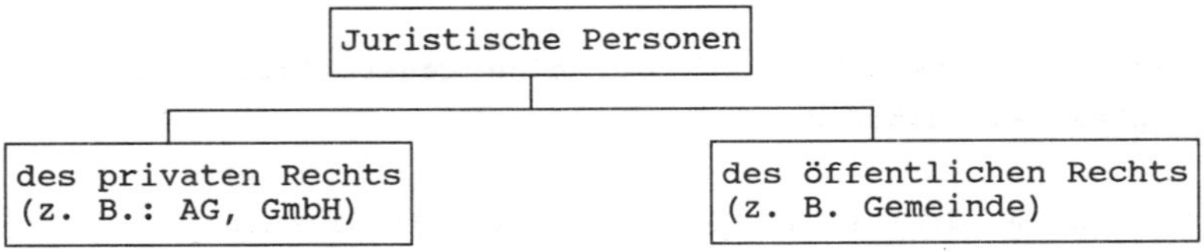

Hinweis:
Die juristischen Personen des öffentlichen Rechts erlangen Unternehmereigenschaft nur hinsichtlich ihrer Betriebe gewerblicher Art bzw. ihrer land- und forstwirtschaftlichen Betriebe (§ 2 Abs. 3 S. 1 UStG).

Beispiele für Betriebe gewerblicher Art:
Betrieb einer Gastwirtschaft durch die Stadt, Gas- und Wasserwerke, soweit diese nicht ohnehin in der Rechtsform einer juristischen Person des privaten

Rechts betrieben werden, Bundesbahn, öffentliche Badeanstalten, Museen, Theater u.s.w.

Keine Betriebe gewerbl. Art, sondern Hoheitsbetriebe, die überwiegend der Ausübung öffentlicher Zwecke dienen, sind beispielsweise: Arbeitsamt, Müllabfuhr, Friedhöfe, Schlachthöfe.

c) Personenvereinigungen ohne bürgerlich-rechtliche Rechtsfähigkeit

Im allgemeinen handelt es sich bei dieser Gruppe um die sog. Personengesellschaften (GbR, OHG; KG).

2. Gewerbliche oder berufliche Tätigkeit

Die umsatzsteuerlichen Inhalte dieses Tatbestandsmerkmals können Sie auch dem Gesetz entnehmen.
Lesen Sie bitte § 2 Abs. 1 S. 3 UStG.
Der Formulierung ist zu entnehmen, daß es dem Gesetzgeber weniger auf eine Abgrenzung zwischen gewerblicher Tätigkeit einerseits und beruflicher Tätigkeit andererseits (wie sie im Einkommensteuerrecht von besonderer Bedeutung ist) ankommt. Vielmehr ist **jede nachhaltige** Tätigkeit zur **Erzielung von Einnahmen** gewerblich oder beruflich. Es ist sogar unbeachtlich, wenn die Absicht, Gewinn zu erzielen, fehlt. Die Worte "gewerbliche oder berufliche Tätigkeit" sind somit als ein einheitlicher zusammenhängender Begriff zu verstehen (gewerbliche-oder-berufliche-Tätigkeit).

Merke:
Die gewerbliche oder berufliche Tätigkeit i. S. d. § 2 Abs. 1 UStG geht damit weit über den Begriff des Gewerbebetriebes nach ESt- u. GewSt-Recht hinaus. Vgl. Abschn. 18 Abs. 1 S. 1 UStR.

Beispiel:
1. Armin A. errichtet in Flensburg ein Mietwohngrundstück mit 10 Wohnungen. Nach Fertigstellung werden die Wohnungen vermietet.

Während die Vermietung einkommensteuerrechtlich zu den Einkünften aus Vermietung und Verpachtung und somit zu den sog. Überschuß-Einkunftsarten gehört, übt A umsatzsteuerlich eine gewerbliche oder berufliche Tätigkeit aus. Er vermietet nämlich mit dem Ziel Einnahmen zu erzielen.

2. Berthold B. ist neben seiner Beschäftigung als angestellter Leiter einer Sparkassenfiliale in seiner Freizeit begeisterter Viehzüchter. Er hält sich eine kleine Herde schottischer Hochlandrinder. Kälber, die er nicht zur Zucht benötigt, verkauft er regelmäßig auf einem Viehmarkt. Die dabei erzielten Einnahmen decken bei weitem nicht seine laufenden Betriebskosten.
Während mit dem Kälberverkauf einkommensteuerlich eine nicht zu berücksichtigende Liebhaberei gegeben ist, begründet B. die Unternehmereigenschaft. Er übt nämlich eine nachhaltige Tätigkeit zu Erzielung von Einnahmen aus.

Die Tätigkeit i.S.d. § 2 Abs. 1 S. 2 und 3 UStG kann in einem Tun, Dulden oder Unterlassen bestehen. Wichtig ist jedoch die Absicht, Leistungen im Leistungsaustausch, also zur Erzielung von Einnahmen zu erbringen.

Die Tätigkeit muß darüber hinaus eine nachhaltige sein. Die Nachhaltigkeit ergibt sich üblicherweise durch mehrmalige Tätigkeiten. Eine mehrmalige Tätigkeit ist dadurch charakterisiert, daß sie sich in gleicher oder ähnlicher Weise wiederholt. Oder, wie es Abschn. 18 Abs. 2 S. 3 UStR sinngemäß ausdrückt, es handelt sich um eine planmäßige oder zumindest wiederholte Tätigkeit unter Ausnutzung derselben Gelegenheit oder desselben dauernden Verhältnisses. Damit sind die typischen unternehmerischen Tätigkeiten wie z.B. Bauunternehmer, Rechtsanwalt, Lebensmitteleinzelhändler gemeint.
Grundsätzlich ist es gleichgültig, wie oft und in welchen Zeitabständen sich die Handlungen wiederholen.
Daraus ergibt sich, daß auch "Privatpersonen" durch die Veräußerung von Gegenständen des "Privatvermögens" zur Unternehmereigenschaft gelangen können (s. nähere Ausführungen unten).

Aber auch einmalige Tätigkeiten können nachhaltig ausgeübt werden. Nämlich dann, wenn durch sie ein auf die Erzielung fortlaufender Einnahmen gerichteter Dauerzustand geschaffen wird. Dies gilt insbesondere, wenn aus dem Dauerzustand fortgesetzte Duldungsleistungen hervorgehen, unabhängig davon, ob ein laufendes oder einmaliges Entgelt gezahlt wird.

Beispiele:
1. Der Stpfl. vermietet die Wohnungen in seinem Zweifamilienhaus zu einem monatlichen Mietzins von 500,-- DM.

2. Der Stpfl. verpachtet eine ihm gehörige Wiese auf für die Dauer von zwei Jahren gegen die Zahlung einer einmaligen Pachtgebühr von 2.000 DM
Obwohl eine einmalige Handlung vorliegt, ist Nachhaltigkeit gegeben, weil der Verpächter für eine gewisse Dauer Eingriffe in seine Rechte duldet.

3. Ein Schriftsteller verfaßt das Manuskript eines Buches und überträgt das Druckrecht einem Verlag gegen ein Erfolgshonorar.

4. Überlassung eines Patentes gegen Lizenzzahlungen.

Die Nachhaltigkeit ist jedoch bei einmaligen Handlungen, die lediglich einen Dauereinnahmezustand schaffen, zu verneinen.

Beispiel:
Der Stpfl. verkauft sein Mietwohngrundstück. Der Kaufpreis wird über 10 Jahre in gleichen Jahresraten gezahlt.
Durch die ratenweise Entrichtung des Kaufpreises wird die einmalige Tätigkeit "Hausverkauf" nicht nachhaltig.

Schließlich können einmalige Tätigkeiten durch eine Wiederholungsabsicht nachhaltig werden. Denn bei einem einmaligen Umsatz genügt ein vorweg gefaßter, auf Wiederholung gerichteter Willensentschluß dann zur Annahme der Nachhaltigkeit, wenn aus den Umständen auf den Willen des Liefernden oder Leistenden zu schließen ist, das Geschäft bei sich bietender Gelegenheit zu wiederholen. So jedenfalls Abschn. 18 Abs. 2 S. 2 UStR.

Beispiele:
1. Ein Bildhauer läßt sich als selbständiger Künstler nieder, kommt aber nur zur Übernahme und Ausführung eines Auftrages. Trotzdem ist eine nachhaltige Tätigkeit anzunehmen, denn es ist zu erwarten, daß der Künstler bei sich bietender Gelegenheit weitere Aufträge zur Erzielung von Einnahmen annehmen und ausführen wird.

2. Ein Grundstücksmakler vermittelt nur den Verkauf eines Grundstücks, weitere Aufträge bekommt er nicht. Nachhaltigkeit ist gegeben, s. Begründung Beispiel 1.

Typisch private Verwertungshandlungen begründen auch dann, wenn sie mehrfach vorgenommen werden oder wenn es sich um eine Dauerleistung handelt, keine Unternehmereigenschaft.

So stellt sich die Überlassung von Zinsen beim Sparkonto trotz Erbringung einer Dauerleistung noch als private Verwertungshandlung dar (BFH, BStBl. II 1973, S. 172).
Wer als Sammler Briefmarkem tauscht, wird trotz wiederholter Lieferungen gegen Entgelt nicht zum Unternehmer, ebensowenig derjenige, der eine ererbte Sammlung nicht lediglich in einem Akt, sondern durch mehrere Verkäufe veräußert. Nehmen die Veräußerungen allerdings einen Umfang an, daß das Bild eines Briefmarkenhändlers entsteht, so wird der Rahmen privater Verwertungshandlungen überschritten. So stellt die Veräußerung sog. Jahreswagen durch Angehörige der Automobilwerke eine unternehmerische Tätigkeit dar, nicht aber die Veräußerung eines PKW durch einen Privatmann beim Kauf eines neuen PKW, auch wenn dies im Laufe eines Lebens mehrfach geschieht (BFH BStBl. II 1985, S. 173).

3. Selbständigkeit

Der Begriff der Selbständigkeit wird im UStG nicht positiv definiert. § 2 Abs. 2 UStG erläutert lediglich, wann Unselbständigkeit gegeben ist.
Nach § 2 Abs. 2 Nr. 1 UStG ist eine natürliche Person unselbständig, wenn sie in ein Unternehmern so eingegliedert ist, daß sie den Weisungen des Unternehmers zu folgen verpflichtet ist. Diese Unterordnung bezieht sich grundsätzlich auf Ort, Zeit, Art und Weise der Tätigkeit.
Auch in anderen Steuerrechtsgebieten (z.B. ESt und GewSt) ist die Abgrenzung von selbständiger und nichtselbständiger Tätigkeit von Bedeutung und generell nach denselben Grundsätzen zu entscheiden (vgl. Abschn. 17 Abs. 1 S. 7 UStR). Da **dieselbe** Tätigkeit entweder nur selbständig oder nur unselbständig ausgeübt werden kann, schließen sich USt und LSt gegenseitig aus.
Allerdings ist es durchaus möglich, daß der Stpfl. selbständige und unselbständige Tätigkeiten **nebeneinander** ausübt.
Die Frage des Unternehmerrisikos ("Trotz Fleiß Pleite"; kein Kündigungsschutz) ist ein wesentliches Merkmal der Betätigungsart; der Angestellte ist dem Arbeitgeber gegenüber verantwortlich, wäh-

rend der selbständig Tätige allein im Verhältnis zum Auftraggeber die Verantwortung trägt. Der Umfang der eigenen Initiative, die Entfaltungsmöglichkeit und ein maßgeblicher Einfluß auf den zu erzielenden Gewinn sind Merkmale, die für eine umsatzsteuerliche Selbständigkeit sprechen.

III. Umfang des Unternehmens

Das Unternehmen umfaßt die **gesamte gewerbliche** oder **berufliche** Tätigkeit des Unternehmers. Es gilt der sog. Grundsatz der Unternehmenseinheit. Mehrere Betriebe (oder Unternehmensbereiche) eines Unternehmers bilden nur **ein einheitliches Unternehmen.**
Als Betrieb ist jede planmäßig organisierte Wirtschaftseinheit zu verstehen, in der Arbeitskräfte, Betriebsmittel und Werkstoffe zur Produktion von Sachgütern und Bereitstellung von Dienstleistungen kombiniert werden.

Beispiel:
Alfons H. betreibt ein Lebensmittelgeschäft. Daneben unterhält er mit Hilfe eines angestellten Geschäftsführers einen Großhandel in Eisenwaren. Zudem ist er Eigentümer eines vermieteten Mietwohngrundstücks und eines zu eigenen Wohnzwecken genutzten Einfamilienhauses.

Lösung:
Die drei zuerst genannten Betätigungen (Lebensmitteleinzelhandel, Großhandel in Eisenwaren und Mietwohngrundstück) sind jede für sich nachhaltige Tätigkeiten, die die Unternehmereigenschaft begründen. Zusammen bilden sie **das einheitliche Unternehmen.**
Das eigengenutzte Einfamilienhaus gehört nicht zum Unternehmen, da daraus keine Einnahmen erzielt werden.

Merke:
Ein Unternehmer kann immer nur ein Unternehmen haben.

Aus dem Grundsatz der Unternehmenseinheit ergeben sich mehrere umsatzsteuerliche Folgen:

- Leistungen zwischen mehreren Betrieben oder Unternehmenszweigen eines einheitlichen Unternehmens erfolgen nicht im Leistungsaustausch; es handelt sich um sog. nicht steuerbare Innenumsätze (bei

Ausweis von USt: kein Vorsteuerabzug und kein Schulden der USt; auch keine Anwendung des § 14 Abs. 3 UStG). Vgl. Abschn. 20 Abs. 1 UStR.

- Zusammenfassung der Umsätze aller Bereiche zu einem Gesamtumsatz

- Abgabe einer USt-Voranmeldung und einer USt-Jahreserklärung für das einheitliche Unternehmen.

Die Grenzen zwischen verschiedenen Unternehmern und deren Unternehmen sind manchmal nicht auf Anhieb zu erkennen, wie das abschließende **Beispiel** zeigt:

Hinnerk P. hat in Braunschweig einen Baustoffhandel. Zugleich betreibt er in Wolfsburg ein Bauunternehmen. Zusammen mit seiner Frau Alma hat er in Helmstedt ein Mietwohngrundstück mit 6 Wohnungen errichtet. Die Wohnungen sind vermietet, das Grundstück gehört den Eheleuten je zur Hälfte. Schließlich ist Hinnerk P. an der Westfälische Zementwerke GmbH in Dortmund beteiligt. Die GmbH produziert und verkauft Zement.
Es ergeben sich folgende Sachverhalte:
a) P. kauft bei der GmbH zum üblichen Preis 1000 Sack Zement. Die GmbH läßt durch einen angestellten Fahrer den Zement von dem Lager zum Baustoffhandel des P. nach Braunschweig transportieren.
b) Das Bauunternehmen erhält den Auftrag, in Wolfsburg eine Fabrikhalle zu errichten. Die benötigten Baumaterialien ruft P. in seinem Baustoffhandel in Braunschweig ab. Sie werden mit einem Lkw des Baustoffhandels zur Baustelle gebracht. Da P. getrennte Buchführungen hat, berechnet er aus dem Baustoffhandel dem Bauunternehmen die gelieferten Materialien zum üblichen Preis.
c) Schließlich ist an dem Mietwohngrundstück in Wolfsburg eine Reparatur auszuführen. Frau P unterrichtet diesbezüglich ihren Ehemann, der einen Arbeiter mit entsprechendem Material (kein Hauptstoff) nach Wolfsburg schickt, um die Arbeiten zu erledigen. Auch über diese Leistung wird zu üblichen Preisen abgerechnet.

Lösungshinweis:
Zur Lösung müssen Sie zunächst ermitteln, wer in dem vorstehenden Sachverhalt selbständig und nachhaltig tätig ist. Als zweites stellen Sie die gesamte nachhaltige Tätigkeit des jeweiligen Unternehmers und damit den Umfang des Unternehmens fest. Schließlich können sie dann feststellen, ob es unter Dritten zum Leistungsaustausch kommt oder ob sich die Vorgänge lediglich zwischen (unselbständigen) Betrieben desselben Unternehmers abspielen.

Lösung:
Aus dem vorgenannten Sachverhalt ergeben sich **drei Unternehmer**:
1. **Hinnerk P**, durch seine nachhaltige Tätigkeit mit dem Bauunternehmen und dem Baustoffhandel;
2. die **Westfälische Zement GmbH** durch die Produktion und den Vertrieb des Zements; die GmbH ist kein Unternehmenszweig oder Betrieb des P, da sie als juristische Person eine eigene Rechtspersönlichkeit besitzt. Schließlich ist

3. die **Gesellschaft bürgerlichen Rechts Alma und Hinnerk P.** ebenfalls eine selbständige Unternehmerin. Auch die GbR stellt keinen Betrieb im Rahmen Hinnerk P.'s Unternehmen dar. Zum einen können in der GbR unternehmerische Entschlüsse nur durch die Gesellschafter gemeinschaftlich getroffen werden (Hinnerk ist also nicht allein und eigenverantwortlich tätig), zum anderen entfaltet die GbR als Wirtschaftsgebilde und Personenvereinigung ohne bürgerlichrechtliche Rechtsfähigkeit durch die Vermietung eigene nachhaltige Tätigkeiten.

Die Unternehmen der vorgenannten Unternehmer umfassen:
1. Hinnerk P.: Baustoffhandel und Bauausführungen
2. GmbH : Produktion und Vertrieb von Zement
3. GbR : Vermietung.

Zu den einzelnen Sachverhalten
a) Die GmbH liefert durch Beförderung den Zement an P. Die Lieferung wird mit Beginn der Beförderung ausgeführt (§ 3 Abs. 7 UStG), der Ort ist Dortmund (§ 3 Abs. 6 UStG). Die Lieferung ist für die GmbH steuerbar (und - da keine Steuerbefreiung - besteht auch steuerpflichtig.
b) Bei diesem Vorgang fehlt ein fremder Abnehmer, da Baustoffhandel und Bauausführung von ein und demselben Unternehmer betrieben werden. P führt weder eine umsatzsteuerliche Leistung aus, noch sind die Voraussetzungen für einen Leistungsaustausch gegeben. Es handelt sich um einen sog. nicht steuerbaren Innenumsatz. Daß zwischen den Betrieben Abrechnungen gefertigt werden, ist für die umsatzsteuerliche Betrachtung ohne Belang.
c) Da die GbR ein selbständiger Unternehmer und somit im Verhältnis zu P. ein fremder Abnehmer ist, stellt dieser Sachverhalt eine umsatzsteuerliche Leistung, nämlich eine Werkleistung dar. Hauptstoffe werden nämlich zur Reparatur nicht benötigt. Die Werklieferung erfolgt im Leistungsaustausch, da P. dafür den üblichen Preis fordert. Ort der Lieferung ist gem. § 3 a Abs. 2 Nr. 1 c) UStG Wolfsburg. Mithin liegt Steuerbarkeit nach § 1 Abs. 1 Nr. 1 UStG (und im übrigen auch Steuerpflicht) vor.

IV. Rahmen des Unternehmens

Der "Rahmen des Unternehmens" ist ebenfalls ein Tatbestandsmerkmal für die Steuerbarkeit gem. § 1 Abs. 1 Nr. 1 UStG.
Untersucht man die Geschäfte, die im laufenden Geschäftsbetrieb eines Unternehmens anfallen, so können drei Arten festgelegt werden.

1. Grundgeschäfte

Grundgeschäfte bilden den eigentlichen Gegenstand der unternehmerischen Betätigung. Sie liegen bei den Leistungen des Unternehmers vor, die den Hauptzweck der unternehmerischen Tätigkeit bilden.

Ein Grundgeschäft allein begründet - wenn die übrigen Voraussetzungen erfüllt sind - die Unternehmereigenschaft.
Grundgeschäfte gehören natürlich zum Rahmen des Unternehmens.

2. Hilfsgeschäfte

In den Rahmen des Unternehmens fallen aber auch die sog. Hilfsgeschäfte, ohne daß für sie eine besondere Nachhaltigkeit gegeben sein muß. Hilfsgeschäfte sind Umsätze, die der Geschäftsbetrieb des Unternehmens überlicherweise mit sich bringt.

Beispiel:
Ein Unternehmer verkauft Inventarstücke, Altpapier, zum Anlagevermögen gehörende Kraftfahrzeuge u.s.w..

3. Nebengeschäfte

Schließlich werden im Rahmen des Unternehmens auch sog. Nebengeschäfte ausgeführt. Das sind Umsätze, die - wie Hilfsgeschäfte - ohne Nachhaltigkeit ausgeführt werden, nicht den eigentlichen Geschäftszweck ausmachen und sich auch nicht notwendigerweise aus dem eigentlichen Geschäftsbetrieb ergeben. Sie stehen jedoch mit der Haupttätigkeit (den Grundgeschäften) in engem wirtschaftlichen Zusammenhang, da die dort erworbenen Kenntnisse und Erfahrungen ausgenutzt werden.

Beispiele:
1. Ein Schreiner hält einen Vortrag an der Volkshochschule über Holzbearbeitung.
2. Ein Arzt führt für das Rote Kreuz Kurse in "Sofortmaßnahmen am Unfallort" durch.

Wird der Unternehmer wiederholt, d. h. nachhaltig, tätig, so wird aus dem Nebengeschäft ein Grundgeschäft.

V. Beginn und Ende der unternehmerischen Tätigkeit

1. Beginn der unternehmerischen Tätigkeit

Die Unternehmereigenschaft beginnt nicht erst mit der Einnahmeerzielung, sondern mit der nach außen erkennbaren Aufnahme der auf die Erzielung von Einnahmen gerichteten Tätigkeit. Hierzu gehören auch Vorbereitungshandlungen, z. B. Wareneinkauf vor Betriebseröffnung.
Dies ist vor allem wichtig für die persönliche Berechtigung zum Vorsteuerabzug.
Unmaßgeblich ist der Tag der Gewerbeanmeldung, die erste tatsächliche Leistung und die erste Entgeltsvereinnahmung.

2. Ende der unternehmerischen Tätigkeit

Die Unternehmereigenschaft endet mit dem letzten Tätigwerden. Der Zeitpunkt der Einstellung oder Abmeldung eines Gewerbebetriebes ist unbeachtlich. Die spätere Veräußerung von Gegenständen des Betriebsvermögens oder die nachträgliche Vereinnahmung von Entgelten gehören noch zur Unternehmertätigkeit (vgl. Abschn. 19 Abs. 1 u. 2 UStR).

G. Erhebungsgebiet

I. Allgemeine Bedeutung des Erhebungsgebiets

Der Begriff des "Erhebungsgebietes" ist Tatbestandsmerkmal für steuerbare Leistungen (§ 1 Abs. 1 Nr. 1 UStG), für den Eigenverbrauch (§ 1 Abs. 1 Nr. 2 UStG) sowie für eigenverbrauchsähnliche Vorgänge (§ 1 Abs. 1 Nr. 3 UStG).

II. Das Erhebungsgebiet für die Bundesrepublik Deutschland

§ 1 Abs. 2 S. 1 UStG definiert das Erhebungsgebiet wie folgt:

	Geltungsbereich des UStG
./.	Zollausschlüsse
./.	Zollfreigebiete

1. Geltungsbereich des UStG

Das Umsatzsteuergesetz gilt in der Bundesrepublik Deutschland einschließlich Berlin (West)

2. Zollausschlüsse

Hier handelt es sich um deutsches Hoheitsgebiet, das aber vom deutschen Zollgebiet ausgeschlossen und einem ausländischen Zollgebiet angeschlossen ist. Es existiert z.Zt. nur ein Zollausschlußgebiet und zwar das von der Schweiz umgebene Gebiet der Gemeinde Büsingen am Hochrhein, vgl. Abschn. 13 Abs. 1 S. 3 UStR.

3. Zollfreigebiete

Zollfreigebiete sind deutsches Hoheitsgebiet, das vom deutschen Zollgebiet ausgeschlossen, jedoch keinem ausländischen Zollgebiet angeschlossen ist (Abschn. 13 Abs. 1 S. 4 UStR). Die wesentlichen Zollfreigebiete sind:

- Insel Helgoland,
- die Freihäfen Bremen, Bremerhaven, Cuxhaven, Emden, Hamburg, Kiel; aber beachten Sie bitte:
nicht der ganze Seehafen ist Zollfreigebiet, sondern nur der vom Zollgebiet ausgeschlossene Teil. Dieser Teil ist besonders gekennzeichnet, vgl. Abschn. 13 Abs. 1 S. 5 UStR;

- Schiffe und Flugzeuge unter deutscher Flagge außerhalb des deutschen Hoheitsgebietes, d.h. im Niemandsland;
- die "3 - Meilen - Zone", d.h. der Wasserstreifen zwischen Strandlinie und Hoheitsgrenze auf hoher See.

4. Außengebiet

Vom Erhebungsgebiet ist das Außengebiet abzugrenzen. Diese Abgrenzung ist u.a. wichtig für die steuerfreie Ausfuhrlieferung nach § 4 Nr. 1 i. V. m. § 6 UStG.
Außengebiet ist nach § 1 Abs. 2 S. 2 UStG das Gebiet, das weder zum Erhebungsgebiet noch zum Gebiet der Deutschen Demokratischen Republik einschl. Berlin (Ost) gehört.

Außengebiet

=

weder Erhebungsgebiet noch Gebiet der DDR bzw. Berlin (Ost)

Die DDR u. Berlin (Ost) gehören damit weder zum Erhebungsgebiet noch zum Außengebiet. In dieser Zuordnung kommen die besonderen Beziehungen zwischen der BRD und der DDR zum Ausdruck.
In die DDR oder nach Berlin (Ost) bewirkte Lieferungen sind danach keine steuerfreien Ausfuhrlieferungen.
Für den innerdeutschen Warenverkehr enthält § 26 Abs. 4 UStG eine zunächst bis zum 31. März 1991 befristete Vergünstigung für den Erwerb von Waren mit Ursprung in der DDR.
Zum Außengebiet gehören jedoch die Zollanschlüsse (ausländisches Hoheitsgebiet, das dem deutschen Zollgebiet angeschlossen ist).
Es besteht damit keine volle Übereinstimmung zwischen Zollgebiet und Erhebungsgebiet.
Zollanschlüsse sind die österreichischen Gemeinden Mittelberg (Kleines Walsertal) und Jungholz in Tirol.

Merke:
Botschaften ausländischer Staaten und Kasernen ausländischer Truppen rechnen zum Erhebungsgebiet. Dies gilt auch bei bestehender Exterritorialität.

Wird ein Umsatz im Erhebungsgebiet ausgeführt und liegen die übrigen Tatbestandsmerkmale des § 1 Abs. 1 UStG vor, so kommt es für die Besteuerung nicht darauf an, welche Staatsangehörigkeit der Unternehmer hat und ob er seinen Wohnsitz oder Sitz im Erhebungsgebiet hat.

Beispiel:
Der niederländische Gemüsebauer Kannitverstan aus der Nähe von Venlo belädt regelmäßig dreimal in der Woche seinen Lkw, um seine Waren in grenznahen, bundesdeutschen Orten auf Wochenmärkten anzubieten.

Lösung:
Bei dem Transport der Waren handelt es sich um sog. rechtsgeschäftsloses Verbringen, da bei Beginn der Beförderung Abnehmer noch nicht bekannt sind.
Durch den Verkauf auf den Wochenmärkten führt K. Lieferungen (§ 3 Abs. 1 UStG) aus, deren jeweiliger Ort sich nach § 3 Abs. 6 UStG bestimmt. Da diese Orte hinsichtlich der verkauften Waren sämtlich im Erhebungsgebiet liegen und auch die übrigen Tatbestandsmerkmale erfüllt sind, sind die Lieferungen sämtlich steuerbar und steuerpflichtig.
Im übrigen muß K. bei Grenzübertritt in die BRD Einfuhrumsatzsteuer entrichten. Diese EUSt ist als Vorsteuer abziehbar. Um den Vorsteuerabzug vornehmen zu können, muß K. allerdings grundsätzlich eine Steuererklärung bei einem bundesdeutschen Finanzamt einreichen. In dieser Erklärung sind dann auch Angaben über die hier erzielten Umsätze zu machen.

III. Das Erhebungsgebiet für die Deutsche Demokratische Republik

1. Begriff des Erhebungsgebiets

Das Erhebungsgebiet ist für die DDR seit dem 1. Juli 1990 - dem Zeitpunkt der Einführung der Mehrwertsteuer - entsprechend geregelt.
Die gesetzliche Definition ist im § 1 Abs. 2 UStG der DDR enthalten.
Danach umfaßt das Erhebungsgebiet

das Gebiet der Deutschen Demokratischen Republik
./. Zollfreigebiete.

Zollfreigebiete sind dabei Hoheitsgebiete der DDR, die vom Zollgebiet der DDR ausgeschlossen und keinem anderen Zollgebiet angeschlossen sind.

2. Das Außengebiet

Konsequenterweise ist Außengebiet für die DDR das Gebiet, das weder zum Erhebungsgebiet noch zum Gebiet der Bundesrepublik Deutschland einschl. Berlin (West) gehört.
Für die Steuerbarkeit eines Umsatzes in der DDR kommt es ebenfalls nicht darauf an, welche Staatsangehörigkeit der Unternehmer hat und ob er seinen Sitz oder Wohnsitz in der DDR hat.

H. Steuerbefreiung und Option

I. Allgemeines

§ 4 UStG enthält einen abschließenden Katalog der steuerfreien Umsätze.
Durch die Steuerbefreiungen wird erreicht, daß der private Endabnehmer Leistungen bezieht, die nicht mit Umsatzsteuer belastet sind. Die Gründe dafür sind vielfältig. Sie ergeben sich einerseits aus dem Umsatzsteuer-System selber. Geht man davon aus, daß der Gesetzgeber den privaten Endverbrauch in der BRD bzw. der DDR mit der Umsatzsteuer belasten will, müssen in der Konsequenz Ausfuhren steuerfrei bleiben, da ja ein Verbrauch im jeweiligen Erhebungsgebiet nicht stattfindet. Diese Steuerbefreiungen dienen gleichzeitig der Wettbewerbsneutralität und der Vermeidung einer Doppelbesteuerung.
Andererseits werden aber auch Leistungen im Erhebungsgebiet - systemwidrig - steuerfrei gestellt. Die Motive des Gesetzgebers beruhen dabei im wesentlichen auf sozialen Erwägungen. Durch die Befreiung wird der Bezug bestimmter Leistungen für den Endverbraucher um die Umsatzsteuer verbilligt (z.B. § 4 Nr. 12 UStG - Vermietungsleistungen - und Nr. 14 - ärztliche Behandlung).

Schließlich liegen einem Einzelfall auch noch andere Erwägungen zu Grunde:
Durch die Befreiung des Grundstückserwerbs (§ 4 Nr. 9a UStG) soll eine doppelte Belastung mit der USt und der speziellen Verkehrsteuer, der Grunderwerbsteuer, vermieden werden.

In den Fällen, in denen jedoch bestimmte, an sich steuerbefreite Leistungen an Unternehmer für deren Unternehmer erbracht werden, geht die Steuerbefreiung "ins Leere". Deshalb kann der leistende Unternehmer auf die Steuerbefreiung verzichten, da ja nur der private Endverbrauch entlastet werden soll.
Der Verzicht auf die Steuerbefreiung wird auch Option (zu lat. optio, "freie Wahl, Belieben") genannt.

Somit ist folgende Einteilung der Befreiungsvorschriften möglich:

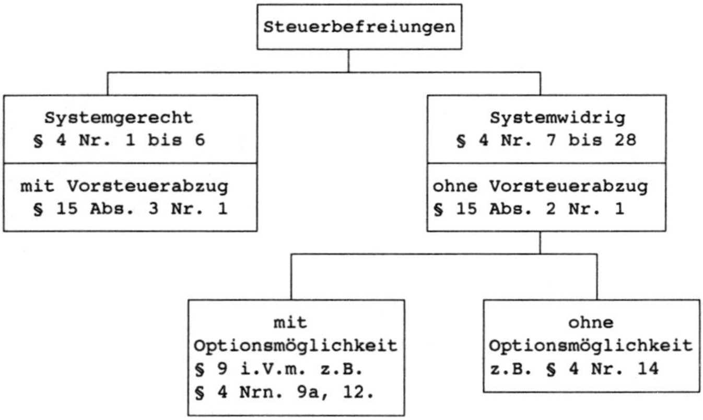

II. Steuerbefreiungen mit Vorsteuerabzug

1. Allgemeines

Soweit ein Unternehmer Umsätze ausführt, die in § 4 Nr. 1 - 6 UStG aufgeführt sind, bleibt ihm der Vorsteuerabzug für seine Eingangsumsätze erhalten. Das ergibt sich aus § 15 Abs. 2 i.V.m. Abs. 3 UStG, der den Ausschluß vom Vorsteuerabzug nur auf die Umsätze beschränkt, die nach § 4 Nr. 7 - 28 UStG steuerbefreit sind.
Im Rahmen dieses Einführungsbandes werden nicht alle Steuerbefreiungen behandelt. Es sollen nur ausgewählte, für die jeweilige Gruppe typische Umsätze angesprochen werden.

Vorab wird zur Wiederholung auf die Ausführungen in Kap. A III 2 (S. 8 ff.) hingewiesen:
Eine **Steuerbefreiung** kann **nur** in Betracht kommen, wenn es sich um eine **steuerbare Lieferung oder sonstige Leistung** handelt.

Beispiel:
Ein Kölner Unternehmer hat den Auftrag, eine Krananlage zu fertigen und sie im Betrieb des Abnehmers in Amsterdam auf einem Zementsockel fest zu montieren. Der Kölner Unternehmer fertigt die einzelnen Teile in Köln und bringt sie dann mit eigenem LKW nach Amsterdam, um dort durch eigene Arbeitskräfte die Endmontage vornehmen zu lassen.

Lösung:
Es handelt sich um eine Werklieferung (§ 3 Abs. 4 UStG). Liefergegenstand ist die fertig montierte Krananlage (in Amsterdam). Ort dieser Lieferung ist nach § 3 Abs. 6 UStG Amsterdam (Außengebiet), denn dort wird durch Übergabe und Abnahme Verfügungsmacht am fertigen Werk verschafft. Der Teiletransport von Köln nach Amsterdam ist lediglich ein rechtsgeschäftsloses Verbringen, denn die transportierten Teile sind nicht der Liefergegenstand. Die Lieferung ist nicht steuerbar. Das Vorliegen einer Steuerbefreiung, insbesondere die für Ausfuhrlieferungen ist nicht zu prüfen.

2. Steuerbefreiung bei Ausfuhrlieferungen

a) Voraussetzungen für eine Ausfuhrlieferung

In Ergänzung zu § 4 Nr. 1 UStG enthält § 6 UStG die Voraussetzungen, die erfüllt sein müssen, damit eine Lieferung als Ausfuhrlieferung steuerbefreit ist. Je nachdem, wer den Warentransport vornimmt, gilt:

b) Beförderung/Versendung durch den Unternehmer

Bei einer Beförderung oder Versendung durch den liefernden Unternehmer wird - wie Sie bereits wissen - am (Werk-) Liefergegenstand bereits im Erhebungsgebiet Verfügungsmacht verschafft (§ 3 Abs. 7 UStG).
§ 6 Abs. 1 Nr. 1 UStG fordert, damit es zu einer Ausfuhrlieferung kommt, daß
- der Liefergegenstand ins Außengebiet gelangt,
- jedoch **nicht** in die Zollfreigebiete, die in § 1 Abs. 3 UStG aufgeführt sind, d.h. nicht in die Freihäfen bzw. in die "3-Meilen-Zone".

Merke:
Es ist nicht erforderlich, daß der Empfänger seinen Wohnsitz (natürliche Person) oder seinen Sitz (juristische Person oder anderes Gebilde) im Außengebiet hat.

Beispiele:
Der türkische Staatsangehörige Y. hat seinen Wohnsitz in Berlin (West). Vor einer Urlaubsreise in seine Heimat erwirbt er bei einem Berliner Unternehmer einen Fernsehapparat für DM 2.000 DM. Auf Wunsch des Y versendet der Unternehmer den Apparat per Post in das Heimatland des Y.

Lösung:
Der Unternehmer liefert den Fernsehapparat in Berlin (West) - § 3 Abs. 7 i.V.m. Abs. 6 UStG. Die Lieferung ist steuerbar, aber steuerbefreit nach § 4 Nr. 1 i.V.m. § 6 Abs. 1 Nr. 1 UStG, da der Liefergegenstand durch Versendung in das Außengebiet gelangt. Bei einer Versendung in das Außengebiet muß eine außengebietlicher Abnehmer nicht gegeben sein.

2. Ein Hotelier von Helgoland erwirbt am 12. April 1990 bei dem Unternehmer E in Emden für 3.000 DM eine Satellitenantenne. Der Hotelier bittet, ihm die Antenne nach Helgoland zu bringen. Da E ohnehin auf der Insel zu tun hat, lädt er die Antenne in seinen Pkw und übergibt sie am 14. April 1990 dem Hotelier.

Lösung:
E liefert im Wege der Beförderung die Antenne an den Hotelier. Die Lieferung wird mit dem Beginn der Beförderung (§ 3 Abs. 7 UStG) in Emden (§ 3 Abs. 6 UStG) ausgeführt und ist steuerbar (§ 1 Abs. 1 Nr. 1 UStG). Die Lieferung ist

steuerbefreit gem. § 4 Nr. 1 i.V.m. § 6 Abs. 1 Nr. 1 UStG, da der Liefergegenstand bei der Beförderung ins Außengebiet gelangt. Zwar gehört die Insel Helgoland zu den Zollfreigebieten, die Einschränkung des § 6 Abs. 1 Nr. 1 2. HS UStG greift jedoch nicht, da Helgoland nicht in § 1 Abs. 3 UStG aufgeführt ist.

3. Eine Produktionsgesellschaft aus Eisenhüttenstadt (DDR) kauft bei dem Computerhersteller N aus Paderborn (BRD) 5 Personalcomputer für insgesamt 50.000 DM. N befördert die PC mit eigenem Lkw zur Abnehmerin.

Lösung:
Die Lieferung des N. ist steuerbar (§ 1 Abs. 1 Nr. 1, § 3 Abs. 6 und Abs. 7 UStG) und steuerpflichtig. Die DDR gehört nicht zum Außengebiet (§ 1 Abs. 2 S. 2 UStG)

c) Beförderung/Versendung durch den Abnehmer

Auch wenn der Abnehmer den Gegenstand befördert oder versendet (wir haben in Kap. C II 1, S. 33 ff diesen Vorgang als Abhollieferung bezeichnet), ist der Ort der Lieferung im Erhebungsgebiet. Eine Ausfuhrlieferung liegt in diesen Fällen dann vor, wenn nach § 6 Abs. 1 Nr. 2 UStG

- der Liefergegenstand ins Außengebiet einschl. der Zollfreigebiete gelangt und
- der Abnehmer ein außengebietlicher Abnehmer ist.

Im Verhältnis zu § 6 Abs. 1 Nr. 1 UStG bestehen also zwei Unterschiede:
Zum einen gilt nicht die Einschränkung im Bezug auf das Außengebiet, zum anderen muß aber der Empfänger ein außengebietlicher Abnehmer sein.
Die Eigenschaft "außengebietlich" wird in § 6 Abs. 2 UStG erläutert. Außengebietlicher Abnehmer ist danach ein Abnehmer, der seinen Wohnort oder Sitz im Außengebiet, ausgenommen der in § 1 Abs. 3 UStG bezeichneten Zollfreigebiete, insbesondere Freihäfen, hat.

Beispiele:
1. Der Abnehmer L mit Sitz in Luxemburg erwirbt bei einen Büromaschinenhändler T in Trier ein Kopiergerät für 4.500 DM. Der Abnehmer lädt das Gerät in seinen Pkw und bringt es zu seinem Betrieb in Luxemburg.

Lösung:

Es liegt eine Ausfuhrlieferung i.S.d. § 6 Abs. 1 Nr. 2 UStG des T an L vor. L befördert den Liefergegenstand ins Außengebiet (= Luxemburg) und ist zugleich außengebietlicher Abnehmer, da er seinen Sitz im Außengebiet hat.

2. Der selbständige Exportkaufmann E hat seinen Sitz im Freihafen Hamburg. E erwirbt bei dem Stahlproduzenten H in Dortmund 1 t Profilstahl. E beauftragt den Transportunternehmer T den Stahl in Dortmund abzuholen und zu dem Außenlager des E nach Antwerpen zu bringen.

Lösung:
Es handelt sich um eine Lieferung des H an E (§ 3 Abs. 1 UStG). Die Lieferung wird mit Übergabe an den von E beauftragten Transportunternehmer in Dortmund ausgeführt (§ 3 Abs. 6 UStG) und ist somit steuerbar.
Obwohl der Liefergegenstand ins Außengebiet gelangt, sind die Voraussetzungen für eine Ausfuhrlieferung nicht erfüllt. Da die Versendung durch den Abnehmer erfolgt, kann allenfalls § 4 Nr. 1 i.V.m. § 6 Abs. 1 Nr. 2 und Abs. 2 UStG zum Zuge kommen. E hat seinen Sitz im Freihafen Hamburg, also in einem Zollfreigebiet. Er erfüllt damit nicht die Voraussetzungen des § 6 Abs. 2 UStG.

d) Beförderung/Versendung durch den Unternehmer in ein Zollfreigebiet i.S.d. § 1 Abs. 3 UStG

Die Beförderungs- bzw. Versendungslieferungen in die vg. Zollfreigebiete sind aus § 6 Abs. 1 Nr. 1 UStG ausdrücklich ausgenommen. Trotzdem ist eine Steuerbefreiung möglich, wenn weitere Voraussetzungen erfüllt sind. Neben der Beförderung oder Versendung durch den liefernden Unternehmer ist gefordert, daß
- der Abnehmer entweder ein außengebietlicher Abnehmer ist **oder**
- seinen Sitz im Erhebungsgebiet bzw. in den bezeichneten Zollfreigebieten hat **und**
- den Gegenstand für Zwecke seines Unternehmens erworben hat.

Merke:
Eine Beförderung oder Versendung in die in Frage kommenden Zollfreigebiete durch einen im Erhebungsgebiet oder in dem Zollfreigebiet ansässigen Unternehmer ist nicht steuerbefreit.

Beispiele:
1. Der Landmaschinenhändler L aus Aschaffenburg kauft bei dem Traktorenhersteller N in Nürnberg 50 Traktoren für insgesamt 850.000 DM.
a) L beauftragt den Spediteur S die Traktoren in Nürnberg abzuholen und zum Lager des L im Freihafen Bremen zu bringen.
b) N beauftragt den Spediteur S die Traktoren in Nürnberg abzuholen und zum Lager des L im Freihafen Bremen zu bringen.

Lösung:
In beiden Fällen handelt es sich um fünfzig Lieferungen (§ 3 Abs. 1 UStG) des N an L.
zu a): Die Lieferungen werden mit Übergabe an den von L Beauftragten ausgeführt, der Ort ist Nürnberg (§ 3 Abs. 6 UStG). Die Lieferungen sind steuerbar. Da L als Abnehmer die Liefergegenstände versenden läßt, kommt die Befreiungsvorschrift des § 4 Nr. 1 UStG nicht zum tragen. Denn § 6 Abs. 1 Nr. 2 UStG ist nicht erfüllt, da L kein außengebietlicher Abnehmer ist. § 6 Abs. 1 Nr. 3 UStG trifft ebenfalls nicht zu, da hier nur die Beförderung oder Versendung durch den liefernden Unternehmer begünstigt ist. Mithin sind die Lieferungen steuerpflichtig.
zu b): Die Rechtslage stellt sich in dieser Abwandlung anders dar. Die Lieferungen werden mit Beginn der Versendung ausgeführt (§ 3 Abs. 7 UStG), Ort ist ebenfalls Nürnberg (§ 3 Abs. 6 UStG). Da N als Lieferant die Versendung besorgt, sind die Voraussetzungen des § 6 Abs. 1 Nr. 3 UStG sämtlich erfüllt:
- die Liefergegenstände gelangen in ein in § 1 Abs. 3 UStG bezeichnetes Zollfreigebiet, nämlich dem Freihafen Bremen,
- der Abnehmer hat seinen Sitz in Aschaffenburg, somit im Erhebungsgebiet,
- der Abnehmer erwirbt die Traktoren für Zwecke seines Unternehmens.

2. wie Beispiel 1 mit beiden Alternativen, nur hat der Landmaschinenhändler seinen Sitz in Lille (Frankreich)

Lösung:
zu a) Zur Steuerbarkeit s. Begründung zu 1 a).
Die Lieferungen des N sind steuerbefreit nach § 6 Abs. 1 Nr. 2 UStG, denn es ist ein außengebietlicher Abnehmer gegeben und die Liefergegenstände gelangen ins Außengebiet. § 6 Abs. 1 Nr. 2 UStG kennt nicht die Einschränkung hinsichtlich der in § 1 Abs. 3 aufgeführten Zollfreigebiete.
b) Zur Steuerbarkeit s. Begründung zu 1 b)
Diese Lieferungen sind nach § 6 Abs. 1 Nr. 3 UStG steuerbefreit. L ist außengebietlicher Abnehmer. Im übrigen gilt die Lösung zu 1 b).

e) Besonderheit bei der Lieferung von Kraftfahrzeugen, die mit eigener Antriebskraft in das Außengebiet gelangen

Wird das Kraftfahrzeug durch den Lieferer in das Außengebiet gefahren, handelt es sich um ein Befördern (vgl. § 3 Abs. 7 S. 2 UStG), so daß § 6 Abs. 1 Nr. 1 UStG grundsätzlich anzuwenden ist. Dabei gilt jedoch eine Sonderregelung des BMF (Schreiben vom 22.12.1980, BStBl. 1981 I S. 25, Abschn. 128 Abs. 6 Nr. 3 UStR). Danach liegt eine steuerbefreite Ausfuhrlieferung nur dann vor, wenn das Kfz zur endgültigen Verwendung in das Außengebiet gelangt ist. Ist der Abnehmer kein außengebietlicher Abnehmer, so besteht die Vermutung der nur vorübergehenden Verwendung im Außengebiet. Handelt es sich um einen außengebietlichen Abnehmer, so ist von einer endgültigen Verwendung im Außengebiet auszugehen, wenn das Kfz ein spezielles Zollkennzeichen trägt.

3. Ausfuhrnachweis

Gem. § 6 Abs. 4 UStG muß der liefernde Unternehmer die Ausfuhr nachweisen (sog. Ausfuhrnachweis, s. auch §§ 8 - 10 UStDV). Darüber hinaus müssen besondere, in § 13 UStDV aufgeführte Aufzeichnungen geführt werden (sog. buchmäßiger Nachweis).

III. Steuerbefreiungen ohne Vorsteuerabzug

Soweit Umsätze nach § 4 Nr. 7 - 28 UStG von der Umsatzsteuer befreit sind, kann der Unternehmer Vorsteuern auf Eingangsumsätze, die mit den steuerbefreiten Umsätzen in wirtschaftlichem Zusammenhang stehen, nicht bei der Ermittlung seiner Steuerschuld abziehen (vergl. § 15 Abs. 2 UStG).
Aus dieser Gruppe der steuerbefreiten Umsätze werden ebenfalls nur wenige - aber typische - Arten nachfolgend vorgestellt.

1. Steuerbefreite Umsätze nach § 4 Nr. 9 a UStG

Nach dieser Vorschrift sind Umsätze steuerfrei, die unter das Grunderwerbsteuergesetz (GrEStG) fallen.
Der Grunderwerbsteuer - die wie die Umsatzsteuer eine Verkehrsteuer ist - unterliegt im wesentlichen die Veräußerung (umsatzsteuerlich: die Lieferung) von Grundstücken. Durch § 4 Nr. 9 a UStG soll verhindert werden, daß ein wirtschaftlicher Vorgang mit zwei Verkehrsteuern belastet wird.
Es ist dabei der bürgerlich-rechtliche Grundstücksbegriff zu Grunde zu legen. Die Begriffsbestimmung haben Sie bereits in Kap. D III 1 (S. 53/54) kennengelernt.

Zur Wiederholung:
Zum Grundstück gehören neben dem Grund und Boden auch alle seine wesentlichen Bestandteile (§ 94 Abs. 1 BGB), z. B. Gebäude, Waldbestände, Früchte auf dem Halm. Ebenfalls dazu gehören die wesentlichen Bestandteile eines Gebäudes (§ 94 Abs. 2 BGB).

Merke:
Steuerfrei ist demnach auch die Veräußerung eines bebauten Grundstückes.

Übersicht:

Grundstück i.S.d. BGB = abgegrenzter Teil der Erdoberfläche, auch wenn er von Wasser bedeckt ist

dazu gehören

- **wesentliche Bestandteile eines Grundstücks** (§ 94 Abs. 1 BGB) z.B. Gebäude, soweit sie mit dem Grund und Boden fest verbunden sind - **wesentliche Bestandteile eines Gebäudes** (§ 94 Abs. 2 BGB) Ist ein Gebäude nach § 94 Abs. 1 S. 1 BGB selbst wesentlicher Bestandteil eines Grundstücks, so sind seine wesentlichen Bestandteile zugleich solche des Grundstücks. **Ausnahmne:** Scheinbestandteile (§ 95 BGB), z.B. Baubude

Auf eine **Besonderheit** des Steuerrechts ist hinzuweisen:

Nicht zu den Grundstücken werden **Betriebsvorrichtungen** gerechnet, selbst wenn sie wesentliche Bestandteile sind.
Als Betriebsvorrichtungen sind solche Anlagen anzusehen, die in besonderer und unmittelbarer Beziehung zu dem auf dem Grundstück ausgeübten Gewerbebetrieb stehen. Das sind die Anlagen, durch die das Gewerbe betrieben wird, soweit sie nicht Gebäude oder Gebäudeteile sind.

Beispiele:
Hochöfen, Kräne, Tankanlagen, Kegelbahnen, Transportaufzüge, Kühltürme.

Die Steuerbefreiung nach § 4 Nr. 9 a UStG setzt lediglich voraus, daß der Umsatz unter das GrEStG fällt, nicht jedoch, daß Grunderwerbsteuer auch tatsächlich anfällt. Deshalb besteht auch dann Umsatzsteuerbefreiung, wenn Befreiungsvorschriften nach dem GrEStG anzuwenden sind.

Beispiele:
1. Die Grundstücksveräußerung unter Ehegatten ist nach § 3 Nr. 4 GrEStG von der Grunderwerbsteuer befreit und gleichzeitig nach § 4 Nr. 9a UStG von der Umsatzsteuer.

2. Ein Bauunternehmer errichtet auf dem Grundstück des Bauherrn ein schlüsselfertiges Einfamilienhaus.

Lösung:
Der Bauunternehmer tätigt die Werklieferung (§ 3 Abs. 4). Diese ist jedoch nicht steuerbefreit, denn die Errichtung eines Bauwerks fällt nicht unter § 4 Nr. 9 a UStG. Anders jedoch, wenn der Bauunternehmer Grund und Boden gleichzeitig mitveräußert.

3. Ein Unternehmer veräußert eine Fabrikhalle. Zu den wesentlichen Bestandteilen des Grundstücks zählen auch eine Tankanlage, ein Eisenbahnanschlußgleis, ein Transportaufzug und eine Krananlage.

Lösung:
Nicht zu den Grundstücken werden Maschinen und sonstige Vorrichtungen aller Art gerechnet, die zu einer Betriebsanlage gehören (vgl. § 2 Abs. 1 Nr. 1 GrEStG), auch dann nicht, wenn sie wesentliche Bestandteile sind. Die Lieferungen dieser Betriebsvorrichtungen fallen nicht unter das GrEStG und sind damit nicht nach § 4 Nr. 9a UStG steuerbefreit. Ein evtl. einheitlicher Kaufpreis ist aufzuteilen.

3. Ein Bauunternehmer errichtet auf einem Betriebsgrundstück ein ausschließlich privat zu nutzendes Einfamilienhaus.

Lösung:
Durch die Errichtung des Einfamilienhauses wird die unternehmerische Nutzung des unbebaute Grundstück beendet, es wird entnommen (§ 1 Abs. 1 Nr. 2 a UStG). Dieser Eigenverbrauch (Entnahme des Grund und Bodens) ist auch gemäß § 4 Nr. 9 a UStG steuerbefreit. Die Errichtung des EFH wäre im Fall der entgeltlichen Leistung gegenüber einem Dritten eine Werklieferung (§ 3 Abs. 4 UStG). Das fertige Werk (= EFH) ist ebenfalls Gegenstand eines Eigenverbrauchs i.S.d. § 1 Abs. 1 Nr. 2a UStG. Dieser Eigenverbrauch fällt jedoch nicht unter § 4 Nr. 9 a; er ist steuerpflichtig.

2. Steuerbefreite Umsätze nach § 4 Nr. 12 a UStG

Mit dieser Vorschrift wird die Vermietung und Verpachtung von Grundstücken und Grundstücksteilen steuerbefreit.

Vermietung und Verpachtung sind Rechtsbegriffe aus dem BGB, die zunächst allgemein erläutert werden.

a) Begriffe

Bei der Vermietung ist der Vermieter verpflichtet, dem Mieter den Gebrauch der vermieteten Sache zu gewähren (= Gebrauchsüberlassung), § 535 BGB.
Bei der Verpachtung hat der Pächter neben der Gebrauchsüberlassung auch das Recht zur Fruchtziehung (§ 581 BGB). In den Fällen, in denen Räume überlassen werden, liegt Pacht jedoch nur dann vor, wenn diese Räume auf Grund ihrer baulichen Beschaffenheit, ihrer Einrichtung und Ausstattung nach geeignet sind, die Gewinne von Früchten aus den Räumen unmittelbar zu ermöglichen. Dabei beschränkte sich der Begriff "Früchte" nicht nur auf seinen wörtlichen Inhalt (etwa Feldfrüchte) sondern umfaßt auch die sonstige Ausbeute, Nutzungen und Vorteile (vgl. §§ 99 - 101 BGB).
Eine Grundstücksvermietung (-verpachtung) setzt voraus, daß dem Mieter (Pächter) eine bestimmte, nur ihm zur Verfügung stehende Grundstücksfläche unter Ausschluß anderer zum Gebrauch (und zur Fruchtziehung) überlassen wird.
Dem Mieter (Pächter) muß also der unmittelbare Besitz eingeräumt werden, die Besitzergreifung möglich sein (vgl. Abschn. 76 Abs. 2 UStR).

Beispiele:
1. Die Einräumung einer Jagdpacht und einer Fischereipacht ist nicht nach § 4 Nr. 12 a) UStG befreit, da das Merkmal der Besitzergreifung fehlt. Bei der Jagd- und Fischereipacht hat der Pächter lediglich das Recht zur Jagd bzw. zur Fischerei. Er kann jedoch andere nicht vom Gebrauch der Flächen ausschließen.

2. Die Vermietung eines Bootsliegeplatzes ist dann nach § 4 Nr. 12 a) UStG befreit, wenn die Wasserfläche (= Grundstück i.S.d. Gesetzes) genau abgegrenzt ist; dies wird an Bootsstegen, nicht aber an Bojen der Fall sein.

Zu einem Grundstück gehören auch dessen wesentliche Bestandteile; dies sind vor allem Gebäude. Wesentliche Bestandteile (§ 94 BGB) sind jedoch nicht Baulichkeiten, die nur zu einem vorübergehenden Zweck oder nicht fest mit dem Grund und Boden verbunden sind (vgl.

§ 95 Abs. 1 BGB). Steuerpflichtig kann hiernach z. B. die Vermietung von Kiosken, Baubuden u.ä. sein (vgl. Abschn. 76 Abs. 4 UStR).

b) Hauptanwendungsbereich

Der Hauptanwendungsbereich der Befreiungsvorschrift erstreckt sich auf die Vermietung (Verpachtung) von ganzen Grundstücken (bebaut oder unbebaut) und von Grundstücksteilen (z. B. von Wohnungen, einzelnen Räumen und Garagen). Auch die Untervermietung (§ 549 BGB) ist nach § 4 Nr. 12 a) UStG befreit.

aa) Umfang der Befreiung

Neben der eigentlichen Miete oder Pacht erstreckt sich die Steuerbefreiung auch auf übliche Nebenleistungen. Es gilt auch hier der Grundsatz der Einheitlichkeit der Leistung.

Beispiele:
1. Ein Vermieter vermietet Wohnungen in einem Mietwohngrundstück. Der Vermieter liefert über die Zentralheizung Wärme, er liefert warmes und kaltes Wasser, er übernimmt die Treppenhaus- und Kellerbeleuchtung. Des weiteren übernimmt er die zentrale Reinigung der Treppen und Flure und stellt in der Waschküche eine Waschmaschine zur Nutzung durch die Mieter zur Verfügung. Der Vermieter hat diese Nebenleistung bei der Festlegung der Miete mit einkalkuliert bzw. erhebt hierfür von den Mietern eine Umlage.

Lösung:
Die Nebenleistungen sind nach dem Grundsatz der Einheitlichkeit der Leistung ebenfalls nach § 4 Nr. 12 a) UStG steuerbefreit (vgl. auch Abschn. 76 Abs. 5 UStR).

2. Vermietung eines Einfamilienhauses mit Garage und Garten. Nach dem Vertrag übernimmt der Eigentümer keine Nebenleistungen, so daß der Mieter z. B. das Öl für die Ölheizung selbst beschaffen muß.
Der Mieter bezieht das Heizöl von dem Hauseigentümer, der zugleich Heizölhändler ist.

Lösung:
In diesem Fall ist die Heizöllieferung an den Mieter keine unselbständige Nebenleistung zur Vermietung, sondern eine eigenständige Lieferung, die nicht unter die Befreiung des § 4 Nr. 12 a) UStG fällt (vgl. Abschn. 76 Abs. 8 UStR).

3. Der Eigentümer eines Mietwohngrundstücks nutzt eine der ansonsten vermieteten Wohnungen für seine eigenen Wohnzwecke.

Lösung:
Die Nutzung der einen Wohnung zu eigenen Wohnzwecken stellt Eigenverbrauch nach § 1 Abs. 1 Nr. 2 b UStG dar, der aber ebenfalls nach § 4 Nr. 12 a) UStG steuerbefreit ist.

4.Der Eigentümer eines Einfamilienhauses nutzt dieses zu eigenen Wohnzwecken.

Lösung:
Es handelt sich hierbei um einen nicht steuerbaren Vorgang, da das Einfamilienhaus nicht zum Unternehmen gehört; das Einfamilienhaus wird nicht nachhaltig zur Erzielung von Einnahmen genutzt (vgl. § 2 Abs. 1 UStG).

bb) Gemischte Verträge

Ein sog. gemischter Vertrag liegt vor, wenn er sowohl Merkmale einer Vermietung als auch die Merkmale anderer Leistungen aufweist, ohne daß ein so starkes Zurücktreten der Merkmale der einen oder anderen Gruppe gegeben ist, daß sie umsatzsteuerlich nicht mehr zu beachten wären.

Beispiele:
1. Ein Hauseigentümer vermietet über längerer Zeiträume möblierte Zimmer an Studenten.

Lösung:
Die Überlassung der Einrichtung ist keine übliche Nebenleistung bei Vermietungen. Es handelt daher sich um einen sog. gemischten Vertrag. Die Überlassung des (leeren) Raumes ist nach § 4 Nr. 12 a) UStG befreit. Die Überlassung des Mobiliars ist steuerpflichtig.

2. Ein Unternehmer vermietet einen Saal für eine Konzertveranstaltung mit Bestuhlung, Bühne, Bühnenbeleuchtung, Konzertflügel und eingebauter Orgel.

Lösung:
Auch hier handelt es sich um einen gemischten Vertrag. Die Saalüberlassung ist steuerbefreit, nicht jedoch die Überlassung der genannten Einrichtungen und Vorrichtungen.

3. Der Gastwirt A vermietet seine Kegelbahn stundenweise an verschiedene Kegelvereine.

Lösung:
Die Vermietungsumsätze sind aufzuteilen in einen steuerfreien Teil für die Vermietung des Kegelbahn"gebäudes" (§ 4 Nr. 12 UStG) und in einen steuerpflichtigen Teil für die Vermietung der Kegelbahnanlage (= Betriebsvorrichtung).

Bei einem gemischten Vertrag ist das Entgelt in einen auf die steuerfreie Grundstücksvermietung und einen auf die steuerpflichtige Leistung anderer Art entfallenden Teil - erforderlichenfalls durch Schätzung- aufzugliedern (Abschn. 80 Abs. 1 S. 2 UStR). Aufteilungsmaßstab sind die laufenden Kosten.

cc) Verträge besonderer Art

Ein Vertrag besonderer Art liegt vor, wenn die Gebrauchsüberlassung des Grundstücks gegenüber anderen wesentlichen Leistungen zurücktritt und das Vertragsverhältnis ein einheitliches, unteilbares Ganzes darstellt. Bei einem Vertrag besonderer Art kommt die Steuerbefreiung nach § 4 Nr. 12 a) UStG weder für die gesamte Leistung noch für einen Teil der Leistung in Betracht
Bei einem Vertrag besonderer Art ist nämlich die Gebrauchsüberlassung des Grundstücks nicht das eigentliche erstrebte Ziel des Mieters.

Beispiele:
1. Ein Hauseigentümer überläßt die Außenwände oder Dachflächen seines Gebäudes einem anderen Unternehmer zu Reklamezwecken.

Lösung:
Hauptzweck ist die Überlassung der Flächen zu Reklamezwecken und nicht die **Gebrauchs**überlassung des Grundstücks.

2. Ein Unternehmer übernimmt für andere die Lagerung und Aufbewahrung von Gütern.

3. Ein Unternehmer betreibt eine Minigolf-Anlage.

c) Ausschluß der Befreiung

Selbst wenn ein Mietvertrag geschlossen wird, kann es zum Ausschluß von der Steuerbefreiung kommen. Nach § 4 Nr. 12 S. 2 UStG sind die folgenden Vermietungen steuerpflichtig:

aa) Wohn- und Schlafräume, die ein Unternehmer zur kurzfristigen Beherbergung von Fremden bereithält.

Hiervon betroffen ist vor allem das sog. Hotel- und Gaststättengewerbe, aber Unternehmer, die Pensionen, Fremdenheime u.s.w. betreiben.

Unter "kurzfristig" wird ein Zeitraum von nicht mehr als sechs Monaten verstanden. Dabei ist die **Absicht** des Vermieters, die Räume nicht auf Dauer zur Verfügung zu stellen, entscheidend.
Die Steuerbefreiung ist auch dann ausgeschlossen, wenn der Unternehmer dieselben Räume wahlweise zur lang- oder kurzfristigen Vermietung anbietet.

Beispiel:
Der Stpfl. vermietet seine Ferienwohnung. Während der Saison hält er die Wohnung zur kurzfristigen Vermietung an Feriengäste bereit. Außerhalb der Saison vermietet er auch an Dauermieter. Eine Aufteilung findet nicht statt.

Lösung:
Nicht nur die kurzfristige Vermietung während der Saison, sondern auch die Dauervermietung außerhalb der Saison ist steuerpflichtig.

Besteht aber andererseits die Absicht, eine Wohnung langfristig zu vermieten und stellt sich heraus, daß die tatsächliche Mietdauer unter 6 Monaten liegt, bleibt die Steuerbefreiung bestehen.

Beispiel:
Ein Hauseigentümer schließt mit einem Mieter einen Mietvertrag über eine Wohnung, Das Mietverhältnis soll am 1. März 1990 beginnen und wird auf unbefristete Zeit geschlossen.
Aus beruflichen Gründen muß der Mieter am 1. August 1990 seinen Wohnsitz in eine andere Stadt verlegen. Er kündigt daraufhin den Vertrag.

Lösung:
Da bei Vertragsabschluß eine langfristige Vermietung beabsichtigt ist, ist der Umsatz steuerfrei nach § 4 Nr 12 UStG. Daran ändert auch nichts die Tatsache, daß die tatsächliche Mietzeit lediglich 5 Monate dauert.

bb) Kurzfristiges Überlassen von Parkplätzen und die kurzfristige Vermietung auf Campingplätzen

Wird keine bestimmte Park- oder Campingfläche überlassen, so liegt schon keine Grundstücksvermietung vor i. S. d. § 4 Nr. 12 a) UStG vor. Die Leistung ist steuerpflichtig.

Beispiel:
Einem Camper wird es gestattet, sich irgendeine freie Campingfläche selbst auszuwählen und die gewählte Campingfläche nach Belieben zu wechseln.

Wird dem Mieter eine bestimmte, nur ihm zur Verfügung stehende Parkfläche/Campingfläche zugewiesen, so ist die Vermietung nur steuerfrei, wenn sie mindestens 6 Monate andauert. Hier ist jedoch nicht auf die Absicht des Vermieters abzustellen, sondern auf den Zeitraum der tatsächlichen Gebrauchsüberlassung.

Beispiele:
1. Der Eigentümer eines Parkhauses schließt mit einem Mieter einen Vertrag über das Abstellen seines Kfz auf einem numerierten Einstellplatz ab. Das Kfz darf täglich während der Öffnungszeiten des Parkhauses von 6.00 - 22.00 Uhr abgestellt werden. In Zeiten der Nichtbenutzung ist der Einstellplatz für andere Kfz gesperrt.
Der Vertrag wird auf unbestimmte Zeit abgeschlossen und kann monatlich gekündigt werden.

Lösung:
Die Vermietung ist als langfristig anzusehen und somit steuerfrei. Endet jedoch die tatsächliche Gebrauchsüberlassung vor Ablauf von 6 Monaten, so handelt es sich insgesamt um eine steuerpflichtige kurzfristige Vermietung.

2. wie Beispiel 1 mit folgender Abänderung:
Der Vertrag wird auf die Dauer von drei Monaten abgeschlossen, verlängert sich aber automatisch um einen Monat, wenn er nicht vorher gekündigt wird.

Lösung:
Die Vermietung ist als kurzfristig anzusehen und somit steuerpflichtig. Dauert die tatsächliche Gebrauchsüberlassung jedoch mindestens sechs Monate, so handelt es sich insgesamt um eine steuerfreie langfristige Vermietung. Evtl. ausgestellte Rechnungen mit gesondertem Steuerausweis sind nach § 14 Abs. 2 UStG zu berichtigen.

Die von Campingunternehmern durch die Überlassung von üblichen Gemeinschaftseinrichtungen gewährten Leistungen (z. B. Wasch- und Duschräume, Toiletten, Wasserzapfstellen, elektrische Anschlüsse, Vorrichtungen zur Müllbeseitigung, Kinderspielplätze) teilen als unselbständige Nebenleistungen das Schicksal der Hauptleistung. Das gilt auch dann, wenn für sie ein besonderes Entgelt berechnet wird (vgl. Abschn. 78 Abs. 4 UStR).

cc) Vermietung von Betriebsvorrichtungen

Die Vermietung bzw. die Verpachtung von Betriebsvorrichtungen ist auch dann nicht steuerbefreit, wenn diese wesentliche Bestandteile eines Grundstückes sind.

Beispiel:
Der Stpfl. verpachtet eine mehrstöckige Lagerhalle. In die Lagerhalle ist ein Lastenaufzug installiert. Für den An- und Abtransport der Waren durch LKW sind mehrere Laderampen vorhanden. Der Lastenaufzug und die Laderampen sind Betriebsvorrichtungen. Sie werden steuerlich als selbständige bewegliche Wirtschaftsgüter behandelt, selbst wenn sie - wie hier - wesentliche Bestandteile der Lagerhalle sind. Die Steuerbefreiung nach § 4 Nr. 12 a) UStG erstreckt sich nur auf die Lagerhalle ohne die genannten Betriebsvorrichtungen. Das Entgelt für die Vermietung ist in einen auf die steuerfreie Grundstücksvermietung und einen auf die steuerpflichtige Vermietung der Betriebsvorrichtungen entfallenden Teil aufzuteilen. Diese Aufteilung ist ggf. im Schätzungswege vorzunehmen.

3. Steuerbefreite Umsätze nach § 4 Nr. 14 UStG

Unter § 4 Nr. 14 UStG fallen die Umsätze aus der Tätigkeit als Arzt, Zahnarzt u.s.w. soweit es sich um die Ausübung der Heilkunde für Menschen handelt.

Merke:
Tierärztliche Tätigkeit fällt nicht unter die Befreiungsvorschrift.

Hilfs- und Nebengeschäfte sind ebenfalls nicht steuerbefreit. Für Hilfsgeschäfte kann ggf. § 4 Nr. 28 UStG zur Anwendung kommen.

Beispiel:
Dr. Seltsam ist niedergelassener Facharzt für Orthopädie in Düsseldorf. Neben der Tätigkeit in seiner Arztpraxis hält er gegen ein angemessenes Honorar auf Ärztekongressen Vorträge über seine Spezialdisziplin, der Unfallmedizin. Darüber hinaus veröffentlicht er regelmäßig Aufsätze in ärztlichen Fachzeitschrif-

ten. Schließlich erwirbt er regelmäßig jedes zweite Jahr einen Pkw, den er zu seiner Berufsausübung benötigt. Den gebrauchten Wagen veräußert er an Käufer, die er über Zeitungsanzeigen findet.

Lösung:
Die Umsätze aus der ärztlichen Praxis sind steuerfrei gem. § 4 Nr. 14 UStG, da sie in der Ausübung der Heilkunde bestehen.
Bei der Vortrags- und der schriftstellerischen Tätigkeit handelt es sich um Nebengeschäfte, die zwar medizinisch geprägt sind, aber keine Maßnahmen zur Feststellung, Heilung und Linderung von Krankheiten im Einzelfall sind. § 4 Nr. 14 UStG ist für diese Umsätze nicht anwendbar. Gleiches gilt für die Veräußerung der Fahrzeuge. Diese Vorgänge werden als Hilfsgeschäfte ebenfalls nicht von § 4 Nr. 14 UStG erfaßt.

4. Steuerbefreite Umsätze nach § 4 Nr. 28 UStG

Kommen wir noch einmal auf Dr. Seltsam in unserem letzten Beispiel zurück. Sie können sicher sein, daß er mit der Auskunft, die Veräußerung der Fahrzeuge sei nicht steuerbefreit, nicht einverstanden wäre. Er würde - mit Recht - entgegenhalten, daß er aus dem Erwerb der neuen Wagen keinen Vorsteuerabzug vornehmen könnte. Eine Versteuerung des Verkaufs würde ihn doppelt belasten.
Um diese doppelte Belastung zu vermeiden, ist § 4 Nr. 28 in das UStG aufgenommen worden.
Dabei wird zwischen zwei Tatbeständen unterschieden. Während **§ 4 Nr. 28 a) UStG die Lieferung bzw. die Entnahme** unternehmerischer Gegenstände unter bestimmten Voraussetzungen steuerfrei läßt, erstreckt sich **§ 4 Nr. 28 b) UStG** nur auf den **Verwendungseigenverbrauch** i.S.d. § 1 Abs. 1 Nr. 2 b) UStG, also die Nutzung unternehmerischer Gegenstände für außerunternehmerische (sprich: private) Zwecke. Die Tatbestandsmerkmale im einzelnen:

a) Tatbestandsmerkmale des § 4 Nr. 28 a) UStG

- Lieferung oder Entnahme
- unternehmerischer Gegenstände
- vorherige Verwendung ausschließlich oder fast ausschließlich zur Ausführung steuerfreier Umsätze nach § 4 Nr. 7 - 27 bzw. 28 b UStG

Beispiele:
1.Dr. Seltsam aus unserem letzten Beispiel hat die Fahrzeuge bis zum Verkauf nur zur Ausübung seiner ärztlichen Tätigkeit verwendet.

Lösung:
Der Verkauf der Fahrzeuge fällt als Hilfsgeschäft in den Rahmen des Unternehmens. Die jeweilige Lieferung ist steuerfrei nach § 4 Nr. 28 a) UStG, da die Fahrzeuge vor ihrem Verkauf ausschließlich zur Ausführung steuerfreier Umsätze nach § 4 Nr. 14 UStG verwendet wurden.

2. Ein Hauseigentümer stellt seinen Mietern gegen die Zahlung einer Umlage eine Waschmaschine zur Verfügung. Die Waschmaschine wird nach 4 Jahren veräußert.

Lösung:
Die Überlassung der Waschmaschine an die Mieter ist eine unselbständige Nebenleistung. Das dafür erhaltene Entgelt ist steuerfrei gem. § 4 Nr. 12 UStG. Der Verkauf stellt ein Hilfsgeschäft dar, er ist steuerbar jedoch nach § 4 Nr. 28 a) UStG steuerfrei.

Die Steuerbefreiung wird auch dann noch gewährt, wenn die Gegenstände während ihrer Zugehörigkeit zum Unternehmen bis zu 5 v.H. zur Ausführung steuerpflichtiger Umsätze verwendet wurden. Maßgebend sind dabei die Verhältnisse während des gesamten Verwendungszeitraums. Außerdem darf der Unternehmer keinen anteiligen Vorsteuerabzug vorgenommen haben.

Beispiel:
Dr. Seltsam verwendet das jeweilige Fahrzeug auch für seine steuerpflichtigen Nebengeschäfte und zwar
a) jährlich i.H.v. 4 % der Gesamtnutzung und
b) jährlich i.H.v. 20 % der Gesamtnutzung.

Lösung:
a) Die Nutzung für steuerpflichtige Umsätze ist geringfügig, die Lieferung des Fahrzeugs ist steuerfrei, wenn auf den anteiligen Vorsteuerabzug verzichtet wurde.
b) Die Geringfügigkeitsgrenze von 5 % ist überschritten, der Verkauf des Fahrzeugs ist ein steuerpflichtiges Hilfsgeschäft.

b) Die Tatbestandsmerkmale des § 4 Nr. 28 b UStG

- Verwendung unternehmerischer Gegenstände
- für Zwecke außerhalb des Unternehmens
- die Gegenstände werden vor und nach der außerunternehmerischen Verwendung zur Ausführung steuerfreier Umsätze benutzt

Beispiel:
Ein Arzt, der ausschließlich Umsätze i.S.d.. § 4 Nr. 14 UStG ausführt, benutzt den unternehmerischen Pkw für Urlaubsreisen. Da der Pkw vor und nach jeder Urlaubsreise zur Ausführung steuerfreier Umsätze verwendet wird, ist der Eigenverbrauch nach § 1 Abs. 1 Nr. 2 b UStG steuerbefreit.

IV. Verzicht auf die Steuerbefreiung (Option gem. § 9 UStG)

1. Grundsätze

Die Umsätze, bei denen ein Verzicht auf die Steuerbefreiung möglich ist, sind in § 9 UStG abschließend aufgeführt:

- Umsätze i.S.d. § 4 Nr. 8 a - g UStG,
Gewährung, Vermittlung und Verwaltung von Krediten, die Umsätze von Geldforderungen und Anteilen an Gesellschaften u.ä.;
- Umsätze i.S.d. § 4 Nr. 9 a UStG,
Umsätze die unter das Grunderwerbsteuergesetz fallen, wie Grundstücksverkäufe;
- Umsätze i.S.d. § 4 Nr. 12 UStG,
insbesondere die Vermietung und Verpachtung;
- Umsätze i.S.d. § 4 Nr. 13 UStG,
das sind Umsätze der Gemeinschaften der Wohnungseigentümer an den einzelnen Wohnungs- oder Teileigentümer sowie
- Umsätze i.S.d. § 4 Nr. 19 UStG,
die Umsätze der Blinden.

Eine weitere Voraussetzung ist, daß diese Umsätze **an einen anderen Unternehmer** (also im Leistungsaustausch) und **für dessen Unternehmen** ausgeführt werden müssen.

Merke:
Für einen Eigenverbrauch (§ 1 Abs. 1 Nr. 2 UStG), für eigenverbrauchsähnliche Tatbestände (§ 1 Abs. 1 Nr. 3 UStG) und für den sog. nicht steuerbaren Innenumsatz kann nicht optiert werden.

Beim Eigenverbrauch mangelt es an einem anderen Unternehmer als Leistungsempfänger. Beim sog. nicht steuerbaren Innenumsatz handelt es sich gar nicht um eine Leistung und somit folglich nicht um einen Umsatz. Das Problem der Option stellt sich in diesen Fällen nicht.
Welche Vorteile ergeben sich durch eine Option?
Durch die Option wird der jeweilige Umsatz steuerpflichtig. Dem Leistungsempfänger entsteht dadurch kein Schaden, da er die Umsatzsteuer als Vorsteuer geltend machen kann. Er ist ja ein Unternehmer und die Leistung muß für sein Unternehmen erfolgen. Der leistende Unternehmer ist durch die Option aber seinerseits zum Abzug der diesen Umsätzen zuzuordnenden Vorsteuern und zur Erteilung von Rechnungen mit gesondertem Steuerausweis für diese Umsätze berechtigt.

Weiterhin formuliert das Gesetz: "Der Unternehmer kann **einen** Umsatz ...". Der Unternehmer hat also bei den verzichtsfähigen Steuerbefreiungen die Möglichkeit, seine Entscheidung für die Steuerpflicht bei jedem Umsatz einzeln zu treffen (Grundsatz der Einzeloption, vgl. Abschn. 148 Abs. 1 UStR. Es kann auch für jede Teilleistung gesondert optiert werden, z.B. bei einer Vermietungsleistung, die in monatlichen Teilleistungen erbracht wird.

Beispiel:
Ein Unternehmer betreibt einen Kraftfahrzeughandel in einem eigenen Gebäude. Die übrigen Etagen sind vermietet, das Obergeschoß wird zu eigenen Wohnzwecken genutzt.
Lösung:
Das Unternehmen umfaßt den Kraftfahrzeughandel und die Vermietung. Während die Nutzung im Erdgeschoß einen sog. nicht steuerbaren Innenumsatz darstellt, sind die Vermietung und die Eigennutzung steuerfreie Umsätze nach § 4 Nr. 12 UStG. Hinsichtlich der Optionsmöglichkeiten s. nachfolgende Übersicht:

	Gebäudenutzung	Art des Umsatzes		Option möglich ?
3. OG	Wohnung des Eigentümers	= EV nach § 1 I 2 b)	steuerfrei	nein
2. OG	Praxis eines RA	= sonstige Leistung)	nach	ja
1. OG	Praxis eines Internisten	= sonstige Leistung)	§ 4 Nr. 12	ja
EG	Laden des Eigentümers.	= sog. nicht steuerbarer Innenumsatz		./.

Im Falle einer Option sind die Vorsteuerbeträge, die auf die Herstellung und Erhaltung des Gebäudes entfallen, nach dem Verhältnis der Nutzflächen in einen abziehbaren und einen nicht abziehbaren Betrag aufzuteilen (Einzelheiten s. Kap. M)

Bei der Vermietung eines Grundstücks ist der Verzicht auf die Steuerbefreiung nur möglich, wenn der Unternehmer nachweist, daß das Grundstück weder Wohnzwecken noch anderen nichtunternehmerischen Zwecken dient. Maßgebend ist die tatsächliche, endgültige Nutzung.

Beispiele:
1. Der Stpfl. vermietet eine Eigentumswohnung an ein Wohnungsunternehmen, das die Wohnung wiederum zu Wohnzwecken weitervermietet.

Lösung:
Eine Option ist nach § 9 Abs. 2 UStG wegen der endlichen Nutzung zu Wohnzwecken nicht möglich, obwohl der Stpfl. an einen Unternehmer (Wohnungsunternehmen) für dessen Unternehmen (Vermietung) eine Vermietungsleistung erbringt.

2. Der Stpfl. vermietet eine Lagerhalle an eine Spedition, die diese Halle an das städtische Fuhramt (= hoheitliche Zwecke) weitervermietet.

Lösung:
Eine Option ist nach § 9 Abs. 2 UStG nicht möglich, obwohl der Stpfl. an einen Unternehmer (Spediteur) für dessen Unternehmen (Untervermietung) eine Vermietungsleistung erbringt. Maßgebend ist die Tatsache, daß die Halle letztlich für nichtunternehmerische Zwecke genutzt wird.

2. Unterschiedliche Nutzung durch den Mieter

Nutzt der Mieter die ihm auf Grund des (einheitlichen) Mietvertrags überlassenen Räume sowohl zu unternehmerischen als auch zu Wohnzwecken, so kann der Vermieter nur für die Überlassung zu unternehmerischen Zwecken auf die Steuerbefreiung verzichten. Voraussetzung ist allerdings, daß die unterschiedlichen Nutzungen sich klar räumlich trennen lassen. Ist dies nicht der Fall, so ist eine Option nicht möglich.

Beispiel:
Ein Einfamilienhaus ist an einen Rechtsanwalt vermietet. Dieser nutzt die Räume im Erdgeschoß für seine freiberuflichen Zwecke und die Räume im Obergeschoß für eigene Wohnzwecke.

Lösung:
Die Räume sind den unterschiedlichen Nutzungen klar und eindeutig zuzuordnen, so daß ein Verzicht auf Steuerbefreiung hinsichtlich des durch den Rechtsanwalt unternehmerisch genutzten Grundstücksteils möglich ist. Die Aufteilung des Entgelts in einen nicht optionsfähigen steuerfreien Teil und in einen steuerpflichtigen Entgeltsteil kann im Wege einer sachgerechten Schätzung erfolgen (z. B. anhand des Nutzflächenverhältnisses).

Diese Grundsätze gelten auch bei der Vermietung einer einzelnen Wohnung.

Beispiel:
Ein Vermieter überläßt einem Steuerberater eine zum Teil für Praxis- und zum Teil für Wohnzwecke genutzte Wohnung. Der Vermieter erhält auf Grund des Mietvertrages eine einheitliche Miete.

Lösung:
Auch in diesem Fall kann der Vermieter nur für die Überlassung der Flächen optieren, die der Mieter unternehmerisch nutzt.

3. Die Verzichtserklärung

Der Verzicht nach § 9 ist nicht antragsabhängig, er ist auch an keine besondere Form gebunden. Der Verzicht kann z.B. durch Ausweis der Umsätze als steuerpflichtig in der Voranmeldung bzw. Steuererklärung erklärt werden. Die Option ist grundsätzlich auch an keine Frist gebunden. Jedoch ergibt sich eine Einschränkung, wenn die Voranmeldung bzw. Steuererklärung (= Verwaltungsakt) bereits unanfechtbar ist (vgl. § 172 AO). Der Verzicht ist auch noch möglich, wenn die bereits unanfechtbare Steuerfestsetzung geändert wird (vgl. Abschn. 148 Abs. 3 UStR). Soweit die Vorschriften der Abgabenordnung (AO) es zulassen, ist auch ein Widerruf des Verzichtes möglich. In einem solchen Fall entfällt die Steuerschuld aber nur, wenn etwaige Rechnungen mit gesondertem Steuerausweis in Anwendung des § 14 Abs. 2 i.V.m. § 17 UStG berichtigt werden.

J. Steuersätze

I. Allgemeines

Das Umsatzsteuerrecht hat feste Steuersätze (v. H. - Sätze), die auf die jeweilige Bemessungsgrundlage für Leistungen und für den Eigenverbrauch anzuwenden sind.

Der Regelsteuersatz beträgt gem. § 12 Abs. 1 UStG z.Zt. 14 v.H.; nach Maßgabe des § 12 Abs. 2 UStG ist der ermäßigte Steuersatz von 7 v.H. anzuwenden.
Um den zutreffenden Steuersatz zu finden, müssen Sie zunächst prüfen, ob die Voraussetzungen des § 12 Abs. 2 UStG für den ermäßigten Steuersatz erfüllt sind.
Ist danach eine Begünstigung nicht möglich, gilt der Regelsteuersatz von 14 %.

Es liegt im Wesen der Umsatzsteuer, daß eine Begünstigung nach § 12 Abs. 2 UStG nur dann endgültig erhalten bleibt, wenn sie bis zum Endverbraucher durchschlägt.

Beispiel
Ein Gastronom kauft Milch für ein Entgelt von 20,-- DM, der Lieferant muß darauf gem. § 12 Abs. 2 Nr. 1 UStG i.V.m. Nr. 4 der Anlage zu § 12 Abs. 2 Nr. 1 und 2 eine Umsatzsteuer von 7 % = 1,40 DM berechnen. Der Gastronom stellt aus der Milch und anderen Materialien Milchmischgetränke her, deren Milchanteil 50 % beträgt. Auf das Entgelt für diese Milchmischgetränke muß 14 % USt berechnet werden. Nach Nr. 35 der Anlage zu § 12 Abs. 2 Nr. 1 und 2 ist der ermäßigte Steuersatz nur dann möglich, wenn der Milchanteil mindestens 75 % des Fertigerzeugnisses beträgt.

Lösung:
Für den Endverbraucher wirkt sich der ermäßigte Steuersatz für die Milch in der Vorstufe nicht aus, da der Gastronom sein Entgelt für die Milchmischgetränke insgesamt mit 14 % versteuern muß. Dies stellt den Vorgang so, als hätte die Begünstigung für die Milch nicht bestanden.

II. Der ermäßigte Steuersatz

1. Überblick über § 12 Abs. 2 Nr. 1 und 2 UStG

a) Die Lieferung und der Eigenverbrauch von Gegenständen lt. Anlage zu § 12 Abs. 2 Nr. 1 und 2 UStG

Maßgeblich dafür, ob ein Liefer- bzw. Eigenverbrauchsgegenstand unter die Anlage fällt, ist die **Zolltarifnummer.**
Die Zolltarifnummer wird von der Zollverwaltung anhand des Zolltarifs bestimmt und ist für die Umsatzbesteuerung verbindlich.
Im wesentlichen können die in der Anlage aufgeführten Gegenstände in fünf Gruppen eingeteilt werden:

aa) landwirtschaftliche Erzeugnisse

z.B. Nr. 1: Pferde, Rinder und Hausschweine, Nr. 4 : Milch und Milcherzeugnisse, Nr. 13: Getreide und Nr. 23: Stroh und Spreu von Getreide sowie Futter;

bb) forstwirtschaftliche Erzeugnisse

z.B. Nr. 25: Korbweiden in bestimmter Form, Nr. 48: Holz in bestimmter Form,

cc) sämtliche Lebensmittel und Lebensmittelzubereitungen

z.B. Nr. 2: Fleisch und genießbare Schlachtabfälle, Nr. 3: Fische und Krebstiere, Nr. 29: Zucker und Zuckerwaren, Nr. 31: Zubereitungen aus Getreide, Mehl, Stärke oder Milch, Backwaren; Nr. 32: Zubereitungen von Gemüse , Früchten und anderen Pflanzenteilen;

Ausnahmen:

(1) Lieferungen (nicht aber Eigenverbrauch) von Speisen und Getränken zum Verzehr an Ort und Stelle (§ 12 Abs. 2 S. 2 u. 3 UStG)

Speisen und Getränke werden zum Verzehr an Ort und Stelle geliefert, wenn :

- die Umstände der Lieferung auf einen sofortigen Verzehr schließen lassen (also, wenn Speisen nicht ver- oder abgepackt verkauft werden),
- zwischen dem Ort des (zu erwartenden) Verzehrs und dem Ort der Lieferung (§ 3 Abs. 6 ggf. i.V.m. Abs. 7 UStG) ein räumlicher Zusammenhang besteht und
- der Unternehmer besondere Vorrichtungen für den Verzehr bereithält . Unter besonderen Vorrichtungen sind dabei Tische und Stühle, nicht aber bloße Verkaufstische und Ablagebretter zu verstehen (vgl. Abschn. 161 UStR).

Beispiel:
Paul Curry (PC) ist Unternehmer und betreibt in Düsseldorf einen Schnellimbiß. Diesen Schnellimbiß hat PC in einer Ecke mit drei Tischen und einigen Stühlen eingerichtet. Je nach Wunsch serviert er die bestellten Gerichte in seinem Lokal oder verpackt sie zur Mitnahme. Gelegentlich bereitet er sich selbst eine Mahlzeit, um sie im Lokal zu sich zu nehmen.

Lösung:
Die Lieferungen der Speisen, die den Kunden im Lokal serviert werden, unterliegen dem Regelsteuersatz von 14 %. Nach der Art der Lieferung ist nur ein sofortiger Verzehr möglich und PC hält besondere Vorrichtungen für den Verzehr an Ort und Stelle bereit. Diese Vorrichtungen stehen auch in einem räumlichen Zusammenhang zum Ort der Lieferung (in diesem Fall der Ladentheke).
Soweit die Kunden sich die Gerichte einpacken lassen, ist der ermäßigte Steuersatz von 7 % anzuwenden. Die Art der Lieferung ermöglicht keinen sofortigen Verzehr.
Hinsichtlich der von PC selbst gegessenen Mahlzeiten ist ein Eigenverbrauch nach § 1 Abs. 1 Nr. 2 a UStG gegeben. Dieser Eigenverbrauch ist mit 7 % zu versteuern, da sich die Ausnahme des § 12 Abs. 2 Nr. 1 S. 2 und 3 UStG lediglich auf Lieferungen erstreckt.

Hinweis:
Am besten wäre es, wenn PC zwei Kassen führen würde, eine für die regelbesteuerten und eine für die ermäßigt besteuerten Umsätze. Ist das nicht der Fall, so muß PC über einen repräsentativen Zeitraum (mind. 3 Monate) die einzelnen Einnahmen getrennt nach Steuersätzen aufzeichnen. Das so ermittelte Umsatzverhältnis kann dann für die Besteuerung zu Grunde gelegt werden.

(2) alkoholische und andere Getränke

Nicht begünstigt ist die Lieferung von Alkoholika sowie von Erfrischungsgetränken, z.B. Sprudel, Limonaden, Frucht- und Gemüsesäfte, Kaffee- u. Teegetränke. Begünstigt ist lediglich die Lieferung von Wasser (vgl. Nr. 32 und 34 der Anlage). Für Milch (Nr. 4) bzw. Milchmischgetränke gilt die Einschränkung nach Nr. 35 der Anlage.

(3) Luxusartikel

z. B. Austern, Hummern u. Kaviar, vgl. Nrn. 3 und 28

dd) Waren des Buchhandels einschl. Briefmarken

s. im einzelnen Nr. 43 der Anlage;

Hinweis:

Nach § 4 Nr. 8 i UStG sind die Umsätze mit gültigen amtlichen Wertzeichen steuerfrei, wenn sie zum aufgedruckten Wert verkauft werden.

ee) Kunstgegenstände und Antiquitäten

z.B. Nr. 53: Gemälde, Zeichnungen, Stiche; Nr. 54: Sammlungsstücke

b) Die Vermietung der in der Anlage bezeichneten Gegenstände - § 12 Abs 2 Nr. 2 UStG

Soweit Gegenstände, die in der Anlage aufgeführt sind, vermietet werden, unterliegen diese sonstige Leistungen ebenfalls dem ermäßigten Steuersatz.

Beispiele:

1. Ein Landwirt unterhält neben seinem landwirtschaftlichen Betrieb einen Reiterhof. Er vermietet seine Pferde für stundenweise Ausritte.

Lösung:

Pferde sind in Nr. 1 der Anlage aufgeführt, ihre Vermietung unterliegt somit einem Steuersatz von 7 %.

2. Knut K. hat sich im Laufe der Jahre eine umfangreiche Sammlung von Gemälden und Zeichnungen zugelegt, die sämtlich der Zolltarifnummer 97.01 zugeordnet werden können. Da er die Gegenstände nicht alle bei sich aufhängen kann, über-

läßt er regelmäßig an Interessenten einzelne Stücke für einen Zeitraum zwischen 1 und 6 Wochen. K verlangt dann lediglich eine Ausleihgebühr, die die Versicherungs- und etwaige Restaurierungskosten abdeckt.

Lösung:
K ist mit der Vermietung der Gemälde und Zeichnungen - denn um eine solche handelt es sich hier - Unternehmer, da er eine gewerbliche und berufliche Tätigkeit (= Vermietung) nachhaltig ausübt (s. Sachverhalt: "regelmäßig"). Er erzielt auch Einnahmen, daß keine Gewinne erwirtschaftet werden ist unbeachtlich. Da Gemälde und Zeichnungen der Zolltarifnummer 97.01 in Nr. 53 der Anlage zu § 12 Abs. 2 Nr. 1 und 2 aufgeführt sind, unterliegen seine Umsätze dem ermäßigten Steuersatz von 7 %.

2. Überblick über § 12 Abs. 2 Nr. 3 - 11 UStG

a) Umsätze i.S.d. § 12 Abs. 2 Nr. 3 - 9 UStG

Darunter fallen insbesondere die Aufzucht und das Halten von Vieh (also Lohnmästereien), die Anzucht von Pflanzen, die Leistungen der Theater, Zirkusvorführungen sowie der Betrieb von Schwimmbädern. Auf diese Umsätze wird hier nur der Vollständigkeit halber hingewiesen.

b) Personenbeförderungen - § 12 Abs. 2 Nr. 10 UStG

Während die Personenbeförderung mit Schiffen - mit Ausnahme des Fährverkehrs - immer dem ermäßigten Steuersatz unterliegt (soweit sie auf das Erhebungsgebiet entfällt), gelten für die Personenbeförderung zu Lande und im Fährverkehr nach § 12 Abs. 2 Nr. 10 b) UStG einschränkende Regelungen:
Die in dieser Vorschrift genannten Personenbeförderungen unterliegen nur dann dem ermäßigten Steuersatz, wenn die Beförderung
- innerhalb einer Gemeinde erfolgt

oder
- die Beförderungsstrecke nicht mehr als 50 km beträgt.

Merke:
1. Bei Beförderungen innerhalb einer Gemeinde gilt keine Beschränkung hinsichtlich der Beförderungsstrecke.
2. Hin- und Rückfahrt sind getrennt zu betrachten.

Unter die Begünstigung des § 12 Abs. 2 Nr. 10 b UStG fällt weder die Personenbeförderung in Mietwagen noch die Vermietung eines Beförderungsmittels (auch nicht, wenn der Fahrer gestellt wird).

c) Gestellung von Betriebshelfern und Haushaltshilfen - § 12 Abs. 2 Nr. 11 UStG

Die gesetzlichen Träger der Sozialversicherung (Berufsgenossenschaften, Krankenkassen, Rentenversicherungsträger) sind verpflichtet, ihren Mitgliedern in bestimmten Notfällen Haushaltshilfe oder Betriebshilfe zu gewähren. Soweit sie sich dabei anderer Unternehmer bedienen - z.B. der Betriebshilfsdienste oder der Dorfhelferinnendienste - erbringen diese begünstigte sonstige Leistungen.

L. Die Bemessungsgrundlage für Leistungen

I. Allgemeines:

Nach § 10 Abs. 1 S. 1 UStG wird bei Leistungen (Lieferungen und sonstigen Leistungen i.S.d. § 1 Abs. 1 Nr. 1 UStG) der Umsatz nach dem **Entgelt** bemessen. Damit hat das Entgelt eine Doppelfunktion. Es ist Tatbestandsmerkmal für die Steuerbarkeit nach § 1 Abs. 1 Nr. 1 UStG und zugleich die Bemessungsgrundlage für diesen Umsatz. Die Umsatzsteuer ergibt sich durch Anwendung des maßgeblichen Steuersatzes (§ 12 UStG) auf das Entgelt.
Da die Umsatzsteuer eine Geldleistung ist, muß sie nach einem Geldbetrag bzw. einem Geldwert bemessen werden. Deshalb wird das Entgelt gesetzlich als "alles, was der Leistungsempfänger aufwendet, um die Leistung zu erhalten, jedoch abzüglich der Umsatzsteuer" definiert (§ 10 Abs. 1 S. 2 UStG).

Merke:
Da sich die Umsatzsteuer nach dem Entgelt, also der Gegenleistung, bemißt, ist der Wert der eigenen Leistung unmaßgeblich. Das Ent-

gelt ist auch dann Bemessungsgrundlage, wenn es dem objektiven Wert der bewirkten Leistung nicht entspricht.

Ausnahme:
Mindestbemessungsgrundlage für Leistungen, die ein Unternehmer an nahestehende Personen ausführt (vgl. § 10 Abs. 5 Nr. 1 UStG. und die Ausführungen in Abschn. VI dieses Kapitels).

II. Vom Preis zum Entgelt

1. Bürgerlich-rechtlicher Preis

Der bürgerlich-rechtliche Preis ist der Endpreis, der insgesamt zu bezahlen ist; er umfaßt bei steuerpflichtigen Umsätzen auch die Umsatzsteuer (Bruttopreis).

2. Das umsatzsteuerliche Entgelt

a) Steuerpflichtige Umsätze

Nach der gesetzlichen Definition (s.o.) ist das Entgelt der Nettopreis ohne USt. Die Umsatzsteuer ist daher aus dem bürgerlich-rechtlichen Preis herauszurechnen.

Beispiel:
Der Lebensmittelhändler L veräußert dem Kunden K eine Kiste Wein und stellt ihm folgende Rechnung aus:

15 Flaschen Wein a 7 DM	=	105,-- DM	(= Entgelt)
zuzüglich 14% USt	=	14,70 DM	(= USt)
insgesamt		119,70 DM	(= bürgerlich-rechtlicher Preis oder Bruttobetrag)

b) Steuerfreie Umsätze

Da bei steuerfreien Umsätzen keine Umsatzsteuer anfällt, entspricht der bürgerlich-rechtliche Preis bereits dem Entgelt bzw. der Bemessungsgrundlage.
Die Ermittlung der Bemessungsgrundlage für steuerfreie Umsätze hat für die laufende Besteuerung nur geringe Bedeutung.
Das UStG sieht jedoch in einigen Fällen die Berechnung des Gesamtumsatzes vor (z.B. Kleinunternehmer - § 19 Abs. 1 S. 2 i.V.m. § 19 Abs. 3 oder Versteuerung nach vereinnahmten Entgelten - § 20 Abs. 1 Nr. 1 UStG). Bei der Berechnung sind die steuerfreien Umsätze einzubeziehen.

III. Umfang der Bemessungsgrundlage

1. Grundsatz

Nach § 10 Abs. 1 S. 2 UStG ist Entgelt alles, was der Leistungsempfänger aufwendet, um die Leistung zu erhalten, jedoch abzüglich der USt.
Hier ist also die gleiche Frage bedeutsam, die bei der Prüfung des Leistungsaustausches zu stellen ist:

Besteht zwischen der Leistung des Unternehmers und der Gegenleistung ein wechselseitiger Zusammenhang, eine innere Verknüpfung?

Wird die Frage bejaht, so ist die gesamte Gegenleistung das Entgelt, **auch** die Beträge, die als **Auslagen und Kostenersatz** vom Unternehmer berechnet werden.
Kosten und Auslagenersatz sind beispielsweise Aufwendungen für den Einkauf und die Verpackung bei Warenlieferungen. Aber auch Auslagen für Reisekosten, Speisen, Porti, Fernsprechgebühren. Allgemein spricht man von Auslagen, wenn der Unternehmer Beträge für Rechnung eines anderen im eigenen Namen ausgegeben hat.

Beispiele:

1. Ein Notar erteilt folgende Kostenrechnung:

Gebühren	800,-- DM
Schreibauslagen	28,-- DM
Postgebühren	22,-- DM
	850,-- DM
+ USt (14 %)	119,-- DM
	969,-- DM

Lösung:
Das Entgelt beträgt 850 DM. Die berechneten Schreibauslagen und Postgebühren sind als Auslagen bzw. Kostenersatz Teile des umsatzsteuerlichen Entgelts.

2. Ein Fabrikant erteilt folgende Rechnung:

Lieferung Maschine	3.000,-- DM
Verpackungskosten	200,-- DM
Beförderungskosten +	300,-- DM
	3.500,-- DM
+ USt (14 %)	490,-- DM
	3.990,-- DM

Lösung:
In diesem Fall beträgt das Entgelt 3.500 DM (vgl. Abschn. 149 Abs. 3 S. 4 UStR).

2. Durchlaufende Posten

Durchlaufende Posten sind gem. § 10 Abs. 1 S. 4 UStG Beträge, die der Unternehmer **im Namen und für Rechnung eines anderen** vereinnahmt und verausgabt. Durchlaufende Posten gehören nicht zum Entgelt. Voraussetzung: Der Unternehmer wird nur als Mittelsperson tätig.
Entscheidend ist, daß durch die vermittelnde Hand des Unternehmers ein schuldrechtliches Verhältnis zwischen einem Zahlungsverpflichteten und einem Empfangsberechtigten zum Ausgleich kommt. Dies setzt grundsätzlich voraus, daß sich Verpflichteter und Empfänger namentlich (nicht: persönlich) kennen und die Höhe des gezahlten Betrages erfahren. Ob der Unternehmer den Betrag zuerst vereinnahmt und dann verausgabt oder umgekehrt, ist unerheblich. Die oben beschriebenen unmittelbaren Rechtsbeziehungen zwischen Verpflichtetem und Empfänger (Name und Höhe des gezahlten Betrages sind bekannt) müssen allerdings bei Gebühren und Auslagen, die

Rechtsanwälte und Notare, Angehörige verwandter Berufe, Behörden und ähnlichen Stellen für ihre Auftraggeber auslegen, nicht gegeben sein. Diese Beträge können als durchlaufende Beträge anerkannt werden, wenn die Gebühren und Auslagen nach Gebührenordnungen berechnet werden, die den Auftraggeber als Schuldner bestimmen (vgl. Abschn. 152 Abs. 2 UStR).

Beispiele:

1. Ein Rechtsanwalt verauslagt im Namen und für Rechnung seines Klienten einen Gerichtskostenvorschuß und erhält ihn später vom Auftraggeber zurück.

2. Ein Architekt verauslagt beim Bauamt im Namen und für Rechnung seines Bauherrn Gebühren für eine Baugenehmigung und erhält den Betrag später von seinem Auftraggeber zurück.

3. Der Käufer eines Pkw schließt durch die Vermittlung des Kfz-Händlers mit einer Versicherungsgesellschaft einen Versicherungsvertrag (Haftpflichtversicherung) hinsichtlich des gekauften Fahrzeuges. Wird die Prämie über den Kfz-Händler gezahlt, so ist die Prämie für diesen ein durchlaufender Posten, der nicht zum Entgelt zählt.

3. Tausch und tauschähnlicher Umsatz

Bei einem Tausch besteht das **Entgelt für** eine **Lieferung** (bzw. Werklieferung) **in** einer **Lieferung** (bzw. Werklieferung), § 3 Abs. 12 S. 1 UStG. Von einem **tauschähnlichen Umsatz** ist die Rede, wenn als **Entgelt für** eine **sonstige Leistung eine Lieferung** (bzw. Werklieferung) **oder sonstige Leistung** erbracht wird. Damit liegt auch ein tauschähnlicher Umsatz vor, wenn das Entgelt für eine Lieferung in einer sonstigen Leistung besteht, § 3 Abs. 12 S. 2 UStG.
Werden Wertunterschiede zwischen Leistung und Gegenleistung durch zusätzliche Barzahlung ausgeglichen, so bezeichnet man diese zusätzliche Geldzahlung als "Baraufgabe"(= Zuzahlung).
Auch bei einem Tausch bzw. einem tauschähnlichen Umsatz gilt für die Bestimmung des Entgelts § 10 Abs. 1 S. 2 UStG, nämlich alles, was der Leistungsempfänger aufwendet, um die Leistung zu erhalten. Es stellt sich nur die Frage, mit welchem Wert die Gegenleistung (sprich: das Entgelt) anzusetzen ist.
Die Antwort finden Sie in § 10 Abs. 2 S. 2 UStG:

Der **Wert jedes Umsatzes** ist als **Entgelt für den anderen Umsatz** zu Grunde zu legen. "Wert" ist dabei der gemeine Wert i. S. d. § 9 BewG. Er wird durch den **Preis** bestimmt, der im gewöhnlichen Geschäftsverkehr nach der Beschaffenheit des Wirtschaftsgutes bei einer Veräußerung zu erzielen wäre.
Der gemeine Wert enthält als Einzelveräußerungspreis die Umsatzsteuer, sie ist für Zwecke der Entgeltsberechnung abzuziehen.

Beispiele:
1. Ein Möbelhändler liefert einem Radiohändler einen Schrank zum Einzelveräußerungspreis von 1.710 DM und erhält als Gegenleistung vereinbarungsgemäß von dem Radiohändler die Lieferung eines Radiogeräts zum Einzelveräußerungspreis von 1.368 DM. Ein Barausgleich wird durch den Radiohändler nicht geleistet. Im übrigen sind die Tatbestandsmerkmale des § 1 Abs. 1 Nr. 1 UStG erfüllt.

Lösung:
Es liegen zwei selbständig zu beurteilende Lieferungen vor:
1. die Lieferung des Schranks durch den Möbelhändler und
2. die Lieferung des Radiogeräts durch den Radiohändler.

zu 1.: Der Möbelhändler erhält als Gegenleistung die Lieferung des Radiogeräts. Es handelt sich somit um einen Tausch (§ 3 Abs. 12 S. 1 UStG). Nach § 10 Abs. 1 S. 2 i.V.m. Abs. 2 S. 2 UStG ist die Gegenleistung mit dem gemeinen Wert des erhaltenen Radios anzusetzen, das sind 1.368 DM. In diesem Betrag ist aber die Umsatzsteuer noch enthalten. Die Lieferung des Schranks unterliegt dem Regelsteuersatz von 14 % (§ 12 Abs. 1 UStG). Mithin ist die Umsatzsteuer von 168 DM herauszurechnen, das Entgelt beträgt somit 1.200 DM.

zu 2.: bei gleicher Begründung ergibt sich für den Radiohändler eine erhaltene Gegenleistung von 1.710 DM. Das Entgelt beträgt bei einem Steuersatz von 14 v.H. 1.500 DM.

2. Ein selbständiger Kfz-Mechaniker repariert den Lieferwagen eines Lebensmitteleinzelhändlers, ohne dabei Hauptstoffe zu verwenden. Vereinbarungsgemäß übergibt ihm der Einzelhändler einen Korb mit Lebensmitteln. Die Lebensmittel sind sämtlich in der Anlage zu § 12 Abs. 2 Nr. 1 und 2 aufgeführt. Der Kfz-Mechaniker hätte üblicherweise für seine Arbeit einen Preis von 228 DM berechnet, der Einzelverkaufspreis für den Lebensmittelkorb beträgt ebenfalls 228 DM. Die übrigen TBM des § 1 Abs. 1 Nr. 1 UStG sind erfüllt.

Lösung:
Auch in diesem Beispiel liegen zwei selbständig zu beurteilende Leistungen vor, nämlich eine Werkleistung des Kfz-Mechanikers und eine Lieferung des Lebensmitteleinzelhändlers.

a) zur Werkleistung:
Die Gegenleistung besteht in einer Lieferung, es handelt sich um einen tauschähnlichen Umsatz - § 3 Abs. 12 S. 2 UStG. Für die Besteuerung ist der gemeine Wert der erhaltenen Lieferung zu Grunde zu legen, das sind 228 DM (§ 10 Abs. 1 S. 2 und Abs. 2 S. 2 UStG). Die Werkleistung ist mit 14 % zu versteuern,

so daß noch 28 DM USt aus der Gegenleistung herauszurechnen sind. Es ergibt sich also ein Entgelt von 200 DM.

b) zur Lieferung:
Auch die Lieferung erfolgt im Rahmen eines tauschähnlichen Umsatzes, da der Lebensmitteleinzelhändler eine Gegenleistung in Form einer Werklieferung (= sonstige Leistung) erhält. Die Gegenleistung ist mit 228 DM zu bewerten. Da die Lieferung von Gegenständen lt. Anlage zu § 12 UStG nur dem ermäßigten Steuersatz von 7 % unterliegt, darf die Umsatzsteuer zur Berechnung des Entgelts nur mit 14,91 DM herausgerechnet werden. Das Entgelt beträgt somit 213,09 DM.

3. Ein Kfz.-Händler liefert an einen Fabrikanten einen neuen Dienstwagen (Preis: 25.000,-- DM). Er nimmt den alten Dienstwagen in Zahlung. Zum Ausgleich des Minderwertes (gemeiner Wert des alten Dienstwagens: 10.000,-- DM) muß der Fabrikant 15.000,-- DM zuzahlen, § 1 Abs. 1 Nr. 1 UStG ist im übrigen erfüllt.

Lösung:
a) Der Kfz-Händler liefert als Grundgeschäft den Neuwagen. Es handelt sich um einen Tausch mit Baraufgabe. Die Gegenleistung beläuft sich gem. § 10 Abs. 1 S. 2 i.V.m. Abs. 2 S. 2 UStG auf:

Gemeiner Wert des Altwagens	10.000,-- DM
zzgl. Baraufgabe	15.000,-- DM
Gegenleistung somit	25.000,-- DM

Der Steuersatz beträgt 14 %, die Umsatzsteuer ist also mit 3.070,18 DM herauszurechnen. Es ergibt sich ein Entgelt von 21.929,82 DM.

b) Der Fabrikant liefert den Gebrauchtwagen als Hilfsgeschäft. Bei der Ermittlung der Bemessungsgrundlage für seinen Umsatz ist zu beachten, daß er eine Baraufgabe leistet. Er erhält für seinen Gebrauchtwagen wohl einen Neuwagen im Werte von 25.000 DM, muß aber seinerseits 10.000 DM zusätzlich aufbringen. Diese Baraufgabe ist mindernd zu berücksichtigen:

Gemeiner Wert des Neuwagens	25.000,-- DM
./. Baraufgabe	15.000,-- DM
Wert der erhaltenen Gegenleistung	10.000,-- DM

Bei einem Steuersatz von 14 % ist die Umsatzsteuer mit 1.228,07 DM herauszurechnen, das Entgelt beträgt 8.771,93 DM.

Zusammenfassung:

Bei Tausch und tauschähnlichem Umsatz bestimmt der (gemeine) Wert der Gegenleistung die Bemessungsgrundlage (Entgelt) für den eigenen Umsatz. Eine Baraufgabe ist bei dem Geldempfänger entgeltserhöhend, bei dem Zahlenden entgeltsmindernd zu berücksichtigen. Wie bei den Fällen, in denen das Entgelt ausschließlich in einem Geldbetrag besteht, ist auch hier aus dem gemeinen Wert **die selbst geschuldete USt** herauszurechnen.

4. Berechnunsgmethoden

Oft und insbesondere bei Bargeschäften, beim Tausch und bei tauschähnlichen Umsätze ist nur die gesamte Gegenleistung bekannt. Da die vom leistenden Unternehmer geschuldete Umsatzsteuer nicht zum Entgelt gehört, ist sie aus der Gegenleistung herauszurechnen. Zu diesem Zweck bedient man sich bei der praktischen Arbeit zweier Berechnunsgmethoden.

a) Anwendung von Multiplikatoren zur Ermittlung der Umsatzsteuer

Die Umsatzsteuer wird immer mit einem festen Prozentsatz des Entgelts berechnet, so daß sich folgende Formeln ergeben:

	Regelsteuersatz 14 %	ermäßigter Steuersatz 7 %
Nettopreis = Entgelt	100	100
Umsatzsteuer	14	7
Bruttopreis oder Gegenleistung	114	107

Ausgehend von der Gegenleistung beträgt die Umsatzsteuer also:

$$\frac{100 \times 14}{114} = 12{,}28\ \% \qquad \frac{100 \times 7}{107} = 6{,}54\ \%$$

Beispiele:
Kommen wir noch einmal auf die Beispiele zum Tausch bzw. tauschähnlichen Umsatz zurück:

1. Möbelhändler - Radiohändler

a) Der Möbelhändler erhält als Gegenleistung einen Radioapparat im Werte von 1.368 DM. Bei Anwendung des für den Regelsteuersatz gültigen Multiplikators ergibt sich eine Umsatzsteuer von 12,28 % von 1.368 DM = 168 DM. Gegenleistung (1.368 DM) abzüglich USt (168 DM) führt zum Entgelt = 1.200 DM.

b) Der Radiohändler bekommt eine Gegenleistung von 1.710 DM, der Multiplikator beträgt auch hier 12,28 %.

Gegenleistung	1.710 DM
./. darin enthaltene USt (12,28 %)	210 DM
Entgelt	1.500 DM

2. Kfz-Mechaniker - Lebensmitteleinzelhändler

a) Der Wert der Gegenleistung für die Werkleistung des Kfz-Mechanikers beläuft sich auf 228 DM. Für die Berechnung des Entgelts ist der Multiplikator für den Umsatzsteuersatz zu nehmen, der auf die Werkleistung anzuwenden ist, also 12,28 %.

b) Da die Lieferung des Lebensmitteleinzelhändlers dem ermäßigten Steuersatz unterliegt, ist die USt mit dem Multiplikator 6,54 aus der Gegenleistung von 228 DM herauszurechnen.

	Kfz-Mechaniker		Einzelhändler
Gegenleistung	228 DM		228,-- DM
./. darin enthaltene USt 12,28%	28 DM	6,54 %	14,91 DM
Entgelt	200 DM		213,09 DM

3.

Kfz-Händler

Gegenleistung	25.000,-- DM
./. USt 12,28 %	3.070,18 DM
Entgelt	21.929,82 DM

Fabrikant

Gegenleistung	10.000,-- DM
./. USt 12,28 %	1.228,07 DM
Entgelt	8.771,93 DM

b) Anwendung von Divisoren zur Ermittlung des Entgeltes

Bei dieser Methode wird die Gegenleistung durch einen Divisor geteilt. Als Berechnungsergebnis erhält man das Entgelt.
Je nach Steuersatz gelten für die Ermittlung der Divisoren folgende Formeln:

	Regelsteuersatz 14 %	ermäßigter Steuersatz 7 %
Nettopreis = Entgelt	100	100
Umsatzsteuer	14	7
Bruttopreis oder Gegenleistung	114	107

Ausgehend von der Gegenleistung beträgt das Entgelt also:

$$\frac{114 \text{ X } 100}{114} = \frac{114}{1,14} \qquad \frac{107 \text{ X } 100}{107} \quad \frac{107}{1,07}$$

somit ergibt sich jeweils ein Divisor von

1,14 1,07

Auch dieses Verfahren soll an den obigen Beispielen erprobt werden:

1.

	Möbelhändler	Radiohändler
Gegenleistung	1.368 DM	1.710 DM
Divisor 1,14 = Entgelt ./.	1.200 DM	./. 1.500 DM
Umsatzsteuer	168 DM	210 DM

2.

	Kfz-Mechaniker		Einzelhändler
Gegenleistung	228 DM		228,-- DM
Divisor 1,14 ./.	200 DM	Divisor 1,07 ./.	213.09 DM
Umsatzsteuer	28 DM		14,91 DM

3.

Kfz-Händler		Fabrikant	
Gegenleistung	25.000,-- DM	Gegenleistung	10.000,-- DM
Entgelt (:1,14)	21.929,82 DM	Entgelt (:1,14)	8.771,93 DM
Umsatzsteuer	3.070,18 DM	Umsatzsteuer	1.228,07 DM

IV. Die Mindestbemessungsgrundlage

In Kap. A III 1 (s.S. 5 ff) wurde bereits erläutert, daß auch der Eigenverbrauch und die unentgeltlichen Leistungen von Gesellschaften und Personenvereinigungen an ihre Gesellschafter als steuerbare Umsätze grundsätzlich der Umsatzsteuer unterliegen. Nun wäre es denkbar, daß diese Vorschrift dadurch umgangen wird, daß der Unternehmer (Einzelunternehmer oder Gesellschaft) für seine Leistung ein "Mini-Entgelt", etwa die symbolische "1 Mark" vereinbart. Damit wäre Entgeltlichkeit i.S.d. § 1 Abs. 1 Nr. 1 UStG gegeben und für einen Ersatztatbestand kein Raum mehr.

Diese Gefahr sah auch der Gesetzgeber. Deshalb bestimmt § 10 Abs. 5 UStG, daß bei Lieferungen und sonstigen Leistungen an nahestehende Personen unter bestimmten Voraussetzungen mindestens die Bemessungsgrundlage anzusetzen ist, die für einen vergleichbaren Eigenverbrauchstatbestand gilt.

Unter diese Vorschrift fallen drei Tatbestände:

Lieferungen und sonstige Leistungen von

Gesellschaften, Personenvereinigungen und Gemeinschaften	Einzelunternehmern	Arbeitgebern
an	an	an
Anteilseigner, Gesellschafter und Teihaber oder diesen nahestehende Personen	nahestehende Personen	Arbeitnehmer oder deren Angehörige

wenn

das Entgelt für die Lieferung oder sonstige Leistung niedriger ist als der Einkaufspreis oder - falls ein Einkaufspreis nicht festgestellt werden kann - niedriger als die Selbstkosten im Zeitpunkt der Leistung ist.

Treffen die Tatbestandsmerkmale zu, muß der Umsatz unabhängig von dem tatsächlich vereinbarten Entgelt mit dem Einkaufspreis (netto) oder mangels eines Einkaufspreises mit den Selbstkosten versteuert werden.

Als nahestehende Personen sind Angehörige i.S.d. § 15 AO (Ehegatte, Verlobte(r), Verwandte und Verschwägerte gerader Linie, Geschwister, Kinder der Geschwister, Ehegatten der Geschwister und Geschwister der Ehegatten, Geschwister der Eltern, Pflegeeltern und Pflegekinder), sowie andere Personen und Gesellschaften anzusehen, zu denen der Unternehmer, Anteilseigner u.s.w. eine enge rechtliche, wirtschaftliche oder persönliche Beziehung hat.

Beispiele:

1. Frau V. ist Eigentümerin eines Mietwohngrundstücks in Düsseldorf. Das Erdgeschoß mit einer Fläche von 150 qm hat sie für monatlich 1.000 DM an ihre Tochter M. vermietet. M. ist Raumausstatterin und nutzt die gemieteten Räume für ihr Unternehmen. V hat für diesen Umsatz zur Umsatzsteuer optiert. Die übrigen Etagen des Gebäudes sind als Wohnungen zu ortsüblichen Mieten vermietet. Sie stellen fest, daß sich die Kosten für den Unterhalt des Gebäudes auf 10 DM/qm belaufen.

Lösung:
Frau V. führt mit der Vermietung sonstige Leistungen im Leistungsaustausch aus. Diese sonstigen Leistungen sind steuerbar, aber nach § 4 Nr. 12 UStG grundsätzlich steuerbefreit. Hinsichtlich der Vermietung des Erdgeschosses hat Frau V. wirksam optiert. Tochter M ist eine nahestehende Person. Die von ihr zu zahlende Miete (= 1.000 DM) liegt betragsmäßig aber unter den auf die gemieteten Räume entfallenden Selbstkosten (150 qm x 10 DM = 1.500 DM). Frau V. muß daher die Mindestbemessunsgrundlage (§ 10 Abs. 5 Nr. 1 UStG) beachten. Die Umsatzsteuer beträgt 14 % (§ 12 Abs. 1 UStG) von 1.500 DM, also 210 DM.

2. Die Ganymed Autohandelsgesellschaft mbH mit Sitz in Hamburg veräußert an einen ihrer Gesellschafter am 3. Juli 1990 einen Pkw. Der Gesellschafter nutzt diesen Pkw ausschließlich für private Zwecke. Der Kaufpreis wird mit 20.000 DM vereinbart. Anfang Juli 1990 beträgt der Einkaufspreis für diesen Wagen 30.000 DM zzgl. 4.200 DM USt.

Lösung:
Die GmbH liefert den Pkw im Leistungsaustausch an ihren Gesellschafter. Daher ist das Entgelt von 17.743,86 DM (20.000 : 1,14) mit dem Einkaufspreis (netto) im Zeitpunkt der Lieferung = 30.000 DM zu vergleichen. Da das Entgelt für die Lieferung niedriger als der Einkaufspreis ist, entsteht für die GmbH eine Umsatzsteuer von 30.000 x 14 % = 4.200 DM (§ 10 Abs. 5 Nr. 1 UStG).

3. Elisabeth A. ist angestellte Verkäuferin bei dem Lebensmittelhändler Krämer (K). Vor den Osterfeiertagen 1990 tätigt sie bei ihrem Arbeitgeber einen größeren Einkauf. K verlangt für die Waren lediglich 100 DM.
Frau A. hat dabei Spirituosen, für die K einen Einkaufspreis von 91,20 DM hätte aufwenden müssen, sowie einen Hummer (Einkaufspreis des K 44,80 DM) und Fleisch bzw. Früchte (Einkaufspreis des K 85,60 DM) erworben.

Lösung:
Die entgeltliche Lieferung des K erfolgt an eine Arbeitnehmerin. Es ist zu prüfen, ob die Mindestbemessungsgrundlage nach § 10 Abs. 5 Nr. 2 UStG anzusetzen ist. Die Einkaufspreise (netto) für die veräußerten Waren betragen:

- Spirituosen:	91,20 : 1,14 = 80 DM	(kein ermäßigter Steuersatz);
- Hummer:	44.80 : 1,14 = 40 DM	(kein ermäßigter Steuersatz);
- Fleisch und Früchte:	85,60 : 1,07 = 80 DM	(ermäßigter Steuersatz gem. Nr. 2 und 11 der Anlage zu § 12 UStG)
Gesamtbetrag	200 DM.	

Die Gegenleistung ist mit 100 DM bereits geringer als die Einkaufspreise der gelieferten Waren. Somit beträgt die Umsatzsteuer:

	120 DM x 14 % =	16,80 DM	(§ 12 Abs. 1 UStG)
zzgl.	80 DM x 7 %=	5,60 DM	(§ 12 Abs. 2 Nr. 1 UStG)
		22,40 DM	

L. Eigenverbrauch

I. Allgemeines

Es wurde schon darauf hingewiesen (s. Kap. A III 1, S. 6), daß der "Eigenverbrauch" ein notwendiger Ergänzungstatbestand ist. Versorgt sich ein Unternehmer selbst aus seinem Unternehmen, fehlt es an einem Leistungsaustausch; der Verbrauch kann also über § 1 Abs. 1 Nr. 1 UStG nicht erfaßt werden.

Eigenverbrauch i. S. d. § 1 Abs. 1 Nr. 2 a u. 2 b UStG ist, allgemein formuliert, die tatsächliche **willentlich gesteuerte Wertabgabe** aus dem Unternehmen zu unternehmensfremden Zwecken (vgl. Abschn. 7 Abs. 1 S. 1 UStR). **Jeder** Unternehmer - also auch Gesellschaften und Personenvereinigungen aller Art - kann Eigenverbrauch bewirken; es ist nicht Voraussetzung, daß er eine "private" Sphäre hat, sondern nur, daß "Zwecke außerhalb des Unternehmens" verfolgt werden.

Die Unterscheidung "außerhalb des Unternehmens" - "im Rahmen des Unternehmens" spielt insbesondere dann eine Rolle, wenn Dritte beteiligt sind. Eigenverbrauch kann nämlich nicht nur dem Unternehmer selbst, sondern auch Dritten zugute kommen. Andererseits kann der Unternehmer auch unentgeltliche - und damit nach § 1 Abs. 1 Nr. 1 UStG nicht steuerbare - Leistungen zu **eigenen** unternehmerischen Zwecken an Dritte erbringen. Maßgeblich für die Entscheidung, ob Eigenverbrauch oder unentgeltliche, nicht steuerbare Leistung vorliegt, ist der Zweck ("innerhalb oder außerhalb des Unternehmens).

1. Zwecke außerhalb des Unternehmens

Bei einem Einzelunternehmer ist dies der gesamte private Lebensbereich des Unternehmers (z. B. Privatwohnung, Familie, Freunde, Vergnügungen). Zwecke außerhalb des Unternehmens liegen - wie bereits dargestellt - auch vor, wenn nicht der eigene private Lebensbereich des Unternehmers angesprochen wird, sondern auch, wenn der Unternehmer unentgeltliche Leistungen aus persönlichen Gründen an ihm nahestehende Personen, (Angehörige, Verwandte, Freunde) erbringt.

Beispiele:
1. Eine Fernsehhändlerin schenkt ihrer Tochter zum Geburtstag ein Farbfernsehgerät, das sie ihrem Lager entnimmt.

Gegenstandseigenverbrauch - § 1 Abs. 1 Nr. 2 a UStG

2. Ein Möbelfabrikant überläßt den zu seinem Unternehmen gehörenden Dienstwagen seinem Sohn für eine Urlaubsreise.

Leistungseigenverbrauch - § 1 Abs. 1 Nr. 2 b UStG

3. Ein Grundstückseigentümer überläßt in einem ansonsten vermieteten Haus seinem Bruder unentgeltlich ein Büro.

In diesem Fall liegt Leistungseigenverbrauch auch dann vor, wenn der Bruder das Büro zu eigenen unternehmerischen Zwecken nutzt. Der Grund für die Unentgeltlichkeit liegt - bis zum Beweis des Gegenteils - in der familiären Bindung.

Da also der Eigenverbrauchstatbestand die Begünstigung Dritter einschließt, kann auch bei Gesellschaften (Kapitalgesellschaften und Personengesellschaften) bzw. anderen Personenvereinigungen ein Zweck außerhalb des Unternehmens vorliegen.

Beispiele:
1. Eine GmbH überläßt einem Gesellschafter den Lieferwagen für einen privaten Umzug.

Leistungseigenverbrauch - § 1 Abs. 1 Nr. 2 b UStG

2. Eine Kommanditgesellschaft hat den Betrieb einer Baumschule als Gesellschaftszweck. Ein bei ihr angestellter Gärtner gestaltet während seiner Arbeitszeit den Garten des persönlich haftenden Gesellschafters. Dabei werden Bäume und Sträucher aus dem Bestand der Baumschule eingepflanzt.

Gegenstands- bzw. Leistungseigenverbrauch - § 1 Abs. 1 Nr. 2 a bzw. b UStG.

2. Der Eigenverbrauch und Vorsteuerabzug

Die Besteuerung des Eigenverbrauchs bewirkt, daß der Vorteil aus einem etwaigen Vorsteuerabzug rückgängig gemacht wird. Sie ist jedoch grundsätzlich nicht davon abhängig, ob überhaupt ein Vorsteuerabzug gewährt wurde.

Allerdings hat der Europäische Gerichtshof (EuGH) mit Urteil vom 27. Juni 1989 entschieden, daß Abschreibungsbeträge dann nicht als Kostenbestandteil der Eigenverbrauchsbesteuerung unterliegen dürfen, wenn der Unternehmer den Pkw "von privat" erworben hat und deshalb Vorsteuerbeträge nicht geltend machen konnte. Während die Finanzverwaltung dieses Urteil nur auf vergleichbare Sachverhalte anwendet (s. Erlaß des BMF vom 29. Dezember 1989, BStBl. 1990 I S. 35) hat u.a. das FG München entschieden, daß sämtliche Kosten, für die Vorsteuern nicht in Anspruch genommen wurden, von der Eigenverbrauchsbesteuerung ausgenommen sind. Gegen dieses Urteil hat das Finanzamt Revision eingelegt; die Entscheidung des BFH steht noch aus.

II. Die Eigenverbrauchstatbestände des § 1 Abs. 1 Nr. 2 UStG

1. Eigenverbrauch nach § 1 Abs. 1 Nr. 2 a UStG

a) Voraussetzungen

§ 1 Abs. 1 Nr. 2 a UStG erfaßt die Fälle, in denen ein Unternehmer seinem Unternehmen Gegenstände für Zwecke entnimmt, die außerhalb des Unternehmens liegen (Entnahmeeigenverbrauch). Dieser Vorschrift unterliegen nur solche Gegenstände, die auch Gegenstand einer Lieferung (oder Werklieferung) sein können.

Entsprechend der Formulierung im Gesetz "... aus seinem Unternehmen..." kann ein Gegenstand nur entnommen werden, wenn er vor der Entnahme zum Unternehmen gehört hat.

Die Zuordnung zum Unternehmen richtet sich nicht nach den bilanzrechtlichen Merkmalen, insbesondere nicht nach der Einordnung als Betriebs- oder Privatvermögen. Maßgebend ist allein, ob der Unternehmer den Gegenstand dem unternehmerischen oder dem nichtunternehmerischen Tätigkeitsbereich zugewiesen hat. Der Erwerb eines Gegenstandes für von vornherein außerunternehmerische Zwecke begründet folglich keinen Eigenverbrauch, da der Gegenstand dem Unternehmen nicht zugeordnet und somit auch nicht daraus entnommen werden kann. In diesem Fall ergibt sich die zutreffende Belastung

des Endverbrauchs durch die Versagung des Vorsteuerabzugs gem. § 15 Abs. 1 UStG. (Einzelheiten werden im Kap. M "Vorsteuerabzug" besprochen.)
Allerdings begründet nicht jede Überführung eines Gegenstands aus dem Unternehmen in die außerunternehmerische Sphäre einen Eigenverbrauch. Vielmehr ist entscheidend, ob und wann der Unternehmer subjektiv auch den Willen hat, den Gegenstand endgültig im "Privatbereich" zu belassen (Entnahmewille).

Beispiele:
1. Ein Radioeinzelhändler nimmt nach Geschäftsschluß ein Radiogerät aus seinem Ladengeschäft mit in seine Privatwohnung, um es
a) technisch zu prüfen,
b) dort einem Kunden zu geben, der es in der Wohnung abholen will,
c) auf Dauer in der eigenen Wohnung zu nutzen.

Lösung:
Nur im Fall c) liegt Eigenverbrauch nach § 1 Abs. 1 Nr. 2 a UStG vor.

2. Ein Uhrmachermeister entnimmt seinem Ladengeschäft eine Uhr, um sie seiner Mutter zu schenken.

Lösung:
Eigenverbrauch nach § 1 Abs. 1 Nr. 2 a UStG.

3. Ein Kfz-Meister repariert unter Verwendung wesentlicher Teile in seinem Unternehmen unentgeltlich den Pkw seines Bruders.

Lösung:
Es handelt sich um eine Werklieferung (§ 3 Abs. 4 UStG). Gegenstand dieses Eigenverbrauchs nach § 1 Abs. 1 Nr. 2 a UStG ist demnach das "fertige Werk", die Reparatur.

4. Ein Mineralölhändler entnimmt dem Büro seines Unternehmens eine dort gebrauchte Schreibmaschine, um sie seinem Sohn zu schenken.

Lösung:
Eigenverbrauch nach § 1 Abs. 1 Nr. 2 a UStG. Unmaßgeblich ist dabei, daß es sich um ein Inventarstück handelt. Eigenverbrauch kann also auch mit Gegenständen bewirkt werden, mit denen der Unternehmer nicht handelt.

5. Ein Bauunternehmer, der auch schlüsselfertige Einfamilienhäuser errichtet, baut für sich ein privates eigengenutztes Einfamilienhaus. Dabei beauftragt er auch andere Unternehmer (Subunternehmer).

Lösung:
Im Falle der entgeltlichen Leistung gegenüber einem Dritten würde es sich um eine Werklieferung (§ 3 Abs. 4 UStG) handeln. Gegenstand dieses Eigenverbrauchs nach § 1 Abs. 1 Nr. 2 a UStG ist also das fertige Werk (= schlüsselfertiges Einfamilienhaus).

6. Ein Elektroeinzelhändler, dem auch ein zu seinem Privatvermögen gehörendes Mehrfamilienhaus gehört, entnimmt seinem Einzelhandel einige Glühbirnen, um damit defekte Glühbirnen im Keller und im Treppenhaus seines Mehrfamilienhauses zu ersetzen.

Lösung:
Es handelt sich nicht um Eigenverbrauch, da das Mehrfamilienhaus zu seinem Unternehmen zählt (sog. nicht steuerbarer Innenumsatz).

7. Ein Heizungstechniker läßt durch einen seiner Monteure während dessen betrieblich bezahlter Arbeitszeit die Heizung in seinem privaten Einfamilienhaus. Der Monteur braucht dazu nur sein Werkzeug.

Lösung:
Im Falle der entgeltlichen Leistung gegenüber einem Dritten würde es sich um eine Werkleistung (= sonstige Leistung nach § 3 Abs. 9 UStG) handeln, so daß kein Eigenverbrauch nach § 1 Abs. 1 Nr. 2 a, sondern nach § 1 Abs. 1 Nr. 2 b UStG vorliegt.

b) Zeitpunkt des Eigenverbrauchs

Der Zeitpunkt richtet sich nach den Handlungen des Unternehmers, durch welche die Entfernung aus dem unternehmerischen Bereich hinreichend zum Ausdruck kommt. Es muß also geprüft werden, wann - aus der Sicht eines sachkundigen Dritten - sich der tatsächliche Vorgang der Entnahme vollzieht.

c) Ort des Eigenverbrauchs

Der Ort des Eigenverbrauchs bestimmt sich danach, wo der tatsächliche Vorgang der Entnahme sich vollzieht (i.d.R. am Sitz des Unternehmens). § 3 Abs. 6 UStG kann sinngemäß angewendet werden, nicht jedoch § 3 Abs. 7 UStG (anderer Meinung Abschn. 7 Abs. 2 UStR, wonach der Ort des Eigenverbrauchs dort ist, wo die entsprechende Lieferung ausgeführt würde), denn der Unternehmer entnimmt immer für sich selbst. Das gilt auch dann, wenn der Gegenstand einem Dritten geschenkt wird. Zunächst entnimmt **der Unternehmer** in seinen außerunternehmerischen Bereich und dort erst erfolgt die etwaige Weitergabe an eine andere Person. Wenn somit die sinngemäße Anwendung des § 3 Abs. 7 UStG ausgeschlossen ist, kann auch die Sondervorschrift des § 3 Abs. 8 UStG in den Fällen des Entnahmeeigenverbrauchs nicht angewendet werden.

Beispiel:
Ein Antiquitätenhändler mit Sitz in Berlin hat in seinem Warenlager eine Porzellanpuppe. Er verpackt die Porzellanpuppe als Geburtstagsgeschenk und schickt sie per Post an seinen in Paris studierenden Sohn. Der Vater läßt in der Zollerklärung die Puppe für sich zum freien Verkehr abfertigen und entrichtet die französische Einfuhrumsatzsteuer.

Lösung:
Es handelt sich um einen Eigenverbrauch nach § 1 Abs. 1 Nr. 2 a UStG, denn die Puppe (= Unternehmensgegenstand) wird für Zwecke entnommen, die außerhalb des Unternehmens liegen (= Geburtstagsgeschenk für den Sohn). Der Eigenverbrauch wird (spätestens) mit der Aufgabe des Pakets vollzogen. Zu diesem Zeitpunkt befindet sich der Gegenstand im Erhebungsgebiet (sinngemäße Anwendung des § 3 Abs. 6 UStG) Da es sich nicht um eine Versendungs**lieferung** handelt, ist § 3 Abs. 8 UStG nicht anwendbar.

2. Eigenverbrauch nach § 1 Abs. 1 Nr. 2 b UStG

a) Voraussetzungen

Bei diesem Eigenverbrauchs-Tatbestand werden ausdrücklich **sonstige Leistungen** der in § 3 Abs. 9 UStG bezeichneten Art besteuert, die der Unternehmer im Rahmen seines Unternehmens für Zwecke ausführt, die außerhalb seines Unternehmens liegen. Erfaßt werden sollen nicht etwa nur Leistungen an Dritte (wie der Gesetzeswortlaut annehmen lassen kann), sondern Nutzungs- und Leistungsentnahmen jeder Art. Umsatzsteuer entsteht aber nur, wenn Kosten dafür angefallen sind.
Hauptanwendungsbereich ist die außerunternehmerische Verwendung von Gegenständen, die ansonsten dem Unternehmen dienen. Dabei ist es allerdings unerheblich, ob der Gegenstand dem Unternehmer gehört oder ob er ihm aufgrund eines Miet-, Pacht- oder ähnlichen Vertrages zur Nutzung überlassen wurde (vgl. Abschn. 9 Abs. 2 S. 3 UStR).

Beispiele:
1. Ein Unternehmer hat - da sein Auto wegen einer größeren Reparatur für einen längeren Zeitraum nicht zur Verfügung steht - einen Pkw gemietet. Er nutzt diesen Pkw auch für private Fahrten.

Lösung:
Es handelt sich nicht um eine Entnahme des Pkw, da er zum einen nach der privaten Nutzung wieder unternehmerischen Zwecken dient und zum anderen nicht im Eigentum des Unternehmers steht. Die Nutzung ist vielmehr eine sonstige Leistung und fällt unter § 1 Abs. 1 Nr. 2 b UStG.

2. Der Unternehmer nutzt eine Wohnung im eigenen Mehrfamilienhaus für eigene Wohnzwecke (oder überläßt diese Wohnung unentgeltlich der Mutter, dem Bruder etc.)

Lösung:
Die Nutzung (oder Überlassung zur Nutzung durch andere) ist ein Eigenverbrauch nach § 1 Abs. 1 Nr. 2 b UStG.

3. Ein selbständiger Architekt läßt durch seine Mitarbeiter für seine Schwester unentgeltlich eine Bauzeichnung anfertigen.

Lösung:
Es handelt sich um eine Werkleistung (= sonstige "geistige" Leistung), die unentgeltlich erbracht wird. Somit Eigenverbrauch nach § 1 Abs. 1 Nr. 2 b UStG.

4. Eine Ärztin behandelt in ihrer Praxis unentgeltlich ihre Tochter; dabei verwendet sie u. a. ein Bestrahlungsgerät.

Lösung:
Im Falle der Entgeltlichkeit würde es sich um eine Dienstleistung (= sonstige Leistung) handeln. Somit Eigenverbrauch nach § 1 Abs. 1 Nr. 2 b UStG.

5. Ein Fabrikant läßt durch seinen Betriebselektriker seine in der Privatwohnung befindliche defekte Waschmaschine reparieren. Der Elektriker wird während seiner betrieblich bezahlten Arbeitszeit tätig. Zur Reparatur verwendet er dem Betrieb entnommene unwesentliche Teile.

Lösung:
Im Fall der entgeltlichen Leistung gegenüber einem Dritten würde es sich um eine Werkleistung (= sonstige Leistung) handeln, so daß Eigenverbrauch nach § 1 Abs. 1 Nr. 2 b UStG vorliegt.

Wichtig:
Nach dem auch für den Eigenverbrauch geltenden Grundsatz der Einheitlichkeit der Leistung (ein wirtschaftlich einheitlicher Vorgang darf nicht aufgeteilt werden) sind in diesen Eigenverbrauch auch die verwendeten Nebenstoffe einzubeziehen. Hinsichtlich der verwendeten unwesentlichen Teile liegt also keinesfalls ein (eigenständiger) Eigenverbrauch nach § 1 Abs. 1 Nr. 2 a UStG vor (vgl. Abschn. 8 Abs. 2 S. 2 - 4 UStR).

6. Ein Steuerberater fertigt handschriftlich seine eigene Einkommensteuererklärung. Dazu braucht er einen Bleistift und ein Erklärungsformular.

Lösung:
Einem fremden Dritten gegenüber würde es sich um eine sonstige Leistung nach § 3 Abs. 9 UStG handeln. Trotzdem liegt hier kein EV nach § 1 Abs. 1 Nr. 2 b UStG vor, da dem Unternehmer keine Kosten entstanden sind (vgl. insoweit § 10 Abs. 4 Nr. 2 UStG, wonach sich der Eigenverbrauch nach den bei der Ausführung des Umsatzes entstandenen Kosten bemißt). Die Entstehung solcher Kosten ist

Voraussetzung der Steuerbarkeit nach § 1 Abs. 1 Nr. 2 b UStG , da sonst keine Wertabgabe aus dem Unternehmen erfolgt.

Wichtig:
Eigenverbrauch nach § 1 Abs. 1 Nr. 2 b UStG ist also nur anzunehmen, wenn Kosten angefallen sind. Dabei bleiben nicht meßbare Kosten wie "Bleistiftabnutzung", "Abnutzung des Taschenrechners", "Papierverbrauch" etc. außer Betracht.

b) Zeitpunkt des Eigenverbrauchs

Die Ausführungen zum Zeitpunkt des Entnahmeeigenverbrauchs gelten entsprechend.

c) Ort des Eigenverbrauchs

Eine ausdrückliche Regelung über den Ort des Eigenverbrauchs enthält das Gesetz nicht. § 3 a Abs. 4 i.V.m. Abs. 3 UStG ist schon deshalb nicht anwendbar, weil es beim Eigenverbrauch des Unternehmers nicht auf den Empfänger ankommen kann. Dagegen ist dem Grundgedanken des § 3 a Abs. 1 UStG auch beim Eigenverbrauch nach § 1 Abs. 1 Nr. 2 b UStG Rechnung zu tragen. Auch dürfte m.E. § 3 a Abs. 2 UStG entsprechend anwendbar sein, denn er stimmt praktisch mit dem Ort des Verbrauchs überein.

Beispiele:
1. Ein Unternehmer mit Sitz in Köln verwendet den zum Unternehmen gehörenden Pkw für eine Urlaubsfahrt ins Außengebiet.

Lösung:
Im Falle der Entgeltlichkeit einem Dritten gegenüber würde es sich um die Vermietung eines Beförderungsmittels (= sonstige Leistung handeln). Somit liegt EV nach § 1 Abs. 1 Nr. 2 b UStG vor. Ort des Eigenverbrauchs ist nach § 3 a Abs. 1 Köln (somit steuerbar und steuerpflichtig).

2. Ein Radio- u. Fernsehhändler betreibt sein Geschäft in Aachen, wohnt jedoch in Belgien. Sein defektes privates Fernsehgerät wird in seiner Werkstatt durch seine Mechaniker repariert. Dabei werden nur unwesentliche Teile erneuert. Anschließend stellt der Unternehmer das Gerät wieder in seiner Privatwohnung in Belgien auf.

Lösung:
Im Falle der Entgeltlichkeit einem Dritten gegenüber würde es sich um eine Werkleistung (= sonstige Leistung) handeln. Ort des Eigenverbrauchs ist nach § 3 a Abs. 2 Nr. 3 c UStG Aachen.

c) Abgrenzung zwischen Gegenstandseigenverbrauch und Leistungseigenverbrauch

Scheidet der Gegenstand endgültig aus dem Unternehmen aus, liegt ein Gegenstandseigenverbrauch vor. Wird der Gegenstand nur vorübergehend unternehmensfremd verwendet, handelt es sich um Leistungseigenverbrauch.

3. Der Eigenverbrauch nach § 1 Abs. 1 Nr. 2 c UStG

Aufwendungen eines Unternehmers, die nach § 4 Abs. 5 Nrn. 1 - 7 und Abs. 7 EStG nicht als Betriebsausgaben behandelt werden dürfen, werden - mit Ausnahme der Geldgeschenke - ebenfalls als Eigenverbrauch besteuert.

Hinweis für die DDR:
Die nicht abziehbaren Ausgaben sind dort im Anhang 1 zum UStG aufgeführt.

§ 1 Abs. 1 Nr. 2 c UStG regelt also den sog. Aufwendungstatbestand. Voraussetzung ist auch hier, daß der Eigenverbrauch im Erhebungsgebiet stattfindet. Da auch in diesen Fällen eine ausdrückliche gesetzliche Ortsbestimmung fehlt, ist maßgebend, wo die Aufwendungen tatsächlich getätigt werden.

III. Anwendung der Steuerbefreiungsvorschriften

Aus dem Einleitungssatz zu § 4 UStG: "Von den unter **§ 1 Abs. 1 Nr. 1 bis 3** fallenden Umsätzen sind steuerfrei: ..." ergibt sich, daß auch Eigenverbrauchstatbestände steuerfrei bleiben können. Voraussetzung ist allerdings, daß der Eigenverbrauch im Katalog der steuerbefreiten Umsätze ausdrücklich aufgeführt ist oder dem vom Gesetzgeber verfolgten Zweck entspricht.

Beispiele:

1. Eine Zahnärztin behandelt unentgeltlich ihre Kinder.

Lösung:
Nach § 4 Nr. 14 UStG sind die **Umsätze** aus heilberuflicher Tätigkeit von der Umsatzsteuer befreit. Eigenverbrauch - in diesem Fall gem. § 1 Abs. 1 Nr. 2 a UStG - ist auch ein Umsatz (vgl. § 1 Abs. 1 UStG: "Der Umsatzsteuer unterliegen die folgenden Umsätze. ...").

2. Ein Bauunternehmer errichtet für private Zwecke ein Einfamilienhaus auf einem Betriebsgrundstück.

Lösung:
In diesem Fall sind zwei Eigenverbrauchstatbestände verwirklicht:
a) Hinsichtlich des Gebäudes liegt Eigenverbrauch nach § 1 Abs. 1 Nr. 2 a UStG vor, der mangels Befreiungsvorschrift auch steuerpflichtig ist;
b) durch die Bebauung zu privaten Zwecken verliert das Grundstück seine Zugehörigkeit zum Unternehmen, es wird entnommen. Die Entnahme eines Grundstücks aus dem Unternehmensvermögen fällt aber nicht unter das GrEStG, da keine Änderung im bürgerlich-rechtlichen Eigentum eintritt. An sich wäre § 4 Nr. 9a UStG auf diesen Fall nicht anwendbar. Jedoch ist auf Grund Verwaltungsanweisung (Abschn. 71 Abs. 2 UStR) nach Sinn und Zweck des § 4 Nr. 9a UStG (Gebot der Gleichmäßigkeit der Besteuerung) auch der Eigenverbrauch nach § 4 Nr. 9 a UStG steuerfrei.

3. In einem vermieteten Mehrfamilienhaus nutzt der Eigentümer eine Wohnung zu eigenen Wohnzwecken, eine andere hat er seinen Eltern unentgeltlich überlassen.

Lösung:
Nach dem Wortlaut des § 4 Nr. 12 a UStG ist nur die Vermietung und Verpachtung, also die entgeltliche Gebrauchsüberlassung von Grundstücken u.s.w. von der Umsatzsteuer befreit. Gleichwohl ist § 4 Nr. 12 a UStG beim Eigenverbrauch nach § 1 Abs. 1 Nr. 2 b UStG anzuwenden, da fremde und eigene Nutzung im Ergebnis nicht unterschiedlich behandelt werden dürfen.

Merke:
Eine Option ist nach dem Sinn und Zwecke des § 9 UStG beim Eigenverbrauch nicht möglich.

IV. Die Bemessungsgrundlage für den Eigenverbrauch

1. Die Bemessungsgrundlage für den Eigenverbrauch nach § 1 Abs. 1 Nr. 2 a UStG

Bereits bei der Behandlung der Mindestbemessungsgrundlage (s. Kap. K IV, S. 130 ff) wurde die maßgebliche Vorschrift erwähnt, in der die Bemessungsgrundlage für den Eigenverbrauch bestimmt ist, § 10 Abs. 4 UStG. In den Fällen des Eigenverbrauchs gem. § 1 Abs. 1 Nr. 2a UStG - Entnahme von Gegenständen aus dem Unternehmen für nichtunternehmerische Zwecke - richtet sich die Bemessungsgrundlage nach dem Einkaufspreis (netto) zuzüglich der Nebenkosten für den Gegenstand bzw. für einen gleichartigen Gegenstand oder mangels eines Einkaufspreises nach den Selbstkosten. Es gelten jeweils die Verhältnisse im Zeitpunkt der Entnahme.

Beispiele:
Die Uranus - GmbH hat einen Handel mit Kraftfahrzeugen zum Gesellschaftszweck. Sie überträgt ihrem Gesellschafter unentgeltlich einen Pkw, den sie wenige Tage zuvor für 20.000 zuzügl. 2.800 USt erworben hatte. Üblicherweise veräußert die GmbH derartige Fahrzeuge für brutto 34.200 DM.

Lösung:
Es handelt sich um einen Eigenverbrauch nach § 1 Abs. 1 Nr. 2 a) UStG, da die Übertragung auf den Gesellschafter aus außerunternehmerischen Gründen erfolgt.
Bemessungsgrundlage:
Einkaufspreis (netto) nach § 10 Abs. 4 Nr. 1 UStG = 20.000 DM.

2. Die Fernsehhändlerin Martha Moppel schenkt ihrem Ehemann zum Geburtstag eine Stereoanlage. Im Zeitpunkt der Schenkung hätte Frau M. für die Anlage 2.000 DM zzgl. 100 DM Frachtkosten sowie 294 DM USt für den Einkauf aufwenden müssen.

Lösung:
Die Bemessungsgrundlage gem. § 10 Abs. 4 Nr. 1 UStG für diesen Eigenverbrauch beträgt:

Einkaufspreis (netto)	2.000 DM
zzgl. Frachtkosten	100 DM
mithin	2.100 DM

3. Ein Unternehmer produziert Unterwassersportbedarf. Er entnimmt seinem Warenlager einige selbst hergestellte Tieftauchmuffen, um sie seinem Sportverein unentgeltlich zur dauernden Verfügung zu stellen. Das für die Herstellung erforderliche Material würde im Zeitpunkt der Entnahme 500 DM (netto) kosten. An Lohn- Verwaltungs- und Vertriebskosten müßten 1.250 DM aufgewendet werden.

Lösung:
Die Übertragung der Tieftauchmuffen auf den Sportverein ist ein Eigenverbrauch nach § 1 Abs. 1 Nr. 2 a UStG. Da ein Einkaufspreis nicht feststellbar ist, müssen die Selbstkosten der Besteuerung zu Grunde gelegt werden (§ 10 Abs. 4 Nr. 1 UStG). Sie betragen 1.750 DM.

2. Die Bemessungsgrundlage für den Eigenverbrauch nach § 1 Abs. 1 Nr. 2 b UStG

Die Umsatzsteuer auf den Leistungseigenverbrauch ist gem. § 10 Abs. 4 Nr. 2 UStG nach den bei der Ausführung des Eigenverbrauchs entstandenen Kosten zu bemessen.

Merke:
Es gilt der ertragsteuerliche Kostenbegriff, d.h. es müssen Nettowerte zu Grunde gelegt werden.

Beispiele:
1. Ein Unternehmer läßt den Garten seines selbstgenutzten Einfamilienhauses durch zwei seiner im Unternehmen angestellten Arbeiter in Ordnung bringen. Lohnkosten insoweit 500,-- DM.

Lösung:
Bemessungsgrundlage für den steuerpflichtigen Eigenverbrauch nach § 1 Abs. 1 Nr. 2 b UStG sind hier die durch den Eigenverbrauch entstandenen Lohnkosten für die Arbeiter. Die USt auf den EV beträgt 14 % von 500,-- DM = 70,-- DM.

2. Das in der Praxis befindliche Telefon eines Rechtsanwalts wird zu 30 % auch für Privatgespräche genutzt. Kosten sind insgesamt in folgender Höhe entstanden:

Grundgebühren:	324,-- DM
Gesprächsgebühren:	800,-- DM

Lösung:
Das Telefon gehört zum Unternehmensvermögen. Bemessungsgrundlage für den steuerpflichtigen Eigenverbrauch nach § 1 Abs. 1 Nr. 2 b sind die durch die Privatgespräche entstandenen Kosten:

30 % von 1.124,-- DM	=	337,20 DM
USt 14 %	=	47,21 DM

Hinweis:
Bei dieser Lösung wurde die z.Zt. herrschende Verwaltungsauffassung dargestellt. Auf das beim BFH anhängige Verfahren wird hingewiesen (s.o. Kap. L I 2).

3. Ein Unternehmer nutzt seinen betrieblichen Pkw zu 25 % auch für Privatfahrten im In- und Ausland. Kostenaufwand insgesamt für ein Jahr:

Benzin, Öl etc.	3.000 DM
Inspektionen	1.000 DM
Abschreibungen	5.000 DM
Garagenmiete	600 DM
Kfz-Versicherung	800 DM
Kfz-Steuer	300 DM
Unfallkosten	3.300 DM
Gesamt	14.000 DM

Der Unfall ereignete sich auf einer betrieblichen Fahrt; der Unternehmer war bei Eisglätte in den Straßengraben gerutscht, eine Ersatzleistung erhielt er nicht.

Lösung:
Der PKW gehört zum Unternehmensvermögen. Es handelt sich um einen insgesamt steuerbaren und steuerpflichtigen Eigenverbrauch nach § 1 Abs. 1 Nr. 2 b UStG. Einem Dritten gegenüber würde es sich um die Vermietung eines Beförderungsmittels handeln, so daß die Ortsbestimmung für diesen EV in sinngemäßer Anwendung des § 3 a Abs. 1 UStG zu erfolgen hat.
Hinsichtlich der Behandlung von Unfallkosten hat der BFH entschieden, daß diese nach Abzug der Erstattungen durch Versicherungen **anteilig** in die Bemessungsgrundlage für den Eigenverbrauch eingehen, gleichgültig, ob es sich um einen unternehmerischen oder einen privat veranlaßten Unfall handelt (BStBl. 1980 II, S. 309). Die Bemessungsgrundlage beträgt somit:

25 % von 14.000,-- DM
= 3.500,-- DM (§ 10 Abs. 4 Nr. 2)
USt (14 %) = 490,-- DM

Hinweise:
1. Die Einbeziehung der nicht vorsteuerbehafteten Kosten in die Bemessungsgrundlage ist nach dem Urteil des EuGH umstritten. Auch in diesem Beispiel wurde die Verwaltungsauffassung dargestellt (s.o.).

2. Einkommensteuerlich stellen die Aufwendungen für die Privatnutzung Kosten der privaten Lebensführung i. S. d. § 12 Nr. 1 EStG dar, die den Gewinn nicht mindern dürfen. Für die Gewinnermittlung werden diese Aufwendungen jedoch ohne Einbeziehung der Unfallkosten ermittelt (= 25 % v. 10.700,-- DM = 2.675,-- DM). Die Unfallkosten (da Unfall auf betrieblicher Fahrt) von 3.300,-- DM sind einkommensteuerlich zu 100 % Betriebsausgaben.

4. Eine Wohnung in seinem ansonsten vermieteten und ertragsteuerlich zu seinem Privatvermögen gehörenden Mietwohngrundstück nutzt der Eigentümer zu eigenen Wohnzwecken.

Lösung:
Es handelt sich um Eigenverbrauch nach § 1 Abs. 1 Nr. 2 b) UStG, der jedoch nach § 4 Nr. 12 a) UStG steuerfrei ist.
Bemessungsgrundlage sind nach § 10 Abs. 4 Nr. 2 die durch die Nutzung der Wohnung zu eigenen Wohnzwecken entstandenen Kosten (anteilige Grundsteuer, Heizungskosten etc.).

3. Die Bemessungsgrundlage für den Eigenverbrauch nach § 1 Abs. 1 Nr. 2 c UStG

Die Höhe der nicht abziehbaren Aufwendungen ist nach § 10 Abs. 4 Nr. 3 UStG zugleich die Bemessungsgrundlage für den Eigenverbrauch.

Beispiel:
1. Ein Unternehmer verschenkt zum Jahreswechsel an seine Geschäftsfreunde Schreibtischgarnituren und Reisewecker im Werte von jeweils 100 DM.

Lösung:
Nach § 4 Abs. 5 Nr. 1 EStG dürfen Geschenke an Personen, die nicht Arbeitnehmer des Stpfl. sind, den Gewinn nicht mindern, wenn ihr Wert 75 DM übersteigt. Die Tatsache, daß der Unternehmer in dem vorliegenden Beispiel Geschenke im Wert von jeweils 100 DM macht, führt einerseits zur Versagung des Betriebsausgabenabzugs und löst andererseits Eigenverbrauch nach § 1 Abs. 1 Nr. 2 c UStG aus.

Für die DDR gilt:
Der Eigenverbrauch nach § 1 Abs. 1 Nr. 2c UStG ist dann gegeben, wenn der Unternehmer Aufwendungen gem. Anhang 1 zum UStG tätigt. Nach Anhang 1 Nr. 1 zum UStG fallen Geschenke mit Anschaffungs- oder Herstellungskosten über 75 DM unter den Eigenverbrauchstatbestand.

Die für die Geschenke getätigten Aufwendungen i.H.v. jeweils 100 DM sind auch die Bemessungsgrundlage für den Eigenverbrauch (§ 10 Abs. 4 Nr. 1 UStG).

M. Vorsteuerabzug
(einschl. Grundsätze zu § 14 UStG)

I. Grundsätzliches zum Aufbau des § 15 UStG

Der Vorsteuerabzug hat in dem System der Umsatzsteuer eine zentrale Bedeutung (s. Ausführungen in Kap. A I, S. 1 ff).
Die für den Abzug geltenden Regeln finden Sie in § 15 UStG. Während in **Abs. 1** die Voraussetzungen festgelegt sind, **wann** überhaupt eine Berechtigung zum Vorsteuerabzug vorliegt - Sie also in einem ersten Schritt prüfen, ob Vorsteuerbeträge grundsätzlich **abziehbar** sind -, führt **Abs. 2** die Fälle auf, in denen ein **Ausschluß** vom Vorsteuerabzug gegeben ist.
Anhand dieses Absatzes stellen Sie fest, ob die grundsätzlich abziehbare Vorsteuer auch **abzugsfähig** ist.

Abs. 3 UStG hebt z.T. das Abzugsverbot des Abs. 2 - insbesondere bei Ausfuhrlieferungen - wieder auf.
Schließlich ist in Abs. 4 geregelt, wie Sie vorgehen müssen, wenn der Ausschluß vom Vorsteuerabzug nur teilweise eintritt. Der Aufbau des § 15 UStG in Übersicht:

Vorsteuerabzug gem. § 15 UStG

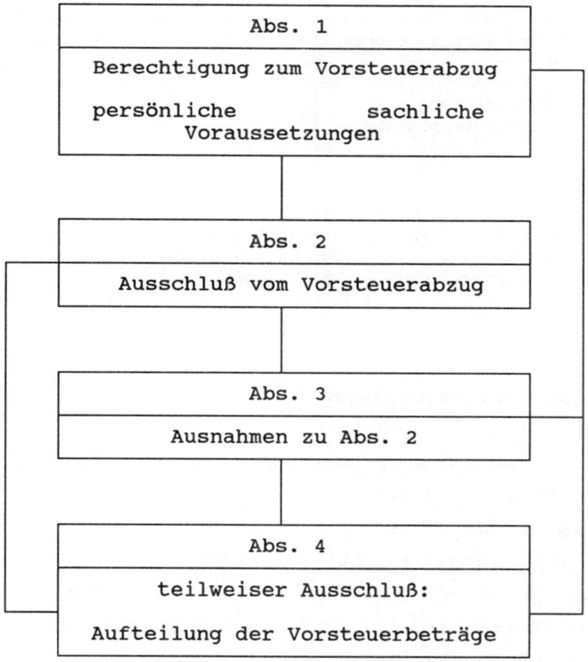

II. Berechtigung zum Vorsteuerabzug

§ 15 Abs. 1 UStG knüpft die Berechtigung zum Vorsteuerabzug an persönliche und sachliche Voraussetzungen.
Zum Vorsteuerabzug berechtigt sind nur **Unternehmer** (= **persönliche Voraussetzung**).

Weiterhin muß die Umsatzsteuer **in** einer **Rechnung** über eine **an das Unternehmen** des Leistungsempfänger **ausgeführte Lieferung** oder sonstige Leistung von einem **anderen Unternehmer offen** ausgewiesen sein (= **sachliche Voraussetzungen**).

Berechtigung zum Vorsteuerabzug

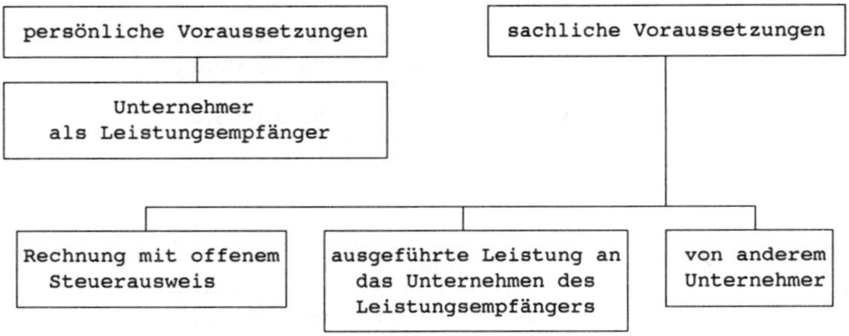

1. Persönliche Voraussetzungen

Ob der Leistungsempfänger Unternehmer ist, entscheidet sich ausschließlich nach dem deutschen Umsatzsteuergesetz (§ 2 Abs. 1 S. 1 UStG, s. Kap. G, S. 79 ff).
Dabei ist bedeutungslos, ob der Unternehmer im Erhebungsgebiet seinen Sitz (§ 11 AO) oder seine Betriebsstätte (§ 12 AO) hat, d.h. der Vorsteuerabzug ist auch für Unternehmer zulässig, die außerhalb des Erhebungsgebietes ansässig sind. Maßgeblich ist allein die Unternehmereigenschaft.

Beispiel:
Ein Möbelfabrikant aus Paris besucht eine Möbelmesse in Köln. In diesem Zusammenhang sind ihm Vorsteuerbeträge (z.B. Fahrten mit einem Taxi, Übernachtungen) angefallen. Umsätze führt der Fabrikant im Erhebungsgebiet nicht aus.

Lösung:
Die angefallenen Vorsteuerbeträge sind abzugsfähig, obwohl im Erhebungsgebiet keine Umsätze ausgeführt werden (vgl. Abschn. 191 Abs. 2 UStR).

Hinweis:
Der nicht im Erhebungsgebiet ansässige Unternehmer kann die Vorsteuerbeträge i.R.d. Vergütungsverfahrens nach § 18 Abs. 9 UStG i.V.m. §§ 59 - 61 UStDV geltend machen.

2. Sachliche Voraussetzungen

a) In Rechnungen gesondert ausgewiesene Steuer

aa) Rechnung i.S.d. § 14 UStG

Voraussetzung für den Vorsteuerabzug ist u. a. eine ordnungsgemäße Rechnung i.S.d. § 14 UStG. Als Rechnung gilt **jede Urkunde**, mit der ein Unternehmer über eine steuerpflichtige Leistung gegenüber dem Leistungsempfänger abrechnet (§ 14 Abs. 4 UStG). Dabei muß eine Rechnung nach § 14 Abs. 1 UStG folgende Angaben enthalten:
(1) den **Namen** und die **Anschrift** des **leistenden** Unternehmers,
(2) den **Namen** und die **Anschrift** des **Leistungsempfängers**,
(3) die **Menge** und die handelsübliche **Bezeichnung** des Gegenstands der Lieferung bzw. die **Art** und den **Umfang** der sonstigen Leistung,
(4) den **Zeitpunkt** der Lieferung oder sonstigen Leistung,
(5) das **Entgelt** für die Lieferung oder die sonstige Leistung und
(6) den auf das Entgelt entfallenden **Steuerbetrag**.

Beispiel:
Die nach § 14 Abs. 1 UStG erforderlichen Merkmale sind durch die einzelnen Klammerzusätze markiert.

Franz Meier (1)			Ulm, den 28.4.90
Ulm, Schloßstraße 12 (1)			
Firma			
Adolf Schmitz	**(2)**		
Talstr. 21	**(2)**		
4150 Krefeld	**(2)**		
Lieferung vom **12. April 1990 (4):**			
10 Tieftauchmuffen	**(3)**	à 1.750 DM	17.500 **DM (5)**
zzgl. 14 v.H. USt			**2.450 DM (6)**
Gesamtbetrag			19.950 DM

Merke:

1. Der Leistungsempfänger muß in der Rechnung namentlich genau benannt sein.
2. Nur die Angabe des Steuersatzes ist kein gesonderter Steuerausweis i.S.d. § 14 Abs. 1 UStG; eine Ausnahme bilden die Kleinbetragsrechnungen (s.u.).
3. Die alleinige Angabe der Rechnungspreises ist unschädlich, wenn der Steuer**betrag** aufgeführt wird.

Beispiel:
Ein Vorsteuerabzug für die Fa. Adolf Schmitz ist auch noch möglich, wenn die Rechnung folgendes Bild hat:

Franz Meier (1) **Ulm, Schloßstraße 12** (1)			Ulm, den 28.4.90
Firma **Adolf Schmitz** (2) **Talstr. 21** (2) **4150 Krefeld** (2)			
Lieferung vom **12. April 1990 (4)**:			
10 Tieftauchmuffen	**(3)**	zum Preis von	**19.950 DM** (5)
darin sind Umsatzsteuer enthalten			**2.450 DM (6)**

Eine Rechnung i. S. d. § 14 Abs. 4 UStG kann auch ein Miet-, Pacht-, Wartungs- oder sonstiger Vertrag sein. Die in einem Vertrag enthaltene gesonderte Inrechnungstellung der USt muß jedoch wie in jeder anderen Rechnung auch eindeutig, klar und unbedingt sein. Außerdem sind in diesen Fällen ergänzende Belege (z.B. Zahlungsbelege) vonnöten, aus denen die jeweiligen Leistungsabschnitte entnommen werden können.

Beispiel:
Ein Steuerberater schließt mit einem Klienten einen Beratungsvertrag ab. In diesem Vertrag wird ein jährliches Pauschalhonorar von 2.000 DM zzgl. 280 DM USt und eine vierteljährliche Abrechnung vereinbart. Ansonsten enthält der Vertrag alle übrigen nach § 14 Abs. 1 erforderlichen Angaben.

Lösung:
Der Vertrag ist grundsätzlich als Rechnung i.S.d. § 14 Abs. 4 i.V.m. Abs. 1 UStG zu werten. Der Vorsteuerabzug ist allerdings von den Zahlungsbelegen abhängig zu machen (BFH, BStBl. 88 II S. 913).

Der vorsteuerabzugsberechtigte Unternehmer hat einen zivilrechtlichen Anspruch auf Erteilung einer (vollständigen und richtigen) Rechnung. Dieser Anspruch ist ggf. vor ordentlichen Gerichten geltend zu machen (Hinweis auf Abschn. 183 Abs. 4 UStR).

Merke:
Auf keinen Fall darf der Leistungsempfänger selbst die Rechnung für sich berichtigen !

Auf § 31 UStDV, der einige Erleichterungen für die Rechnungsausstellung enthält, wird hingewiesen.

bb) Kleinbetragsrechnungen

Bei Rechnungen über Kleinbeträge werden weniger strenge Anforderungen gestellt (§ 14 Abs. 6 UStG und § 33 UStDV).
Von einer Kleinbetragsrechnung ist zu sprechen, wenn deren Gesamtbetrag 200,-- DM (= Bruttobetrag) nicht übersteigt. Solche Rechnungen brauchen nur noch folgende Angaben zu enthalten:

(1) den **Namen** und die **Anschrift** des **leistenden Unternehmers**,
(2) die **Menge** und die handelsübliche **Bezeichnung** des Gegenstandes der Lieferung bzw. die **Art und den Umfang der sonstigen Leistung**,
(3) das **Entgelt und den Steuerbetrag** für die Lieferung oder die sonstige Leistung in **einer Summe**,
(4) den **Steuersatz**.

Im Gegensatz zu einer "normalen" Rechnung kann bei einer Kleinbetragsrechnung also auf folgende Angaben verzichtet werden:
- Name und Anschrift des Leistungsempfängers
- Zeitpunkt der Leistung
- gesonderter Ausweis der Umsatzsteuer.

Beispiel:

Fa. Franz Schmitz, Köln, Schustergasse 11 (1)
10 Farbbänder (2) 159,80 DM (3)
In obigem Betrag sind **14 v.H.** USt enthalten **(4)**

Gemäß § 35 Abs. 1 UStDV kann der Rechnungsempfänger bei einer Kleinbetragsrechnung den Vorsteuerabzug in Anspruch nehmen, wenn er den Rechnungsbetrag in Entgelt und Steuerbetrag aufteilt.

b) In Rechnungen gesondert ausgewiesene Steuer

Ergänzend zu den erforderlichen Angaben in einer Rechnung ist zu beachten:
In der Bundesrepublik sind grundsätzlich nur die Steuerbeträge, die nach dem deutschen UStG geschuldet werden, als Vorsteuer abzugsfähig. Ausländische Umsatzsteuer ist auch dann nicht abzugsfähig, wenn sie nach einem ausländischen Mehrwertsteuersystem berechnet wurde.

Entsprechendes gilt für die Deutsche Demokratische Republik.

Nach Inkrafttreten des Vertrags über die Schaffung einer Währungs-, Wirtschafts- und Sozialunion zwischen der Bundesrepublik Deutschland und der Deutschen Demokratischen Republik gilt seit dem 1. Juli 1990 folgende Besonderheit:

Unternehmer in jedem der beiden Staaten können auch die in Rechnungen gesondert ausgewiesene Umsatzsteuer für Leistungen als Vorsteuer abziehen, die nach dem jeweiligen UStG des anderen Staates geschuldet wird (s. § 26 a Nr. 5 des in der BRD sowie in der DDR jeweils gültigen Umsatzsteuergesetzes).
Das gilt aber nur, wenn der Unternehmer in dem anderen Staat keine dort steuerpflichtigen Umsätze ausführt.

Beispiele:
1. Ein Chemiewarenproduzent aus Berlin (Ost) besucht im 2. Halbjahr 1990 mehrere Fachmessen in der Bundesrepublik. Über die hier angefallenen Kosten hat er ordnungsgemäße Rechnungen mit offenem Umsatzsteuerausweis. Sämtliche Umsätze des 2. Hj. 1990 werden im übrigen in der DDR ausgeführt.

Lösung:
Der Chemiewarenproduzent kann die gesondert in Rechnung gestellte westdeutsche Umsatzsteuer - vorbehaltlich § 15 Abs. 2 UStG - bei der Ermittlung seiner Zahllast in der DDR abziehen.

2. wie Beispiel 1., jedoch führt der Chemiewarenproduzent auch Umsätze in der BRD aus.

Lösung:
Für die in der BRD ausgeführten Umsätze muß der Unternehmer entsprechende Steueranmeldungen in der BRD abgeben. Dabei ist die gesondert in Rechnung gestellte Umsatzsteuer anzusetzen. Eine Berücksichtigung in der DDR scheidet in diesem Fall aus.

3. wie Beispiel 1. und 2., nur ist der Chemiewarenproduzent in Düsseldorf ansässig und besucht Fachmessen in der DDR.

Lösung:
Die o.a. Lösungen gelten für die Bundesrepublik entsprechend.

c) Leistungen für das Unternehmen des Leistungsempfängers

Die zutreffende Beantwortung der Frage, ob eine Leistung für das Unternehmen des Leistungsempfängers ausgeführt wird ist nicht nur für den Vorsteuerabzug bedeutsam.
Auch bei der Option für einen steuerfreien Umsatz bzw. beim Eigenverbrauch muß u.a. die Zugehörigkeit zu einem Unternehmensvermögen geprüft werden.
Die Entscheidung einer Zuordnung zum Unternehmen fällt beim Erwerb. Bei beabsichtigter ausschließlicher außerunternehmerischer Verwendung liegt auch bei Erwerb branchentypischer Gegenstände kein Erwerb für das Unternehmen vor.

aa) Gemischt genutzte Gegenstände

Bei der Lieferung von Gegenständen, die der Unternehmer sowohl für unternehmerische als auch für außerunternehmerische Zwecke nutzt, hat der Unternehmer grundsätzlich ein Zuordnungswahlrecht, soweit weder die unternehmerische noch die außerunternehmerische Verwendung völlig untergeordnet ist. Im einzelnen gilt folgendes:

(1) Vertretbare Sachen - vgl. Abschn. 192 Abs. 17 Nr. 1 UStR

Nach § 91 BGB sind vertretbare Sachen bewegliche Sachen, die im Verkehr nach Zahl, Maß oder Gewicht bestimmt zu werden pflegen. Handelt es sich um vertretbare Sachen, die im Verkehr nach Zahl bestimmt werden, so entspricht die Zahl der Sachen der Zahl der Liefergegenstände, z.B. 100 Bücher. Bei den vertretbaren Sachen, die im Verkehr nach Maß und Gewicht bestimmt werden, wird die Zahl der Liefergegenstände grundsätzlich durch den Kaufvertrag bestimmt. Sind dabei abgepackte Sachen Gegenstand des Kaufvertrags, ist regelmäßig jede einzelne Packung ein Liefergegenstand. Handelt es sich um unverpackte Sachen, so ist der gesamte Gegenstand des Kaufvertrags ein Liefergegenstand.

Beispiele:
50 Zentner Koks = eine Lieferung, ebenso 1000 l Heizöl; 1oo Tüten Gummibärchen = 100 Lieferungen;

Vertretbare Sachen können bei Erwerb direkt dem Unternehmen bzw. dem außerunternehmerischen Bereich zugeordnet werden. Entsprechend ist die Umsatzsteuer in einen abziehbaren und in einen nicht abziehbaren Anteil aufzuteilen.

Beispiel:
Ein Unternehmer erwirbt 10.000 l Heizöl. 4.000 l werden in den Tank für sein privates Einfamilienhaus gefüllt, die restlichen 6.000 l in den "unternehmerischen" Tank. Der Heizölhändler erteilt nur eine einheitliche Rechnung mit offenem Steuerausweis.

Lösung:
Der Heizölhändler führt nur eine Lieferung an den Unternehmer aus. Da das Heizöl eine vertretbare Sache ist, kann eine eindeutige Zuordnung zum Unternehmen und zum außerunternehmerischen Bereich erfolgen. Entsprechend ist die Vorsteuer in einen abziehbaren (= 6/10) und in einen nicht abziehbaren (= 4/10) Anteil aufzuteilen.

(2) Gegenstände, mit denen der Unternehmer handelt

Erwirbt der Unternehmer Gegenstände, mit denen er handelt, so liegt immer eine Lieferung für sein Unternehmen vor.

Beispiel:
Ein Radiohändler erwirbt von einem Großhändler einige Radios einer neuen Serie, von denen er eines in seinem Wohnzimmer aufstellen will.

Lösung:
Der Unternehmer hat den vollen Vorsteuerabzug für alle erworbenen Radios; hinsichtlich des entnommenen Radios liegt Eigenverbrauch nach § 1 Abs. 1 Nr. 2 a vor.

(3) Einheitliche Gegenstände - vgl. Abschn. 192 Abs. 17 Nr. 2 UStR

Handelt es sich um die Lieferung eines nicht aufteilbaren Gegenstandes, so ist auch eine Aufteilung der Vorsteuern unzulässig.
Die Lieferung erfolgt entweder für das Unternehmen, dann ist der Vorsteuerabzug in voller Höhe möglich und die außerunternehmerische Verwendung stellt Eigenverbrauch dar, oder die Lieferung ist für den außerunternehmerischen Bereich erbracht, dann ist kein Vorsteuerabzug möglich, es liegt aber auch kein Eigenverbrauch vor.
Wie bereits ausgeführt wurde, kann der Unternehmer so lange eine Zuordnungsentscheidung treffen, so lange weder die unternehmerische noch die außerunternehmerische Verwendung völlig untergeordnet ist (BFH, BStBl. 88 II S. 649). Nach Abschn. 192 Abs. 17 Nr. 2 S. 5 UStR kommt einem Nutzungsanteil bis 10 % eine unwesentliche wirtschaftliche Bedeutung zu. Daraus ergibt sich:

- Unternehmerische Nutzung mehr als 90 %

Die Leistungen, die den Erwerb, die Herstellung sowie die Verwendung oder Nutzung des Gegenstands betreffen, sind als für das Unternehmen ausgeführt anzusehen.
Handelt es sich beispielsweise um den Pkw eines Unternehmers, so sind demnach alle Vorsteuerbeträge aus Erwerb und Unterhaltung des

Pkw abzugsfähig. Zum Ausgleich dafür unterliegt die Verwendung des Gegenstandes für unternehmensfremde Zwecke als Eigenverbrauch nach § 1 Abs. 1 Nr. 2 b) der Umsatzsteuer.

Beispiel:
Ein Transportunternehmer erwirbt einen Lkw, der zu 100 % unternehmerischen Zwecken dient.

Die Vorsteuern aus dem Erwerb und dem laufenden Unterhalt sind in vollem Umfang abziehbar.

Entsprechendes gilt bei Erwerb eines Grundstücks oder bei Herstellung eines Gebäudes.

Beispiel:
Ein Unternehmer erwirbt ein Grundstück mit aufstehendem Fabrikgebäude. Das Fabrikgebäude enthält eine Wohnung, die der Unternehmer zu eigenen Wohnzwecken nutzt. Von der gesamten Nutzfläche des Gebäudes entfallen 5 % auf die Wohnung.

Lösung:
Bis zu gegenteiliger Rechtsprechung ist das Gebäude als einheitlicher Gegenstand zu behandeln.
Das gesamte Grundstück ist unternehmerisches Vermögen, die Nutzung der Wohnung zu eigenen Wohnzwecken löst Eigenverbrauch nach § 1 Abs. 1 Nr. 2 b UStG aus. Da die unternehmerische Nutzung 90 % übersteigt, ist eine etwaige, vom Veräußerer in Rechnung gestellte Umsatzsteuer in voller Höhe zwar abziehbar, in der Steuererklärung aber nur zu 95 % abzugsfähig.
Die teilweise Verwendung des Gebäudes für den steuerfreien Eigenverbrauch führt zum teilweisen Ausschluß vom Vorsteuerabzug (Einzelheiten s.u., Abschn. III und IV dieses Kapitels).

- Die unternehmerische Nutzung beträgt weniger als 10 %

Der Gegenstand gehört nicht zum Unternehmen.
Folglich sind Vorsteuerbeträge aus Erwerb bzw. Herstellung allein aus diesem Grunde nicht abzugsfähig. Lediglich die ausschließlich und unmittelbar die unternehmerische Nutzung betreffenden Leistungen gelten als für das Unternehmen ausgeführt.

Beispiel:
Ein Unternehmer verwendet seinen Pkw gelegentlich auch zu Fahrten für unternehmerische Zwecke. Der Anteil der unternehmerischen Verwendung beträgt weniger als 10 %.

Lösung:
Die Verwendung Pkw für unternehmerische Zwecke ist von völlig untergeordneter Bedeutung (weniger als 10 %). Er ist somit kein Unternehmensgegenstand. Die im

Zusammenhang mit der Anschaffung und Unterhaltung des PKW anfallenden Vorsteuerbeträge sind nicht abziehbar.
Lediglich die ausschließlich und unmittelbar mit der unternehmerischen Nutzung im Zusammenhang stehenden Vorsteuerbeträge (z. B. die USt für den Bezug von Benzin anläßlich einer unternehmerischen Fahrt - z. B. Geschäftsreise) können abgezogen werden.

- Die unternehmerische Nutzung beträgt mindestens 10 % aber höchstens 90 %

Der Unternehmer hat ein Zuordnungswahlrecht, er kann den Gegenstand entweder als unternehmerisches oder als außerunternehmerisches Vermögen behandeln.
Das Wahlrecht wird dadurch ausgeübt, daß der Unternehmer die bei der Anschaffung, Herstellung und Unterhaltung des Gegenstands anfallenden Umsatzsteuerbeträge als Vorsteuern geltend macht. Unterläßt der Unternehmer den Vorsteuerabzug, ist davon auszugehen, daß insoweit Lieferungen für das Unternehmen nicht vorliegen.

Beispiel:
Kauf eines PKW, der zu 60 % für unternehmerische steuerpflichtige und zu 40 % für außerunternehmerische Zwecke eingesetzt wird.

Lösung:
Der Unternehmer hat ein Zuordnungswahlrecht. Nimmt er die Vorsteuern aus dem Kauf und dem laufenden Unterhalt des Wagens in Anspruch, ist zu unterstellen, daß der Pkw als Unternehmensvermögen behandelt wird. Entsprechend liegt für die außerunternehmerische Verwendung Eigenverbrauch nach § 1 Abs. 1 Nr. 2 b UStG vor.

bb) Sonstige Leistungen

Werden sonstige Leistungen sowohl für unternehmerische als auch für nicht unternehmerische Zwecke ausgeführt, so ist die darauf entfallende Umsatzsteuer, wie bei dem Erwerb von vertretbaren Sachen, grundsätzlich in einen abziehbaren und einen nicht abziehbaren Anteil aufzuteilen (Abschn. 192 Abs. 17 Nr. 1 UStR).
Eine Ausnahme kann nur bei nicht aufteilbaren einheitlichen sonstigen Leistungen gelten (z.B. Miete eines Gegenstandes). In diesen Fällen ist wie bei der Lieferung eines einheitlichen Gegenstandes zu verfahren.

Beispiele:
1. Ein Steuerberater erstellt den Jahresabschluß für ein Unternehmen und fertigt die betrieblichen und persönlichen Steuererklärungen.

Lösung:
Nur der Teil des gesondert in Rechnung gestellten USt-Betrages ist als Vorsteuer abzugsfähig, der auf die "betrieblichen" Leistungen entfällt. Es ist also eine Aufteilung (ggf. im Schätzungswege) erforderlich.

2. Ein Unternehmer mietet eine besondere Fertigungsmaschine, die in vollem Umfang für unternehmerische steuerpflichtige Zwecke eingesetzt wird.

Lösung:
Die zur Miete überlassene Maschine (besser: das Nutzungsrecht aus dem Mietvertrag) dient dem Unternehmen, die Vorsteuer ist nach § 15 Abs. 1 UStG in vollem Umfang abziehbar und abzugsfähig.

3. Miete eines PKW, der zu 60 % für unternehmerische (steuerpflichtige) und zu 40 % für außerunternehmerische Zwecke eingesetzt wird.

Lösung:
Die Überlassung des Pkw ist eine einheitliche, nicht teilbare sonstige Leistung. Der Unternehmer kann das Nutzungsrecht aus dem Mietvertrag ganz dem unternehmerischen oder dem außerunternehmerischen Bereich widmen.
Behandelt er die in Rechnung gestellte Umsatzsteuer als Vorsteuer, hat er sich für den unternehmerischen Bereich entschieden. In Höhe des privaten Nutzungsanteils liegt dann Eigenverbrauch nach § 1 Abs. 1 Nr. 2 b UStG vor.

4. Ein Rechtsanwalt mietet ein Einfamilienhaus. Es ist eine einheitliche Miete von 1.500 DM vereinbart, die auch monatlich von dem Rechtsanwalt bezahlt wird. Die entsprechenden Zahlungsbelege liegen vor. Das Erdgeschoß nutzt der Rechtsanwalt für seine Kanzlei, im Obergeschoß hat er seine Wohnung eingerichtet.
a) Der Vermieter optiert;
b) der Vermieter optiert nicht.

Lösung:
a) Dem Kap. I IV 2 (S. 114 ff) konnten sie entnehmen, daß der Vermieter - anders als bei der Vermietung eines beweglichen Gegenstands - seine Option anteilig auf den Mietumsatz beschränken muß, der auf das Erdgeschoß entfällt. Obwohl es sich um eine einheitliche sonstige Leistung handelt, sieht die Rechtsprechung die Möglichkeit, eine Zuordnung entsprechend der genutzten Fläche vorzunehmen. Gleiches gilt für den Vorsteuerabzug.
Nur die **Überlassung des Erdgeschosses** ist eine sonstige Leistung **an das Unternehmen des Rechtsanwalts.** Die Vorsteuer ist abziehbar (und abzugsfähig). Die Vermietung des Obergeschosses erfolgt an den außerunternehmerischen Bereich, Vorsteuern sind nicht in Rechnung gestellt und wären im übrigen auch nicht abziehbar. Ein Eigenverbrauch ist nicht gegeben.

b) Umsatzsteuer wird nicht in Rechnung gestellt, es erübrigt sich die Prüfung, ob Vorsteuerabzug möglich ist.

Übersicht
Vorsteuerabzug aus Lieferungen und sonstigen Leistungen an das Unternehmen

Lieferungen /sonstige Leistungen
werden in Anspruch genommen

ausschließlich für unternehmerische Zwecke

für unternehmerische und für außerunternehmerische Zwecke

ausschließlich für außerunternehmerische Zwecke

einheitlicher Gegenstand/
einheitliche sonstige Leistung

vertretbare Sachen/
aufteilbare sonstige Leistung

Aufteilung

unternehmerische Nutzung
> 10 %

unternehmerischer außerunternehmerischer
Anteil

<--><--------------------->

Vorsteuerabzug

kein Vorsteuerabzug

Die Entnahme oder Verwendung für außerunternehmerische Zwecke löst Eigenverbrauch aus.

d) Leistungen von einem anderen Unternehmer

Ein Vorsteuerabzug ist nur möglich, wenn der Leistende zum einen Unternehmer und zum anderen zum gesonderten Ausweis der Umsatzsteuer berechtigt ist.
Diese Tatbestandsmerkmale werden von Privatpersonen und Kleinunternehmern i.S.d. § 19 UStG nicht erfüllt.

Beispiel:
1. Ein Angestellter verkauft seinen vier Jahre alten Pkw an einen Unternehmer und erteilt auf Wunsch des Unternehmers eine Rechnung mit gesondertem Steuerausweis.

Lösung:
Der Unternehmer kann die ausgewiesene USt nicht als Vorsteuer abziehen. Der Privatmann dagegen schuldet - obwohl er kein Unternehmer ist - die zu Unrecht ausgewiesene USt nach § 14 Abs. 3 UStG.

2. Ein Kleinunternehmer i. S. d. § 19 Abs. 1 UStG erteilt für eine Leistung an einen anderen Unternehmer eine Rechnung mit gesondertem Steuerausweis.

Lösung:
Der Leistungsempfänger kann die ausgewiesene USt nicht als Vorsteuer abziehen. Der Kleinunternehmer schuldet die ausgewiesene USt nach § 14 Abs. 3 UStG.

Hinweis:
Bei bestehenden Zweifeln hinsichtlich der Unternehmereigenschaft des Leistenden kann der Vorsteuerabzug gewährt werden, wenn sich der Leistungsempfänger eine schriftliche Versicherung des Leistenden vorlegen läßt, in der dieser unter Angabe des Berufs- und Gewerbezweiges bestätigt, daß er Unternehmer ist und die Umsätze im Rahmen seines Unternehmens bewirkt hat.
Unter diesen Voraussetzungen wird der gute Glaube an die Unternehmereigenschaft des Leistenden und Rechnungsausstellers geschützt (BFH, BStBl. 1979 II 345).

Schließlich muß eine Leistung an den Unternehmer ausgeführt werden. Wird trotz fehlender Leistung (bzw. eine Leistung ist auch nicht zu erwarten) eine Rechnung mit gesondertem Steuerausweis erteilt, so kann der Rechnungsempfänger keinen Vorsteuerabzug geltend machen. Der Rechnungsaussteller schuldet jedoch die ausgewiesene Umsatzsteuer nach § 14 Abs. 3 UStG.

3. Zeitpunkt des Vorsteuerabzugs

a) Grundsatz

Nach § 15 Abs. 1 Nr. 1 S. 1 UStG ist die Vorsteuer abzugsfähig, wenn die Leistung für das Unternehmen **ausgeführt** worden ist **und** die **Rechnung** mit gesondertem Steuerausweis vorliegt.

Beispiel:
Ein Bauunternehmer erwirbt eine Betonmischmaschine. Die Lieferung wird im Mai 1990 an ihn ausgeführt. Die Rechnung mit gesondertem Steuerausweis erhält er im Juni 1990; die Bezahlung erfolgt im Juli 1990.

Lösung:
Der Vorsteuerabzug kann erst für den Voranmeldungszeitraum geltend gemacht werden, in dem sämtliche Voraussetzungen des § 15 Abs. 1 Nr. 1 UStG erfüllt sind, das ist in diesem Beispiel der Juni 1990. Ist eine Leistung an das Unternehmen ausgeführt und liegt die Rechnung des anderen Unternehmers mit gesondertem Um-

satzsteuerausweis vor, kommt es auf den Zeitpunkt der Bezahlung für den Vorsteuerabzug nicht an.

Merke:
Eine zeitliche oder sachliche Verknüpfung zwischen den Umsätzen eines bestimmten Voranmeldungs- oder Besteuerungszeitraums und den ihnen sachlich zuzurechnenden Vorumsätzen (Vorsteuern) ergibt sich nicht. So kann ein Lebensmittelhändler bereits im Dezember Osterhasen kaufen und - wenn die Voraussetzungen des § 15 Abs. 1 Nr. 1 UStG vorliegen - den Vorsteuerabzug vornehmen, obwohl die Osterhasen erst im Frühjahr weiter verkauft werden.

b) Vorsteuerabzug bei Teilleistungen

Bei Teilleistungen (vgl. § 13 Abs. 1 Nr. 1 S. 2 UStG) ist der Vorsteuerabzug bereits mit Ausführung der Teilleistung möglich. Der den Teilleistungen zu Grunde liegende Vertrag muß allerdings die Voraussetzungen des § 14 Abs. 1 S. 2 UStG erfüllen. Außerdem ist der Vorsteuerabzug daran geknüpft, daß der Unternehmer ergänzende Belege vorlegen kann, aus denen sich der Leistungsabschnitt ergibt.

Beispiel:
Ein Gewerbetreibender hat ein Ladenlokal in einem Geschäftshaus gemietet. Nach dem abgeschlossenen Mietvertrag hat der Gewerbetreibende eine monatliche Miete von 1.000 DM zzgl. 140 DM USt zu entrichten. Die Miete wird per Dauerauftrag überwiesen.

Lösung:
Der Gewerbetreibende kann aus der Anmietung des Ladenlokals monatlich 140,-- DM Vorsteuer abziehen. Der Mietvertrag ist die Rechnung i.S.d. § 14 Abs. 4 UStG. Außerdem ist aus den monatlichen Bankbelegen der jeweilige Leistungszeitraum ersichtlich.

c) Vorsteuerabzug bei Anzahlungen

Grundsätzlich ist der Vorsteuerabzug nur möglich, wenn die Leistung (Teilleistung) an das Unternehmen des Leistungsempfängers ausgeführt wurde und die Rechnung vorliegt. Das entspricht der Regelung, daß für den leistenden Unternehmer die Umsatzsteuer auch erst bei Leistungsausführung entsteht (s. Kap. N, Entstehung der Umsatzsteuer). Von diesem Grundsatz gibt es eine Ausnahme (§ 15 Abs. 1 Nr. 1 S. 2 UStG):

Ein vorgezogener Vorsteuerabzug ist bei Zahlungen vor Empfang der Leistung möglich, wenn

- eine Rechnung mit gesondertem Ausweis der Umsatzsteuer vorliegt und
- die Zahlung geleistet worden ist.

Der Vorsteuerabzug ist dann in dem Voranmeldungszeitraum möglich, in dem beide Voraussetzungen erfüllt sind.

Beispiel:
Eine GmbH betreibt ein Warenhaus. Sie will in Hannover eine Filiale eröffnen und beauftragt einen Bauunternehmer, auf einem ihr gehörenden Grundstück ein entsprechendes Gebäude zu errichten.
Im Zuge des Baufortschritts fordert der Bauunternehmer von der GmbH schriftlich Abschlagszahlungen an und zwar

- am 29. Januar 1990			50.000 DM
- am 20. März 1990		40.000 DM	
	zzgl. USt	5.600 DM	45.600 DM
- am 5. Juli 1990		70.000 DM	
	zzgl. USt	9.800 DM	79.800 DM

Die GmbH überweist von ihrem betrieblichen Bankkonto die angeforderten Beträge wie folgt:

- am 5. Februar 1990	50.000 DM		lt. Rechnung vom 29. Januar 1990
- am 5. April 1990	45.600 DM		lt. Rechnung vom 20. März 1990
- am 11. Juli 1990	39.900 DM	und	
- am 7. August 1990	39.900 DM		lt. Rechnung vom 5. Juli 1990.

Lösung:
Obwohl die Werklieferung des Bauunternehmers noch nicht ausgeführt ist, kann die GmbH grundsätzlich Vorsteuern abziehen. Die zu erwartende Werklieferung wird an das Unternehmen der GmbH ausgeführt, Rechnungen über die geforderten Anzahlungen liegen vor und die Zahlungen werden geleistet. Dabei ist im einzelnen zu beachten:

a) Zahlung vom 5. Februar:
Zwar wurde die Zahlung geleistet, in der vorliegenden Rechnung ist aber die Umsatzsteuer nicht offen ausgewiesen. Ein Vorsteuerabzug ist nicht möglich. Die GmbH müßte sich um eine berichtigte Rechnung bemühen. Erst wenn diese erteilt wird, sind die Voraussetzungen des § 15 Abs. 1 Nr. 1 S. 2 UStG erfüllt.

b) Zahlung vom 5. April:
Vorsteuerabzug 5.600 DM gem. § 15 Abs. 1 Nr. 1 S. 2 UStG;

c) Zahlung vom 11. Juli 1990:
Der Bauunternehmer hat in seiner Rechnung 9.800 DM Umsatzsteuer offen ausgewiesen. Da die GmbH aber nur 39.900 zahlt, steht ihr auch nur insoweit der Vorsteuerabzug zu, mithin 4.900 DM.

d) Zahlung vom 7. August 1990:
Vorsteuerabzug 4.900 DM; Begründung s.o.

4. Vorsteuerabzug bei überhöhtem Steuerausweis

Im allgemeinen braucht der Unternehmer für die Vornahme des Vorsteuerabzugs nicht nachzuprüfen, ob die in der Rechnung ausgewiesenen Steuerbeträge zutreffend berechnet worden sind. Steuerbeträge, bei denen aber für den Unternehmer ohne Nachprüfung erkennbar ist, daß sie den allgemeinen Steuersatz von 14 % übersteigen, sind vom Vorsteuerabzug ausgeschlossen. Der Unternehmer muß dann - im eigenen Interesse - eine berichtigte Rechnung anfordern; erhält er die berichtigte Rechnung, ist der Vorsteuerabzug dann für den Voranmeldungszeitraum möglich, für den der Abzug aufgrund der ursprünglichen Rechnung hätte geltend gemacht werden können, Abschn. 192 Abs. 12 UStR.

Beispiel:
Ein Lebensmittelgroßhändler liefert an einen Einzelhändler Lebensmittel, die in der Anlage zum UStG aufgeführt sind. Die Rechnung lautet über 1.000,-- DM zzgl. 140,-- DM offen ausgewiesener USt.

Lösung:
Obwohl der ermäßigte Steuersatz von 7 % hätte angewendet werden müssen, steht dem Einzelhändler der Vorsteuerabzug in Höhe von 1.400,-- DM zu.
Der Großhändler schuldet demgegenüber den gesamten ausgewiesenen Steuerbetrag (Einzelheiten s. Kap. N II).

Hinweis:
Eine Rechnungsberichtigung ist möglich (§ 14 Abs. 2 S. 2, § 17 Abs. 1 UStG)).

III. Ausschluß des Vorsteuerabzuges

1. Vorbemerkung

Ob ein Unternehmer bei der Ermittlung seiner Zahllast die Umsatzsteuer, die ihm für seine Eingangsumsätze gesondert in Rechnung gestellt wurde, als Vorsteuer abziehen kann, richtet sich danach, ob er steuerpflichtige oder steuerfreie Ausgangsumsätze tätigt. Darüber hinaus können nur solche Vorsteuerbeträge vom Abzug ausgeschlossen werden, die dem Grunde nach (§ 15 Abs. 1 UStG) abziehbar sind.

Beispiel:
Der Eigentümer eines Mietwohngrundstücks erwirbt eine neue Haustür von einem Bekannten. Eine Rechnung mit gesondertem Umsatzsteuerausweis wird nicht erteilt.

Ein Vorsteuerabzug ist bereits nach § 15 Abs. 1 UStG nicht möglich, da eine Rechnung mit gesondertem Umsatzsteuerausweis nicht vorliegt. Die Frage des Ausschlusses vom Vorsteuerabzug stellt sich nicht.

2. Der Ausschluß vom Vorsteuerabzug gem. § 15 Abs. 2 UStG

Nach § 15 Abs. 2 UStG ist der Vorsteuerabzug ausgeschlossen, wenn die erhaltenen Eingangsumsätze mit folgenden Ausgangsumsätzen in unmittelbarem oder mittelbarem wirtschaftlichen Zusammenhang stehen:

- steuerfreie Umsätze (§ 15 Abs. 2 Nr. 1 UStG),
- Umsätze außerhalb des Erhebungsgebiets, die steuerfrei wären, wenn sie im Erhebungsgebiet ausgeführt würden und
- unentgeltliche Leistungen, die steuerfrei wären, wenn sie gegen Entgelt ausgeführt würden.

Beispiele:
Der Stpfl. errichtet ein Mietwohngrundstück. Eine Wohnung bewohnt er selbst. Die anderen Wohnungen werden an Privatleute zu Wohnzwecken vermietet.

Lösung:
Die Vermietungsumsätze einschl. des Eigenverbrauchs nach § 1 Abs. 1 Nr. 2 b) sind steuerfrei nach § 4 Nr. 12 a). Folglich sind alle Vorsteuerbeträge aus der

Herstellung des Gebäudes und dem laufenden Unterhalt nicht abzugsfähig (§ 15 Abs. 2 Nr. 1 UStG).

2. Ein niedergelassener Arzt erwirbt für seine Praxis ein Röntgengerät. Der Lieferant erteilt eine Rechnung mit gesondertem Steuerausweis.

Lösung:
Die in Rechnung gestellte Umsatzsteuer ist abziehbar nach § 15 Abs. 1 UStG. Das gelieferte Röntgengerät steht aber in direktem wirtschaftlichen Zusammenhang mit der Ausführung steuerfreier Umsätze. Die Vorsteuern sind daher nicht abzugsfähig (§ 15 Abs. 1 Nr. 1 i.V.m. § 4 Nr. 14 UStG).

3. Ein Kölner Unternehmer kauft in Köln für sein in Österreich belegenes vermietetes Mietwohngrundstück Baumaterial ein, in der Rechnung ist die Umsatzsteuer gesondert ausgewiesen.

Lösung:
Die Vermietung des Grundstücks ist eine sonstige Leistung, die nach § 3 a Abs. 2 Nr. 1 a UStG in Österreich ausgeführt wird. Somit ist die Leistung nicht steuerbar. Läge der Leistungsort im Erhebungsgebiet, wäre die Vermietung steuerfrei nach § 4 Nr. 12 UStG. Nach § 15 Abs. 2 Nr. 2 UStG kann der Unternehmer die in Rechnung gestellten Umsatzsteuerbeträge nicht als Vorsteuer geltend machen.

4. Ein in der Schweiz freiberuflich tätiger Arzt nimmt an einem Fachkongreß in Deutschland teil. Ihm entstehen Kosten, über die er Belege mit Ausweis deutscher Umsatzsteuer hat.

Lösung:
Ein Abzug dieser Vorsteuerbeträge ist ausgeschlossen, da sie mit Umsätzen im Zusammenhang stehen, die steuerfrei wären, wenn sie im Erhebungsgebiet ausgeführt würden (§ 4 Nr. 14 UStG).

Merke:

Der Ausschluß vom Vorsteuerabzug tritt auch für solche Umsätze ein, die bei Ausführung im Erhebungsgebiet nach § 9 UStG als steuerpflichtig behandelt werden könnten.

Beispiele:

1. Ein Unternehmer mit Sitz in Aachen ist Eigentümer eines Geschäftshauses in Roermond (NL). Diese Haus ist an mehrere niederländische Unternehmer vermietet, die dort ihre Büros eingerichtet haben. Der Vermieter erwirbt in einem Baumarkt in Aachen Material, das für einige Reparaturen an dem Roermonder Haus benötigt wird. Er erhält eine Rechnung mit offenem Steuerausweis.

Lösung:
Die offen ausgewiesene Umsatzsteuer ist gem. § 15 Abs. 2 Nr. 2 UStG nicht als Vorsteuer abzugsfähig. Die Vermietungsleistung ist nicht steuerbar (§ 1 Abs. 1 Nr. 1 i.V.m. § 3 a Abs. 2 Nr. 1a UStG) und wäre steuerfrei, wenn sie im Erhebungsgebiet ausgeführt würde. Daran ändert auch nichts die Tatsache, daß für steuerbefreite Leistungen eine Option nach § 9 UStG möglich ist. Denn Voraus-

setzung für eine wirksame Option ist u.a., daß die Leistung steuerbar und steuerfrei ist.

2. Ein Unternehmer aus Flensburg ist Eigentümer eines Ferienhauses in Dänemark. Das Ferienhaus wird an Feriengäste vermietet, wobei die Mietdauer im Einzelfall nicht länger als vier Wochen ist. Etwaigen Erhaltungs- und Renovierungsbedarf kauft der Unternehmer in Flensburg ein. Entsprechende Rechnungen mit gesondertem Umsatzsteuerausweis kann er vorweisen.

Lösung:
Die Vorsteuer aus den Rechnungen ist abziehbar (§ 15 Abs. 1 Nr. 1 UStG) und auch abzugsfähig. Der Ausschluß vom Abzug tritt nicht ein. Zwar sind die Vermietungsleistungen nicht steuerbar (§ 1 Abs. 1 Nr. 1 i.V.m. § 3 Abs. 2 Nr. 1 a UStG), da es sich aber jeweils um kurzfristige Überlassung von Räumen zur Übernachtung von Fremden handelt, wäre Steuerpflicht gegeben, würden die Umsätze im Erhebungsgebiet ausgeführt.

3. Ausnahmen vom Ausschluß

Keinen Ausschluß vom Vorsteuerabzug erfährt der Unternehmer, soweit er systemgerecht steuerbefreite Umsätze i.S.d. § 4 Nr. 1 bis 6 UStG ausführt, § 15 Abs. 3 Nr. 1 UStG (s. auch Kap. I I, S. 93 ff).

Beispiele:
1. Der Unternehmer ist Hersteller von Werkzeugmaschinen, die er größernteils in die USA exportiert.

Lösung:
Die Exportumsätze sind nach § 4 Nr. 1 i. V. m. § 6 UStG steuerfrei. Diese steuerfreien Umsätze schließen jedoch den Vorsteuerabzug nicht aus (§ 15 Abs. 3 Nr. 1 a). Folglich sind alle Vorsteuerbeträge, die in wirtschaftlichem Zusammenhang mit den Exporten stehen, voll abzugsfähig. Neben den Vorsteuerbeträgen aus der Herstellung sind so z.B. auch Vorsteuerbeträge aus dem Kauf von Verpackungsmaterial abzugsfähig.

2. Eine Weberei stellt ihre Produkte auf einer Fachmesse in Brüssel aus. Die Produkte finden einen Abnehmer mit Sitz in Frankreich. Dieser nimmt die Ausstellungsware direkt mit.

Lösung:
Die Weberei kann die angefallenen deutschen Umsatzsteuerbeträge in voller Höhe als Vorsteuer abziehen. Zwar ist die Lieferung an den französischen Abnehmer nicht steuerbar, sie wäre, unterstellt der Lieferort befände sich im Erhebungsgebiet, steuerfrei nach § 4 Nr. 1 UStG. Somit tritt der Ausschluß vom Vorsteuerabzug nicht ein, § 15 Abs. 3 Nr. 1 b UStG.

4. Teilweiser Ausschluß vom Vorsteuerabzug

Schließlich müssen noch die Fälle untersucht werden, in denen der Unternehmer die erhaltenen Eingangsumsätze sowohl zur Ausführung steuerfreier als auch steuerpflichtiger Umsätze verwendet.
Nach § 15 Abs. 4 UStG müssen Sie zunächst die Vorsteuerbeträge feststellen, die den steuerfreien bzw. steuerpflichtigen Umsätzen eindeutig wirtschaftlich zuzuordnen sind. Die Vorsteuerbeträge, für die eine eindeutige Zuordnung nicht möglich ist, sind dann im Wege einer sachgerechten Schätzung in einen abzugsfähigen und einen nicht abzugsfähigen Anteil aufzuteilen.

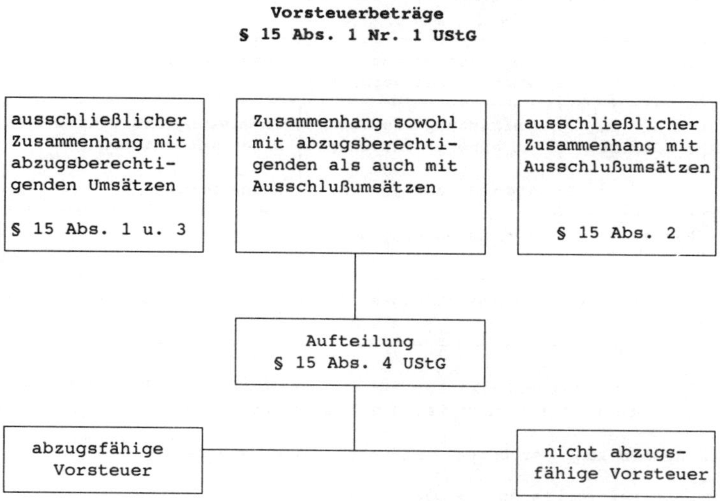

Somit erhalten wir drei Arten Vorsteuerbeträge:
1. Vorsteuerbeträge, die in voller Höhe abziehbar sind, weil sie ausschließlich Umsätzen zuzurechnen sind, die zum Vorsteuerabzug berechtigen.

2. Vorsteuerbeträge, die in voller Höhe vom Abzug ausgeschlossen sind, weil sie ausschließlich Umsätzen zuzurechnen sind, die nicht zum Vorsteuerabzug berechtigen.
3. Die übrigen Vorsteuerbeträge;
in diese Gruppe fallen alle Vorsteuerbeträge, die sowohl mit Umsätzen, die zum Abzug berechtigen, als auch mit Umsätzen, die den Vorsteuerabzug ausschließen, in wirtschaftlichem Zusammenhang stehen (z.B. Außenanstrich, Dacharbeiten, Einbau eines Fahrstuhls).

Beispiel:
Ein Unternehmer erwirbt ein bebautes Grundstück. Die Geschosse des Gebäudes sind gleich groß und gleich ausgestattet. Der Unternehmer nutzt das Gebäude teils zu eigenen gewerblichen Zwecken, die restlichen Flächen sind vermietet. Die einzelnen Nutzungen ergeben sich aus folgender Übersicht:

<table>
<tr><td>100 qm</td><td colspan="2">an einen Privatmann zu dessen eigenen Wohnzwecken vermietet</td></tr>
<tr><td>2 x 50 qm</td><td>Vermietung als Büro an einen Rechtsanwalt

Option nach § 9 UStG</td><td>Vermietung als Praxis an einen Internisten

keine Option</td></tr>
<tr><td>100 qm</td><td colspan="2">eigene Wohnung des Hauseigentümers</td></tr>
<tr><td>100 qm</td><td colspan="2">Lebensmittelgeschäft des Hauseigentümers</td></tr>
</table>

Der Verkäufer des Grundstücks hat für seinen Umsatz zur Umsatzsteuer optiert. In dem Grundstückskaufvertrag ist die Umsatzsteuer mit 98.000 DM offen ausgewiesen.
Nach dem Erwerb läßt der Unternehmer noch folgende Arbeiten ausführen:

1. Dachreparatur für 15.000 DM zzgl. 2.100 DM USt
2. Erneuerung des Außenanstrichs für 6.000 DM zzgl. 840 DM
3. Reparatur eines Fensters in den Räumen, die zur Praxis des Internisten gehören, für 500 DM zzgl. 70 DM USt
4. Reparatur der Ladeneingangstür für 300 DM zzgl. 42 DM USt.

Die Rechnungen enthalten im übrigen sämtliche Merkmale des § 14 Abs. 1 UStG.

Lösung:
Der Erwerb des Grundstücks ist eine Lieferung an das Unternehmen. Die gesondert in Rechnung gestellte Umsatzsteuer ist nach § 15 Abs. 1 Nr. 1 UStG grundsätzlich abziehbar. Da das Grundstück sowohl zur Ausführung steuerfreier als auch zur Ausführung steuerpflichtiger Umsätze verwendet wird, ist der Ausschluß vom Vorsteuerabzug zu beachten (§ 15 Abs. 2 Nr. 1 und Abs. 4 UStG). Von den in

Rechnung gestellten Umsatzsteuerbeträgen können folgende den einzelnen Umsätzen wirtschaftlich direkt zugeordnet werden:

- Fensterreparatur; dieser Eingangsumsatz steht in direktem Zusammenhang mit der steuerfreien Vermietung an den Internisten, der Unternehmer hat nicht optiert; die in Rechnung gestellten 70 DM sind nicht abzugsfähig.

- Reparatur der Ladeneingangstür; die Nutzung zu eigenen gewerblichen Zwecken ist mangels Leistung an einen fremden Dritten keine Leistung und somit auch kein Umsatz i.S.d. § 1 Abs. 1 Nr. 1 UStG (sog. nicht steuerbarer Innenumsatz). Eine unmittelbare Verwendung zur Ausführung ist also nicht gegeben. Es ist deshalb zu prüfen, welche Umsätze der Unternehmer über sein Ladenlokal ausführt. Die Umsätze aus dem Lebensmittelgeschäft sind steuerbar und steuerpflichtig. Letztlich wird also das Erdgeschoß zur Ausführung steuerpflichtiger Umsätze verwendet. Die Vorsteuer aus der Erneuerung der Ladeneingangstür ist also i.H.v. 42 DM abzugsfähig.

Die übrigen Eingangsumsätze betreffen das ganze Haus. Eine direkte Zuordnung zu den steuerpflichtigen bzw. steuerfreien Umsätzen ist nicht möglich. Deshalb sind die Vorsteuerbeträge im Wege der sachgerechten Schätzung aufzuteilen. Als Schätzungsmaßstab ist die Nutzfläche zu Grunde zu legen, da die Geschosse gleich groß und gleich ausgestattet sind:

Die gesamte Fläche beträgt 400 qm, davon werden 150 qm (= 37,5 %) zur Ausführung steuerpflichtiger Umsätze verwendet, nämlich
- 50 qm Vermietung an den Rechtsanwalt als Büroraum, die ausgesprochene Option ist zulässig,
- 100 qm eigene gewerbliche Nutzung als Lebensmittelgeschäft.

250 qm (= 62,5%) der Fläche werden zur Ausführung steuerfreier Umsätze nach § 4 Nr. 12 UStG verwendet, nämlich
- 100 qm an den privaten Mieter zu Wohnzwecken,
- 50 qm an den Internisten; zwar nutzt der Arzt die Räume als Praxis, der Unternehmer hat aber nicht für diesen Umsatz optiert,
- 100 qm eigen Wohnzwecke des Hauseigentümers.

Somit ergeben sich folgende Beträge:

Eingangsumsatz		abzugsfähige Vorsteuer		nicht abzugsfähige Vorsteuer
Kauf des Grundstücks	37,5 %	36.750,-- DM	62,5 %	61.250,-- DM
Dachreparatur	37,5 %	787,50 DM	62,5 %	1.312,50 DM
Erneuerung Außenanstrich	37,5 %	315,-- DM	62,5 %	525,-- DM
Fensterreparatur		-,--	100 %	70,-- DM
Reparatur der Eingangstür	100 %	48,-- DM		-,--

N. Entstehung der Umsatzsteuer

I. Arten der Versteuerung

1. Versteuerung nach vereinbarten Entgelten (Sollversteuerung)

a) Lieferungen und sonstige Leistungen

In § 16 Abs. 1 S. 1 UStG ist festgelegt, daß die Umsatzsteuer grundsätzlich nach vereinbarten Entgelten zu berechnen ist. Das bedeutet, daß die Umsatzsteuer mit Ablauf des Voranmeldungszeitraums entsteht, in dem die Lieferung oder sonstige Leistung **ausgeführt** worden ist (§ 13 Abs. 1 Nr. 1 S. 1 UStG). Auch die Umsatzsteuer für Teilleistungen entsteht mit Ablauf des Monats, in dem die jeweilige Teilleistung ausgeführt wird. (§ 13 Abs. 1 Nr. 1 a S. 2 und 3 UStG). Den Begriff der Teilleistungen haben Sie bereits in Kap. E II, S. 64, kennengelernt.
Die Versteuerung nach vereinbarten Entgelten wird auch als **Sollversteuerung** bezeichnet.

Beispiele:
1. Ein Elektrowarengroßhändler, der nach vereinbarten Entgelten versteuert und seine Umsatzsteuer-Voranmeldungen monatlich abgibt, verkauft aufgrund eines am 5. April 1990 abgeschlossenen Kaufvertrages eine Waschmaschine an einen Kunden. Diesem wird am 28. April 1990 mitgeteilt, daß er die Waschmaschine ab sofort abholen könne. Tatsächlich holt der Kunde die Waschmaschine am 3. Mai 1990 ab. Den Kaufpreis von 1.710,-- DM hatte der Kunde bei Vertragsabschluß am 5. April 1990 bereits in bar beglichen.

Lösung:
Der Umsatz (Lieferung, § 3 Abs. 1) ist für den Monat Mai 1990 anzumelden und zu versteuern, da dem Kunden am 3.Mai 1990 die Verfügungsmacht durch Eigentumsübertragung nach § 939 S. 1 BGB (Einigung u. Übergabe, sog. Abhollieferung) verschafft worden ist. Bei der Sollversteuerung wird also daran angeknüpft, wann das Erfüllungsgeschäft bewirkt wird.

Unmaßgeblich sind hier:
- Tag des Kaufvertrages (Verpflichtungsgeschäft v. 5. 4. 90)
- Tag der Entgeltsentrichung (5. 4.90)
- Tag der Mitteilung an den Kunden, er könne sich den Liefergegenstand abholen (28. 4. 90).

Bemessungsgrundlage für den Umsatz: 1.710,-- DM : 1,14 = 1.500,-- DM
USt = 210,-- DM

2. Ein selbständiger Bauingenieur erhielt von einem Auftraggeber am 29. 11. 1989 den Auftrag, ein Gutachten über Baumängel, die am Verwaltungsge-

bäude des Auftraggebers in Köln aufgetreten waren, zu erstellen. Der Bauingenieur besichtigte und fotografierte das Gebäude am 9. 12. 1989. Anfang Januar 1990 erstellte er das Gutachten und übergab es am 3. 2. 1990 seinem Auftraggeber. Der Ingenieur fertigte am 4.3.1990 die Rechnung. Der Auftraggeber zahlte den Rechnungsbetrag am 08.04.1990.

Lösung:
Mit der Erstellung des Gutachtens tätigt der Bauingenieur eine sonstige (geistige) Leistung gem. § 3 Abs. 9 UStG. Diese ist am 3. 2. 1990 mit Übergabe des Gutachtens ausgeführt. Somit entsteht die Umsatzsteuer mit Ablauf des Monats Februar 1990.

Auch bei Teilleistungen (§ 13 Abs. 1 Nr. 1 a S. 2 u. 3 UStG) entsteht die Steuerschuld mit Ablauf des Voranmeldungszeitraumes, in dem die Teilleistung ausgeführt ist.

Beispiel:
Ein Unternehmer vermietet eine Lagerhalle für einen unkündbaren Zeitraum von 5 Jahren. Die Option wurde erklärt. In dem Vertrag ist monatliche Mietzahlung vereinbart.

Lösung:
Die Vermietung der Lagerhalle ist eine sonstige Leistung, die grundsätzlich erst mit Ablauf des Mietvertrages ausgeführt wird. Da aber die Leistung wirtschaftlich sinnvoll teilbar ist und in (monatlichen) Teilen geschuldet und bewirkt wird, liegen Teilleistungen vor. Gem. § 13 Abs. 1 Nr. 1 a S. 2 i.V.m. S. 1 UStG entsteht die Umsatzsteuer mit Ablauf des jeweiligen Kalendermonats.

b) Eigenverbrauch

aa) Eigenverbrauch nach § 1 Abs. 1 Nr. 2 a UStG

In den Fällen der Gegenstandsentnahme entsteht die Umsatzsteuer mit Ablauf des Voranmeldungszeitraums, in dem Gegenstände entnommen werden (§ 13 Abs. 1 Nr. 2 UStG).

bb) Eigenverbrauch nach § 1 Abs. 1 Nr. 2 b UStG

Entsprechendes gilt bei der sog. Leistungsentnahme. Die Umsatzsteuer entsteht mit Ablauf des Voranmeldungszeitraums, in dem die sonstigen Leistungen ausgeführt werden (§ 13 Abs. 1 Nr. 2 UStG).

2. Mindest - Ist - Versteuerung

Der Grundsatz, daß die Umsatzsteuer erst entsteht, wenn eine Leistung ausgeführt ist, wird ggf. im Einzelfall durchbrochen. Soweit nämlich ein Leistungsempfänger **Anzahlungen** leistet, entsteht nach § 13 Abs. 1 Nr. 1 a S. 4 und 5 UStG unter den folgenden Voraussetzungen die Umsatzsteuer:

- das Entgelt oder Teile des Entgelts werden vor Ausführung der Leistung vereinnahmt **und**
- der vor Leistungsausführung vereinnahmte Betrag beträgt netto 10.000 DM und mehr **oder**
- der leistende Unternehmer erteilt eine Rechnung mit gesondertem Umsatzsteuerausweis.

Werden diese Voraussetzungen erfüllt, entsteht die Umsatzsteuer bereits mit Ablauf des Monats, in dem das (Teil-) Entgelt vereinnahmt wird.

Beispiel:
Der selbständige Installateur I erhält den Auftrag, in einem Büroneubau die Sanitär-, Wasser- und Heizungsinstallation vorzunehmen. Es wird ein Festpreis von 36.480 DM vereinbart. I beschafft dabei sämtliche Haupt- und Nebenstoffe selbst. Er beginnt mit den Arbeiten am 5. Oktober 1989. Am 20. März 1990 erfolgt die Abnahme durch den Auftraggeber. Im Zuge der Arbeiten forderte I von dem Auftraggeber Abschlagszahlungen schriftlich an und zwar:

- am 10. November 1989			11.400 DM
- am 10. Januar 1990			10.000 DM
- am 10. Februar 1990		6.000 DM	
	zzgl. USt	840 DM	6.840 DM.

Der Auftraggeber überwies die angeforderten Beträge jeweils innerhalb von 14 Tagen. Nachdem die Bauabnahme ohne Mängelrügen blieb, erteilt I am 12. April 1990 folgende Abschlußrechnung:

Sanitäre Installation in der Zeit vom 5.10.89 - 20.3.90

Materialkosten			14.000 DM
Lohnkosten			18.000 DM
			32.000 DM
zzgl. 14 % USt			4.480 DM
			36.480 DM
geleistete Anzahlungen:		11.400 DM	
		10.000 DM	
	6.000 DM		
USt darauf	840 DM	6.840 DM	28.240 DM
verbleibende Restzahlung			8.240 DM

Lösung:
I führt am 20. März 1990, dem Tag der Bauabnahme, eine Werklieferung § § 3 Abs. 4 UStG aus. Die Bemessungsgrundlage (§ 10 Abs. 1 UStG) für diese Werklieferung beträgt 32.000 DM, die Umsatzsteuer 14 % (§ 12 Abs. 1 UStG), das sind 6.480 DM. Grundsätzlich entsteht die Umsatzsteuer mit Ablauf des Monats, in dem die Leistung ausgeführt wird, in diesem Fall also mit Ablauf des März 1990. Da I aber vor Bauabnahme Teilentgelte vereinnahmt hat, ist zu prüfen, ob bereits insoweit Umsatzsteuer entstanden ist.

a) Anforderung vom 10. November 1990:
Der angeforderte Betrag wurde von dem Auftraggeber in voller Höhe entrichtet. Da der Betrag auf den **Preis** angerechnet wird, stellt die erhaltene Zahlung ebenfalls einen Bruttobetrag dar, der in einen Entgeltanteil von 10.000 DM und einen Umsatzsteueranteil von 1.400 DM aufzuteilen ist. Mit 10.000 DM sind die Voraussetzungen zur Mindest-Ist-Besteuerung erfüllt.
Es entsteht 1.400 DM USt mit Ablauf des Monats der Vereinnahmung, also November 1989.
b) Anforderung vom 10. Januar 1990:
Keine Mindest-Ist-Besteuerung; die erhaltene Zahlung i.H.v. 10.000 DM führt zu einem Teilentgelt von 8.771,93 DM. Dieser Betrag ist weniger als 10.000 DM, außerdem wurde in der Anforderung die Umsatzsteuer nicht gesondert ausgewiesen. § 13 Abs. 1 Nr. 1 a S. 4 und 5 UStG greift somit nicht.
c) Anforderung vom 10. Februar 1990:
Mindest-Ist-Besteuerung; die Umsatzsteuer entsteht i.H.v. 840 DM mit Ablauf des Monats Februar 1990, da in der schriftlichen Anforderung die Umsatzsteuer gesondert ausgewiesen ist. Auf die Höhe des Betrages kommt es in diesem Fall nicht an. Somit entsteht mit Ablauf März 1990 USt in folgender Höhe

	4.480 DM
./. Mindest-Ist	2.240 DM
	2.240 DM

Auf den Zeitpunkt der Rechnungserteilung kommt es nicht an. Zum Vorsteuerabzug des Auftraggebers s. Kap. M II c, S. 162.

2. wie Beispiel 1. mit folgender Abwandlung:
Der Auftraggeber entrichtet am 29. November 1989 auf die Anforderung vom 10. November 1989 einen Betrag von 10.000 DM, am 25. Januar 1990 auf die Anforderung vom 10. Januar 1990 einen Betrag von 8.000 DM und am 15. Februar 1990 auf die Anforderung vom 10. Februar 1990 einen Betrag von 3.420 DM.

Lösung:
Hinsichtlich der Mindest-Ist-Besteuerung gilt nunmehr folgendes:
Die erhaltenen Zahlungen vom 29. 11. 89 und 25. 1. 90 lösen keine Umsatzsteuer aus, da die **vereinnahmten** Entgelte weniger als 10.000 DM betragen und Umsatzsteuer nicht gesondert ausgewiesen ist.
Anders ist die Zahlung vom 15. 2. 90 zu beurteilen. I hatte in seiner Anforderung die Umsatzsteuer gesondert ausgewiesen. Wenn auch der Auftraggeber nicht den vollen Betrag entrichtet, entsteht USt, **soweit** die Zahlung vereinnahmt wurde: 3.280 DM, d.h. 3.000 DM Teilentgelt und 420 DM USt.
Mit Ablauf März 1990, dem Monat der Leistungsausführung entsteht mithin USt noch in folgender Höhe:

	4.480 DM
./. Mindest-Ist	420 DM
	4.060 DM

3. Versteuerung nach vereinnahmten Entgelten (Istversteuerung)

Eine andere Form der Versteuerungsart ist die Versteuerung nach vereinnahmten Entgelten (vgl. § 20 UStG). Diese auch als Istversteuerung bezeichnete Versteuerungsart knüpft **nicht** an die Leistungs**ausführung** als Zeitpunkt der Versteuerung, sondern an den **Entgeltszufluß** an. In § 13 Abs. 1 Nr. 1 b UStG ist das so formuliert: " Die Steuer entsteht ... mit Ablauf des Voranmeldungszeitraums, in dem die Entgelte vereinnahmt worden sind."

Die Istversteuerung wird auf **Antrag** vom Finanzamt gestattet, wenn:
- entweder der Gesamtumsatz (§ 19 Abs. 3 UStG) im vorangegangenen Kalenderjahr nicht mehr als 250.000,-- DM betragen hat oder
- der Unternehmer nach § 148 AO befreit ist, Bücher zu führen und auf Grund jährlicher Bestandsaufnahmen regelmäßig Abschlüsse zu machen (z.B. bei einmaligem Überschreiten der Buchführungsgrenzen) oder
- der Unternehmer ist Angehöriger eines freien Berufs i.S.d. § 18 Abs. 1 Nr. 1 EStG.

Hinweis für die DDR:
Anstelle des Verweises auf § 18 Abs. 1 Nr. 1 EStG heißt es lediglich "soweit der Unternehmer Umsätze aus der Tätigkeit als Angehöriger eines freien Berufes im Sinne des Einkommensteuergesetzes ausführt". Damit ist das z.Zt. in der DDR noch gültige Einkommensteuergesetz, insbes. § 5 der Verordnung vom 22. Dezember 1952 zur Besteuerung des Arbeitseinkommens, gemeint.

§ 20 UStG schafft damit im Ergebnis für Unternehmer mit geringer wirtschaftlicher Betätigung und für Freiberufler (§ 18 Abs. 1 Nr. 1 EStG) eine Erleichterung. Gerade für Freiberufler ist die Versteuerung nach vereinnahmten Entgelten von Interesse, da sie nicht buchführungspflichtig sind und ihren Gewinn durch Überschußrechnung nach § 4 Abs. 3 EStG ermitteln. Da für diese Art der Gewinnermittlung der Grundsatz der Vereinnahmung und Verausgabung des § 11 EStG gilt, entsprechen sich Gewinnermittlung und Umsatzversteuerung.

Merke:
1. Führt ein Unternehmer Umsätze aus einer Tätigkeit als Angehöriger eines freien Berufs aus, ist die Umsatzhöhe unbeachtlich.
2. Die Istversteuerung bezieht sich nur auf Leistungen, die im Leistungsaustausch erbracht werden. Für die Besteuerung des Eigenverbrauchs gilt immer die Sollversteuerung.

Beispiel:
Ein Rechtsanwalt, dem vom Finanzamt die Versteuerung nach vereinnahmten Entgelten gestattet wurde, erbringt gegenüber einem Klienten im April 1990 eine Beratungsleistung. Die Gebührenrechnung vom 08. Mai 1990 in Höhe von insgesamt 12.000,-- DM entrichtet der Klient wie folgt:

- 3.000,-- DM im Mai 1990
- 5.000,-- DM im Juni 1990
- 4.000,-- DM im Juli 1990

Der Rechtsanwalt gibt seine Voranmeldungen monatlich ab.

Lösung:
Die Steuer ist mit Ablauf folgender Voranmeldungszeiträume entstanden:
- in Höhe eines Betrags von 368,40 (= 12,28 % von 3.000 DM) mit Ablauf Mai 1990
- in Höhe eines Betrags von 614,-- (= 12,28 % von 5.000 DM) mit Ablauf Juni 1990 und
- in Höhe eines Betrags von 491,20 (= 12,28 % von 4.000 DM) mit Ablauf des Monats Januar 86.

II. Änderung der Bemessungsgrundlage

Aus unterschiedlichen Gründen kann es passieren, daß sich das vereinbarte Entgelt nachträglich ändert, z.B. Inanspruchnahme von Skonto, Forderungsverlust durch Zahlungsunfähigkeit des Abnehmers. Während sich bei der Versteuerung nach vereinnahmten Entgelten das umsatzsteuerlich richtige Ergebnis dadurch ergibt, daß nur der **tatsächlich vereinnahmte** Betrag Grundlage für die Berechnung der Umsatzsteuer ist, muß es für die Versteuerung nach vereinbarten Entgelten eine Berichtigungsmöglichkeit geben.

Beispiel:
Ein Unternehmer führt am 23. März 1990 eine steuerbare und steuerpflichtige Lieferung aus. Er erteilt eine Rechnung über 1.000 DM zzgl. 140 DM USt. Am 6. Juli 1990 erfährt der Unternehmer, daß der Kunde zahlungsunfähig und mit dem Geldeingang nicht mehr zu rechnen ist.

Lösung:
a) Versteuerung nach vereinnahmten Entgelten
So lange der Kunde den Kaufpreis nicht entrichtet, entsteht keine Umsatzsteuer. § 13 Abs. 1 Nr. 1 b UStG stellt auf das vereinnahmte Entgelt ab.
b) Versteuerung nach vereinbarten Entgelten
Die Umsatzsteuer entsteht in Höhe von 140 DM mit Ablauf des Monats März 1990 und ist bis zum 15. August an das Finanzamt zu entrichten (Einzelheiten s. Kap. O). Durch den Forderungsausfall stellt sich nachträglich heraus, daß das Entgelt letztlich 0 DM beträgt, also Umsatzsteuer nicht geschuldet wird. Der Umsatz ist aber bereits versteuert. Was ist also zu tun?

Nach § 17 UStG sind bei **nachträglicher** Änderung der Bemessungsgrundlage durch alle Beteiligten die entsprechenden umsatzsteuerlichen Konsequenzen zu ziehen.
So muß der Unternehmer, der den Umsatz ausgeführt hat, den dafür geschuldeten Steuerbetrag und der Abnehmer den ggf. in Anspruch genommenen Vorsteuerbetrag entsprechend berichtigen.

Fortführung des obigen Beispiels:
Der Unternehmer muß den ursprünglichen Steuerbetrag vom Monat März berichtigen:

vereinbartes Entgelt	1.000 DM	USt	140 DM
Entgelt nunmehr	0 DM	USt	0 DM
Korrekturbetrag	./. 1.000 DM		./. 140 DM

Die Berichtigung erfolgt in der Form, daß die für den Monat Juli anzumeldenden Umsätzen um 1.000 DM gemindert werden. Dadurch ergibt sich gleichzeitig eine verminderte Umsatzsteuerschuld.

Soweit der zahlungsunfähige Abnehmer die Waren für sein Unternehmen erworben hat, muß er bei Eintritt der Zahlungsunfähigkeit seine Vorsteuer entsprechend berichtigen.

weiteres Beispiel:
Ein Großhändler liefert mit eigenem Lkw am 25. Juni 1990 Waren an einen Einzelhändler. Die Rechnung lautet über 3.000 DM zzgl. 420 DM Umsatzsteuer. Aus den Lieferbedingungen ergibt sich, daß der Einzelhändler einen Zahlungsabzug (Skonto) i.H.v. 3 % des Rechnungspreises vornehmen darf, wenn er die Rechnung innerhalb von 10 Tagen begleicht. Der Großhändler erhält am 3. Juli 1990 einen Scheck über 3.317,40 DM.

Lösung:
a) Großhändler
Der Großhändler führt am 25. Juni 1990 eine Lieferung aus (§ 3 Abs. 1 i.V.m. Abs. 1 UStG). Die Umsatzsteuer entsteht gem. § 13 Abs. 1 Nr. 1 a S. 1 UStG mit Ablauf des Monats Juni 1990 und zwar i.H.v. 420 DM.
Durch die verminderte Zahlung des Abnehmers mindert sich im Juli die Gegenleistung für diese Lieferung um 102,60 DM. Dieser Betrag umfaßt eine Minderung des Entgelts und zugleich eine Minderung der darauf entfallenden Umsatzsteuer: 102,60 : 1,14 = 90,-- DM Entgeltsminderung, sowie 12,60 DM Minderung der Umsatzsteuer.

Die Berichtigung ist in der Umsatzsteuervoranmeldung für den Monat Juli 1990 vorzunehmen (§ 17 Abs. 1 Nr. 1 UStG).
b) Einzelhändler
Die Waren werden für das Unternehmen geliefert, eine Rechnung mit offenem Umsatzsteuerausweis liegt vor. Gem. § 15 Abs. 1 Nr. 1 UStG ist für den Monat Juni ein Vorsteuerabzug i.H.v. 420 DM möglich.
Die Tatsache der verminderten Zahlung führt dazu, daß der Einzelhändler im Juli 1990 seinen Vorsteuerabzug um 12,60 DM korrigieren muß (§ 17 Abs. 1 Nr. 2 UStG).

III. Entstehung der Umsatzsteuer bei unzutreffendem Steuerausweis

1. Erhöhter Steuerausweis - § 14 Abs. 2 UStG

In Kap. M II 4 (S. 163) wurde bereits die Problematik des überhöhten Steuerausweises angesprochen, dort allerdings aus der Sicht des Vorsteuerabzugs. Die rechtliche Lage für den Unternehmer, der in einer Rechnung einen höheren Umsatzsteuerbetrag gesondert ausweist, als er nach dem Gesetz schuldet, ist eindeutig: die zu hoch ausgewiesene Steuer wird ebenfalls geschuldet (§ 14 Abs. 2 UStG).

§ 14 Abs. 2 UStG erfaßt damit folgende Fälle:
- für steuerpflichtige Lieferungen wird eine höhere als die dafür geschuldete Steuer ausgewiesen,
- für steuerfreie Leistungen und
- für nicht steuerbare Leistungen wird eine Steuer berechnet und ausgewiesen.

Beispiel:
1. Ein Lebensmittelhändler stellt über die Lieferung von Lebensmitteln lt. Anlage zu § 12 UStG folgende Rechnung aus:

Lebensmittel	100 DM
14 % USt	14 DM
	114 DM

Der Kunde zahlt auch 114 DM.

Lösung:
Bei der Lieferung von Gegenständen, die in der Anlage zu § 12 UStG aufgeführt sind, gilt der ermäßigte Steuersatz von 7 %. Da der Unternehmer für seine Lieferung eine Gegenleistung von 114 DM erhält, ergibt sich folgende Berechnung:
114 : 1,07 (= Divisor bei einem Steuersatz von 7 %) = 106,54 DM Entgelt.

Umsatzsteuer 7 % des Entgelts	=	7.46 DM	(§ 13 Abs. 1 Nr. 1 a S. 1 UStG)
in Rechnung ausgewiesene USt	=	14,-- DM	
zu hoch ausgewiesener Betrag	=	6,54 DM	(§ 14 Abs. 2 UStG)

Im Ergebnis schuldet der Unternehmer die 14 DM in seiner Rechnung offen ausgewiesene Umsatzsteuer.

2. Ein Unternehmer führt eine steuerfreie Ausfuhrlieferung durch. In seiner Rechnung weist er aber Umsatzsteuer offen aus.

Lösung:
Die offen ausgewiesene Umsatzsteuer wird nach § 14 Abs. 2 UStG geschuldet.

3. Fortführung des Beispiels 1. zur Mindest-Ist- Besteuerung (S. 172):
Der Installateur erteilt bei sonst gleichem Sachverhalt folgende Schlußrechnung:

Sanitäre Installation in der Zeit vom 5.10.89 - 20.3.90

Materialkosten		14.000 DM
Lohnkosten		18.000 DM
		32.000 DM
zzgl. 14 % USt		4.480 DM
		36.480 DM
geleistete Anzahlungen:	11.400 DM	
	10.000 DM	
	6.840 DM	28.240 DM
verbleibende Restzahlung		8.240 DM

Lösung:
Die mit der Anforderung vom 10. 2. 1990 offen ausgewiesene Umsatzsteuer wurde nicht erkennbar in der Schlußrechnung abgesetzt (vgl. dazu § 14 Abs. 1 letzter Satz UStG). Somit weist der Installateur in der Schlußrechnung mit 4.480 DM einen höheren Betrag aus, als er nach dem Gesetz schuldet. Folge:
gem. § 14 Abs. 2 UStG schuldet der Unternehmer zusätzlich 840 DM.

Allerdings hat der Unternehmer jederzeit die Möglichkeit, die falsche Rechnung zu berichtigen (§ 14 Abs. 2 S. 2 UStG).
Gem. § 13 Abs. 1 Nr. 3 UStG entsteht die Steuer nach § 14 Abs. 2 UStG in dem Zeitpunkt, in dem die Steuer für die Lieferung oder sonstige Leistung entsteht; da die falsche Rechnung aber ursächlich für die Steuer nach § 14 Abs. 2 UStG ist, kann m.E. die Steuer frühestens mit Ablauf des Voranmeldungszeitraums entstehen, in dem die falsche Rechnung erteilt wurde.

2. Unrechtmäßiger Steuerausweis - § 14 Abs. 3 UStG

Von unrechtmäßigem Steuerausweis ist zu sprechen, wenn
- ein Unternehmer in einer Rechnung Umsatzsteuer ausweist, obwohl er als sog. Kleinunternehmer nicht dazu berechtigt ist
- ein Unternehmer eine Rechnung mit gesondertem Steuerausweis erteilt, obwohl er eine Leistung nicht ausführt (sog. Schein- oder Gefälligkeitsrechnungen),
- ein Unternehmer eine Rechnung mit gesondertem Steuerausweis erteilt und statt des tatsächlich gelieferten Gegenstands einen anderen, von ihm nicht gelieferten Gegenstand aufführt,
- ein Unternehmer über eine Leistung mit gesondertem Steuerausweis abrechnet, die aber nicht im Rahmen des Unternehmens getätigt wurde,
- ein Nichtunternehmer eine Rechnung mit gesondertem Steuerausweis erteilt.

Beispiele:
1. Der Freund eines Unternehmers bittet diesen, ihm "aus steuerliche Gründen" eine Rechnung zu erteilen, um höhere Betriebsausgaben geltend machen zu können. Der Unternehmer erteilt die erbetene Rechnung.

Lösung:
Da eine Leistung nicht ausgeführt wurde, entsteht keine Umsatzsteuer gem § 13 Abs. 1 Nr. 1 UStG. Unabhängig von der strafrechtlichen Relevanz, schuldet der Unternehmer aber die in der Rechnung ausgewiesene Steuer gem. § 14 Abs. 3 UStG.

2. Ein Unternehmer liefert seinem Abnehmer einen Fernsehapparat zu privaten Zwecken. Auf Drängen des Abnehmers erteilt der Unternehmer eine Rechnung mit gesondertem Umsatzsteuerausweis über die Lieferung "einer Schreibmaschine".

Lösung:
Zum einen schuldet der Unternehmer die Umsatzsteuer für die Lieferung des Fernsehapparats gem. § 13 Abs. 1 Nr. 1 UStG. Da er in der Rechnung einen falschen Liefergegenstand aufführt, schuldet er die Umsatzsteuer zusätzlich gem. § 14 Abs. 3 UStG.

3. Ein Privatmann veräußert seinen privaten Pkw an einen Unternehmer und stellt eine Rechnung mit gesonderter Umsatzsteuer aus.

Lösung:
Der Privatmann schuldet die ausgewiesene Umsatzsteuer gem. § 14 Abs. 3 UStG.

Merke:
In den Fällen des § 14 Abs. 3 UStG ist eine Berichtigung der Rechnung nicht möglich.

IV. Kleinunternehmer

Bei Unternehmern mit einem geringen Gesamtumsatz wird die für Umsätze i.S.d. § 1 Abs. 1 Nr. 1 bis 3 UStG geschuldete Umsatzsteuer nicht erhoben. Neben dieser vordergründig begünstigenden Tatsache ergeben sich aber noch weitere Rechtsfolgen:
- der Verzicht auf Steuerbefreiungen gem. § 9 UStG ist nicht möglich,
- der Unternehmer ist nicht berechtigt, Umsatzsteuer in einer Rechnung gesondert auszuweisen,
- gleichwohl ausgewiesene Umsatzsteuer wird nach § 14 Abs. 3 UStG geschuldet,
- der Unternehmer hat keinen Vorsteuerabzug nach § 15 UStG.

Die Voraussetzungen, nach denen jemand als Kleinunternehmer einzustufen ist, sind in § 19 Abs. 1 UStG niedergelegt.
Danach darf der Gesamtumsatz zuzüglich der darauf entfallenden Steuer im vorangegangenen Kalenderjahr 25.000 DM nicht überstiegen haben und im laufenden Kalenderjahr voraussichtlich 100.000 DM nicht übersteigen.
Dabei ist der Begriff "Gesamtumsatz" i.S.d. § 19 Abs. 1 UStG nach besonderen Regeln zu berechnen. Die Berechnungsgrundlagen finden Sie in § 19 Abs. 1 S. 2 und in Abs. 4 UStG. Sie müssen also zunächst nach Ist-Grundsätzen den Umsatz i.S.d. § 19 Abs. 4 UStG ermitteln. Dieser Umsatz ist dann um die Umsätze von Wirtschaftsgütern des Anlagevermögens, damit sind Lieferungen (Hilfsgeschäfte) und Entnahmen gemeint, zu bereinigen. Zusammengefaßt ergibt sich folgendes Berechnungsschema:

Ermittlung Gesamtumsatz i.S.d. § 19 Abs. 1 UStG

Steuerbare Lieferungen und sonstige Leistungen

zzgl. steuerbarer Eigenverbrauch gem. § 1 Abs. 1 Nr. 2 UStG

abzgl. steuerfreie Umsätze i.S.d. § 4

- Nr. 8 i (Umsätze mit gültigen amtlichen Wertzeichen zum aufgedruckten Wert)
- Nr. 9 b (Umsätze, die unter das Rennwett- und Lotteriegesetz fallen
- Nr. 11-28 (insbes. Vermietung und Verpachtung, heilberufliche Tätigkeit)

abzgl. nach § 4 Nr. 8 a-h, 9 a und 10 UStG steuerfreie **Hilfsgeschäfte**, insbes. Grundstücksverkäufe

abzgl. steuerbare Lieferungen von Wirtschaftsgütern des Anlagevermögens

abzgl. steuerbare Entnahmen von Wirtschaftsgütern des Anlagevermögens

Beispiel:
Ein Arzt erklärt folgende Umsätze:

	1989		1990
Umsätze aus heilberuflicher Tätigkeit:	570.000 DM	voraussichtl.:	700.000 DM
Umsätze aus Vortragstätigkeit	18.000 DM	"	40.000 DM
Private Pkw-Nutzung	7.000 DM	"	7.000 DM
Einnahmen aus Verkauf Bestrahlungsgerät	15.000 DM	"	0 DM

Der Pkw wurde im Jahr 1989 wie folgt genutzt:
70 % für die heilberufliche Tätigkeit, 20 % für private Fahrten und 10 % für die Vortragstätigkeit. Die Nutzungsverhältnisse werden sich im Jahre 1990 voraussichtlich nicht ändern.
Im Jahre 1988 erzielte der Arzt ausschließlich steuerfreie Umsätze gem. § 4 Nr. 14 UStG i.H.v. 320.000 DM.

Lösung:
Zunächst ist folgendes festzustellen:
Die Umsätze aus der heilberuflichen Tätigkeit sind steuerfrei gem. § 4 Nr. 14 UStG. Bei der Vortragstätigkeit handelt es sich um ein Nebengeschäft, das nicht unter § 4 Nr. 14 UStG fällt; die Umsätze sind steuerpflichtig. Die private Pkw - Nutzung wäre als Eigenverbrauch i.S.d. § 1 Abs. 1 Nr. 2 b UStG steuerfrei gem. § 4 Nr. 28 b UStG, wenn der Pkw ansonsten (fast) ausschließlich zur Ausführung steuerfreier Umsätze verwendet würde. Die Nutzung für die Vortragstätigkeit i.H.v. 10 % ist nicht mehr geringfügig, so daß der Eigenverbrauch in vollem Umfang steuerpflichtig ist. Das Bestrahlungsgerät hingegen wurde vor dem Verkauf ausschließlich für die heilberufliche Tätigkeit verwendet. Der Verkauf (= Hilfsgeschäft) ist somit steuerfrei gem. § 4 Nr. 28 a UStG.
Nun ist für die Jahre 1988 - 1990 der Gesamtumsatz i.S.d. § 19 Abs. 1 UStG zu berechnen.

steuerbare Lieferungen und sonstige Leistungen	1988	1989	1990
- heilberufliche Tätigkeit	320.000	570.000	700.000

	1988	1989	1990
Übertrag	320.000	570.000	700.000
- Vortragstätigkeit	0	18.000	40.000
zzgl. Umsatzsteuer darauf (§ 19 Abs. 1 S. 1)	0	2.520	5.600
- Verkauf Bestrahlungsgerät	0	15.000	0
zzgl. steuerbarer Eigenverbrauch			
- private Pkw-Nutzung		7.000	7.000
zzgl. Umsatzsteuer darauf		980	980
	320.000	613.500	753.580
abzgl.			
- steuerfreie Umsätze § 4 Nr. 14 und 28	320.000	585.000	700.000
- steuerfreie Lieferungen/Entnahmen		0	0
Gesamtumsatz i.S.d. § 19 Abs. 1 UStG	0	28.500	53.580

Anmerkung:
Da der Verkauf des Bestrahlungsgerätes im Jahre 1989 bereits als steuerfreier Umsatz i.S.d. § 4 Nr. 28 a UStG mindernd berücksichtigt wurde, ist ein weiterer Abzug als Umsatz von Wirtschaftsgütern des Anlagevermögens nicht vorzunehmen.

Ergebnis:
Für 1989 schuldet der Arzt keine Umsatzsteuer, da der Gesamtumsatz des vorangegangenen Kalenderjahres (1987) 25.000 DM und im laufenden Jahr 100.000 DM nicht überstiegen hat (§ 19 Abs. 1 UStG).
Für 1990 ist der Arzt kein Kleinunternehmer i.S.d. § 19 Abs. 1 UStG mehr. Der Umsatz des vorangegangenen Kalenderjahres 1989 hat 25.000 DM überstiegen. Somit kommt es auf die voraussichtliche Höhe des Umsatze im laufenden Kalenderjahr nicht mehr an.

Ein Unternehmer kann gegenüber dem Finanzamt erklären, daß er auf die Anwendung des § 19 Abs. 1 UStG verzichtet (sog. Option zur Regelbesteuerung). Diese Erklärung hat zur Folge, daß die Umsatzsteuer für die steuerpflichtigen Umsätze geschuldet wird, gleichzeitig ist aber auch der Vorsteuerabzug möglich. An eine solche Option ist der Unternehmer für fünf Jahre gebunden.

Nimmt der Unternehmer seine gewerbliche oder berufliche Tätigkeit im Laufe eines Kalenderjahres neu auf, ist der tatsächliche Gesamtumsatz auf einen Jahresgesamtumsatz umzurechnen (§ 19 Abs. 3 S. 3 UStG). Da bei Beginn der unternehmerischen Tätigkeit zur Überprüfung der Umsatzgrenzen nicht auf einen Vorjahresumsatz zurückgegriffen werden kann, kommt es zur Anwendung des § 19 Abs. 1 UStG in diesen Fällen nur darauf an, ob der umgerechnete Jahresumsatz voraussichtlich 25.000 DM nicht übersteigen wird.

O. Besteuerungsverfahren

I. Voranmeldung und Vorauszahlung

1. Allgemeines

Die Umsatzsteuerschuld wird vom Unternehmer selbst berechnet. Zu diesem Zweck muß gem. § 18 Abs. 1 UStG grundsätzlich für jeden Kalender**monat** eine Umsatzsteuervoranmeldung abgegeben werden. Die Voranmeldung ist grundsätzlich bis zum 10. Tag nach Ablauf jedes Kalendermonats auf amtlich vorgeschriebenem Vordruck dem zuständigen Finanzamt einzureichen.
Beträgt die Zahllast für das vorangegangene Kalenderjahr nicht mehr als 6.000,-- DM, so ist das Kalender**vierteljahr** Voranmeldungszeitraum (§ 18 Abs. 2 S. 1 UStG).
Die errechnete Zahllast ist als Vorauszahlung am 10. Tag nach Ablauf des Voranmeldungzeitraumes (Kalendermonat oder Kalendervierteljahr) fällig.

Von der Abgabe von Voranmeldungen und der Entrichtung von Vorauszahlungen kann das Finanzamt den Unternehmer befreien, wenn die Steuer (= Zahllast) für das vorangegangene Kalenderjahr nicht mehr als 600,-- DM betragen hat (§ 18 Abs. 2 S. 3 UStG). Insoweit handelt es sich also um eine Ermessensentscheidung des Finanzamtes.

2. Muster "Umsatzsteuer-Voranmeldung"

Nachfolgend finden Sie einen beispielhaft ausgefüllten Vordruck "Umsatzsteuer-Voranmeldung". Dazu einige Erläuterungen:

zu Zeile 1:

An dieser Stelle sind die umsatzsteuerfreien Umsätze einzutragen, bei denen ein Ausschluß vom Vorsteuerabzug nicht eintritt, also insbes. die steuerfreien Ausfuhrlieferungen, vgl. insoweit Kap. H II.

zu Zeile 2:

Hier sind die steuerfreien Umsätze anzugeben, die zum Ausschluß des Vorsteuerabzugs führen, z.B. Vermietungsumsätze, für die nicht optiert wurde und Umsätze aus einer heilberuflichen Tätigkeit. Auf die Ausführungen in Kap. H III wird verwiesen.

zu Zeile 3:

An dieser Stelle müssen Sie die Umsätze erklären, die dem Regelsteuersatz von 14 % unterliegen.
Aus Platzersparnisgründen wird im Vordruck nicht nach der Art des Umsatzes unterschieden. Damit Sie zutreffende Angaben machen können, sollten Sie folgende Vorgehensweise einhalten:

a) Ermittlung der steuerpflichtigen Umsätze aus Lieferungen bzw. sonstigen Leistungen
Diese Umsätze entnehmen Sie Ihren betrieblichen Aufzeichnungen. Soweit Sie eine doppelte Buchführung eingerichtet haben entspricht der monatliche Saldo Ihrer Erlöskonten grundsätzlich dem steuerpflichtigen Umsatz.
Führen Sie eine Einnahme-Überschuß-Rechnung (d.h. lediglich eine Aufzeichnung der Einnahmen und Ausgaben), sollten Sie bei dem zuständigen Finanzamt den Antrag stellen, Ihre Umsätze nach vereinnahmten Entgelten zu versteuern. Diesen Antrag können Sie zusammen mit der Voranmeldung abgeben. In diesem Fall bilden Sie die Summe der entsprechenden monatlichen Einnahmen. Durch Anwendung des Divisors 1,14 auf die Summe der Einnahmen erhalten Sie den Monats(Ist-)umsatz.
Soweit Sie einen Antrag auf Versteuerung nach vereinnahmten Entgelten nicht stellen, müssen Sie den Istumsatz in einen Sollumsatz umrechnen. Einzelheiten dazu finden Sie im Band 8 dieser Lehrbuchreihe, "Buchführung und steuerliche Bilanzierung". Im übrigen s. Kap. C, D, E, J und insbes. K III.

b) Ermittlung der steuerpflichtigen Umsätze aus Eigenverbrauch
Wegen der Bemessungsgrundlage für den Eigenverbrauch s. Kap. L IV.

c) Monatsumsatz

Die Umsätze aus Lieferungen bzw. sonstigen Leistungen und die Umsätze aus Eigenverbrauch bilden zusammen den zunächst vorläufigen Monatsumsatz.

Abschließend sind ggf. eingetretene nachträgliche Entgeltsminderungen zu berücksichtigen (Hinweis auf Kap. N II).

zu Zeile 4:

Umsätze, die dem ermäßigten Steuersatz unterliegen sind in erster Linie die Lieferungen von Gegenständen lt. Anlage zu § 12 Abs. 2 Nr. 1 und 2 UStG, also land- und forstwirtschaftliche Erzeugnisse, Lebensmittel, Bücher und gewisse Antiquitäten. Einzelheiten s. Kap. J II.

zu Zeile 12:

An dieser Stelle tragen Sie die auf Ihren Eingangsumsätzen lastende Umsatzsteuer als Vorsteuer ein. Zu beachten ist, daß ordnungsgemäße Rechnungen vorhanden sein müssen.

Außerdem darf der Vorsteuerabzug wegen des wirtschaftlichen Zusammenhangs mit steuerbefreiten Umsätzen lt. Zeile 2 nicht ausgeschlossen sein (s. Kap. M).

zu Zeile 28:

Die Umsatzsteuer, die Sie auf Grund Ihrer ausgeführten Umsätze schulden, vermindert um die Vorsteuerbeträge ergibt die monatliche Umsatzsteuer-Vorauszahlung. Können Sie mehr Vorsteuerbeträge geltend machen als Ihre Umsatzsteuerschuld beträgt, haben Sie gegenüber dem Finanzamt einen Erstattungsanspruch. Dieser Erstattungsanspruch wird in rot eingetragen oder durch das übliche Minuszeichen ./. gekennzeichnet. Das Berechnungsschema haben Sie in vereinfachter Form bereits in Kap. A I kennengelernt.

1990

Steuernummer FA-Nr.	Bezirk	Unterscheid.-Nr.	Schlüsseltext	Zeitraum
133	123	4567	21 56 11	siehe unten

30 Eingangsstempel oder -datum

Finanzamt

Düsseldorf-Mitte
Postfach

4000 Düsseldorf

Unternehmen – Art und Anschrift – Telefon
Richard Rathelbeck
-Bauunternehmer-
Untere Rheinwerft 10
4000 Düsseldorf

Umsatzsteuer-Voranmeldung 1990

Voranmeldungszeitraum

bei **monatlicher** Abgabe bitte ankreuzen

90 01	Jan.		90 07	Juli	X
90 02	Feb.		90 08	Aug.	
90 03	März		90 09	Sept.	
90 04	April		90 10	Okt.	
90 05	Mai		90 11	Nov.	
90 06	Juni		90 12	Dez.	

bei **vierteljährlicher** Abgabe bitte ankreuzen

90 41	I. Kalendervierteljahr	
90 42	II. Kalendervierteljahr	
90 43	III. Kalendervierteljahr	
90 44	IV. Kalendervierteljahr	

Wenn **berichtigte** Anmeldung, bitte eine „1" eintragen 10

I. Berechnung der Umsatzsteuer-Vorauszahlung

Zeile		Kz	volle DM	Kz	Steuer DM	Pf
	Steuerfreie Umsätze (einschl. Eigenverbrauch) [1] [2]					
1	**mit** Vorsteuerabzug (z. B. Umsätze nach § 4 Nr. 1 bis 6 UStG)	43				
2	**ohne** Vorsteuerabzug Umsätze nach § 4 Nr. ______ UStG	48				
	Steuerpflichtige Umsätze (einschl. Eigenverbrauch) ohne Umsatzsteuer [1] [2] zum Steuersatz von					
3	14 v.H.	85	473.546		66.296	44
4	7 v.H.	86				
5	6 v.H. (für Umsätze in das Währungsgebiet der Mark der DDR)	54				
6	3 v.H. (für Umsätze in das Währungsgebiet der Mark der DDR)	55				
7	Umsätze, für die eine Steuer nach § 24 Abs. 1 UStG zu entrichten ist (Sägewerkserzeugnisse, Getränke und alkoholische Flüssigkeiten sowie Umsätze aus der Tierzucht und Tierhaltung bei Überschreiten der Obergrenze von 330 Vieheinheiten) [1] [2] [3]	76		80		
8	Umsätze, die anderen Steuersätzen unterliegen [1] [2]	35		36		
9	Summe der steuerfreien und steuerpflichtigen Umsätze					
10	Steuer infolge Wechsels der Besteuerungsart/-form, sowie Nachsteuer auf versteuerte Anzahlungen [2]			65		
11	Umsatzsteuer				66.296	44
	Vorsteuer- und Kürzungsbeträge					
12	Vorsteuerbeträge (Umsatzsteuer und Einfuhrumsatzsteuer), die nicht vom Abzug ausgeschlossen sind (§ 15 UStG) [4], ausgenommen Vorsteuerbeträge, die nach § 24 UStG pauschaliert sind			66	71.348	56
13	Kürzungsbeträge für Bezüge aus dem Währungsgebiet der Mark der DDR			67		
14	Zwischensumme [2]				./. 5.052	12
15	Kürzungsbeträge nach § 24a UStG für land- und forstwirtschaftliche Betriebe, die ihre Umsätze nach den allgemeinen Vorschriften versteuern (§ 24 Abs. 4 UStG)			81		
16	Kürzungsbetrag nach § 13 Berlinförderungsgesetz (BerlinFG) **für Berliner Unternehmer**			73		
17	Zwischensumme [2] zu übertragen				./. 5.052	12

1) Entgeltserhöhungen und Entgeltsminderungen (z. B. Skonti und Boni) sind zu berücksichtigen (§ 17 Abs. 1 und 2 UStG).
2) Negative Beträge sind rot einzutragen oder mit einem Minuszeichen zu versehen.
3) Steuer abzüglich Vorsteuerpauschale (§ 24 Abs. 1 UStG) und ggf. abzüglich Kürzungsbeträge (§ 24 a Abs. 1 UStG).
4) Außerdem sind zu berücksichtigen:
a) Berichtigung des Vorsteuerabzugs bei Änderung der Bemessungsgrundlage (§ 17 Abs. 1 und 2 UStG),
b) herabgesetzte, erlassene oder erstattete Einfuhrumsatzsteuer (§ 17 Abs. 3 UStG) und
c) Vorsteuerbeträge, die nach § 15 a UStG nachträglich abziehbar oder zurückzuzahlen sind.

USt 1 A – Umsatzsteuer-Voranmeldung 1990

Recyclingpapier aus 100% Altpapier – erspart Energie, Rohstoffe und Abfall

Nr. 754/1 – (12.89) OFD Dü – St 14 **(gilt nur zur Abgabe bei Finanzämtern in Nordrhein-Westfalen)**

Zeile		Kz	Bemessungsgrundlage volle DM	Pf	Kz	DM	Pf
18	Übertrag [1]					./. 5.052	12
	Kürzungen nach den §§ 1, 1 a und 2 BerlinFG						
19	§ 1 Abs. 1 bis 4 BerlinFG (einschließlich der Kürzungen bei erhöhter Berliner Wertschöpfungsquote)	21			22		
20	§ 1 Abs. 5 BerlinFG – Überlassung von Filmen – . . . 6 v.H.	23					
21	§ 1 Abs. 6 BerlinFG – sonstige Leistungen – . . . . . . 10 v.H.	33					
22	§ 1 a BerlinFG – Innenumsätze –	37			87		
23	§ 2 BerlinFG – **für westdeutsche Unternehmer** – . . . 4,2 v.H.	89					
24	Zwischensumme [1]					./. 5.052	12
25	In Rechnungen unberechtigt ausgewiesene Steuerbeträge (§ 14 Abs. 2 und 3 UStG) sowie Steuerbeträge, die nach § 17 Abs. 1 Satz 2 UStG geschuldet werden				69		
26	Zwischensumme [1]					./. 5.052	12
27	**Abzug** (Anrechnung) der festgesetzten **Sondervorauszahlung** für Dauerfristverlängerung (Nur ausfüllen in der letzten Voranmeldung des Besteuerungszeitraums, **in der Regel Dezember**) . .				39		
28	**Umsatzsteuer-Vorauszahlung** . . . . (Bitte in jedem Fall ausfüllen) **Überschuß** [2]) – rot eintragen oder mit Minuszeichen versehen –				83	./. 5012	20

(kann auf 10 Pf zu Ihren Gunsten gerundet werden)

29 Im Falle eines Überschusses wird der Betrag auf das dem Finanzamt benannte Konto überwiesen, soweit nicht eine Verrechnung mit Steuerschulden vorzunehmen ist. **Falls Sie eine Verrechnung des Überschusses wünschen, bitte eine „1" eintragen** 29
Geben Sie bitte die Verrechnungswünsche auf einem besonderen Blatt oder auf dem beim Finanzamt erhältlichen Vordruck „Verrechnungsantrag" an.

30 Wenn die erteilte Einzugsermächtigung ausnahmsweise für diesen Voranmeldungszeitraum widerrufen wird, bitte eine „1" eintragen 26

II. Anmeldung der Umsatzsteuer im Abzugsverfahren

31 Gesamtbetrag der Umsatzsteuer, die im Abzugsverfahren (§§ 51 bis 56 UStDV) bei Leistungen nicht im Erhebungsgebiet ansässiger Unternehmer einzubehalten und abzuführen ist 75

(kann auf 10 Pf zu Ihren Gunsten gerundet werden)

Ich versichere, die Angaben in dieser Steueranmeldung wahrheitsgemäß nach bestem Wissen und Gewissen gemacht zu haben.

Bei der Anfertigung dieser Steueranmeldung hat mitgewirkt:
(Name, Anschrift, Telefon)

8.8.90 Rathelbeck

Datum, Unterschrift

Vom Finanzamt auszufüllen

Kz	Wert	Kz	Wert	Kz	Wert
12		19		88	
11		20			

Namenszeichen/Unterschrift, Datum

Bearbeitungshinweis

1. Die aufgeführten Daten sind mit Hilfe des geprüften und genehmigten Programms sowie ggf. unter Berücksichtigung der gespeicherten Daten maschinell zu verarbeiten.
2. Die weitere Bearbeitung richtet sich nach den Ergebnissen der maschinellen Verarbeitung.

Kontrollzahl und/oder Datenerfassungsvermerk

Hinweis nach den Vorschriften der Datenschutzgesetze:
Die mit der Steueranmeldung angeforderten Daten werden aufgrund der §§ 149 ff. der Abgabenordnung und des § 18 des Umsatzsteuergesetzes erhoben.

1) Negative Beträge sind rot einzutragen oder mit einem Minuszeichen zu versehen.
2) Bei Verrechnungswünschen in Zeile 29 eine „1" eintragen.

II. Jahressteuererklärung (§ 18 Abs. 3 und 4 UStG)

1. Allgemeines

Der Unternehmer hat zusätzlich **für das Kalenderjahr** eine Steuererklärung nach amtlich vorgeschriebenem Vordruck abzugeben.
Die Abgabe muß im allgemeinen bis zum 31.5. des folgenden Jahres erfolgen (§ 149 Abs. 2 AO). Auch die Jahressteuererklärung ist eine Steueranmeldung, d.h. der Unternehmer errechnet seine Steuerschuld selbst.

Weicht die von dem Unternehmer in der Jahressteuererklärung berechnete Steuerschuld (Zahllast) von der Summe der Vorauszahlungen ab und handelt es sich bei dieser Abweichung um eine Nachzahlung, so muß der Unternehmer den Differenzbetrag zugunsten des Finanzamtes binnen eines Monats nach Eingang der Jahressteuererklärung bezahlen (§ 18 Abs. 4 S. 1 UStG).

2. Muster "Jahressteuererklärung"

Der Vordruck "Umsatzsteuererklärung" ist inhaltlich identisch mit der Umsatzsteuer-Voranmeldung.
Die Jahreserklärung ist letztlich lediglich eine Zusammenfassung der Angaben, die in den einzelnen Voranmeldungen enthalten sind.
Zu dem in Anschluß an diese Ausführungen abgedruckten und ebenfalls beispielhaft ausgefüllten Muster "Umsatzsteuererklärung 1989" gelten daher die obigen Erläuterungen entsprechend.
Es soll lediglich noch auf einige Besonderheiten hingewiesen werden.

zu Zeile 12 - 16:

Während bei den Umsatzsteuer-Voranmeldungen sämtliche Umsätze in einer Summe anzugeben sind, muß bei der Jahreserklärung in die einzelnen Umsatzarten, die dem Regelsteuersatz unterliegen, unterteilt werden:

a) Umsätze aus Lieferungen bzw. sonstige Leistungen müssen in Zeile 12 eingetragen werden;
b) Umsätze aus Eigenverbrauch sind in den Zeilen 13 bis 15 und schließlich
c) die in Kap. A III 1 c angesprochenen unentgeltlichen Leistungen in Zeile 16 anzugeben.

zu Zeilen 17 - 21:

Entsprechendes gilt für die Umsätze, die dem ermäßigten Steuersatz von 7 % unterliegen.

zu Zeile 32:

Einzutragen sind sämtliche, in dem Kalenderjahr gesondert in Rechnung gestellte Vorsteuern, soweit nicht der Ausschluß vom Vorsteuerabzug zu beachten ist (s. Kap. M III).
Diese abzugsfähigen Vorsteuern müssen korrigiert werden, wenn erhaltene Eingangsrechnungen unter Inanspruchnahme von Skonto, Rabatten und anderen Zahlungsabzügen bezahlt wurden (s. Kap. N II).

zu Zeilen 50 - 52:

Dieser Teil des Erklärungsvordrucks bezieht sich auf die bis einschl. 1989 geltende Rechtslage. Ab 1990 wird ein Steuerabzugsbetrag für Kleinunternehmer nicht mehr gewährt.

zu Zeile 61:

Die an dieser Stelle einzutragende Differenz aus Umsatzsteuer abzügl. Vorsteuer ist die für das gesamte Jahr geschuldete Umsatzsteuer **ohne Berücksichtigung** der Vorauszahlungen.

zu Zeile 64:

Unter dem an dieser Stelle einzutragenden sog. Vorauszahlungssoll ist die Summe aus den Beträgen **lt. Zeile 28 sämtlicher eingereich-**

ten Umsatzsteuer-Voranmeldungen zu verstehen. Es kommt nicht darauf an, ob diese Beträge auch tatsächlich an das Finanzamt entrichtet wurden.

zu Zeile 65:

Der Unterschiedsbetrag aus der Umsatzsteuerschuld lt. Zeile 61 und dem Vorauszahlungssoll lt. Zeile 64 bildet die noch an das Finanzamt zu entrichtende Abschlußzahlung. Diese Abschlußzahlung ist - wie bereits dargestellt - innerhalb eines Monats nach Abgabe der Steuererklärung fällig.

zu Zeile 66:

In den Fällen, in denen das Vorauszahlungssoll die geschuldete Umsatzsteuer lt. Zeile 61 übersteigt, entsteht ein Erstattungsanspruch gegenüber dem Finanzamt.
Dieser Erstattungsanspruch ist in Zeile 66 einzutragen.

Finanzamt Düsseldorf-Süd

1989

Grün umrandete Felder nur vom Finanzamt auszufüllen

Eingangsstempel oder -datum

Steuernummer FA-Nr.	Bezirk	Unterscheid.-Nr.	Schlüsseltext	Besteuerungszeitraum		Sachbereich
106	471	1815	71 50 03	89	99	11

☐ Geändert ☐ Vorbehalt der Nachprüfung aufgehoben — Datum — Blatt

Umsatzsteuererklärung

Wenn **berichtigte** Steuererklärung, bitte eine „1" eintragen 110

Die vollständig ausgefüllte und unterschriebene Erklärung muß spätestens **am 31. Mai 1990** bei dem Finanzamt eingegangen sein.

Zeile	**A. Allgemeine Angaben** [1]	121
1	Unternehmer (Firma), Telefon: FOBI GmbH	
2	Art des Unternehmens: Fortbildungsinstitut	
3	Straße, Hausnummer: Am Steinebrück	
4	Postleitzahl, Ort: 4000 Düsseldorf	

Zeile	Dauer der Unternehmereigenschaft, falls nicht vom 1. Januar bis zum 31. Dezember 1989		vom Tag	vom Monat	bis zum Tag	bis zum Monat		Tag	Monat	Tag	Monat
5	1. Zeitraum	200					200				
6	2. Zeitraum	201					201				

Zeile	**Die Zeilen 7 und 8 sind nur auszufüllen, wenn der Umsatz 1988 (zuzüglich Steuer) nicht mehr als 20 000 DM betragen hat und auf die Anwendung des § 19 Abs. 1 UStG nicht verzichtet worden ist.**	Betrag volle DM	Nur vom Finanzamt auszufüllen
7	**Umsatz im Kalenderjahr 1988** } (Berechnung nach § 19 Abs. 1 und 4 UStG)	238	238
8	**Umsatz im Kalenderjahr 1989** } Außerdem ist in Zeile 63 eine „0" einzutragen, falls nicht in den Zeilen 24 ff. eine Eintragung vorzunehmen ist.	239	239

Zeile	**B. Berechnung der Umsatzsteuer**	Bemessungsgrundlage volle DM	Steuer DM	Pf	
	1. **Steuerfreie Umsätze** (einschl. Eigenverbrauch) [2] [3]				
9	**mit** Vorsteuerabzug nach ______ [4]	237			237
	ohne Vorsteuerabzug				
10	a) **nicht** zum Gesamtumsatz (§ 19 Abs. 4 UStG) gehörend nach § 4 Nr. ______ UStG [5]	241			241
11	b) zum Gesamtumsatz (§ 19 Abs. 4 UStG) gehörend nach § 4 Nr. ______ UStG [5]	240			240
	2. **Steuerpflichtige Umsätze** [2] [3]				
12	Lieferungen und sonstige Leistungen . . . zu 14 v.H.	270 146.800	20.552	–	270
13	Eigenverbrauch a) Entnahme von Gegenständen . . . . zu 14 v.H.	271			271
14	b) Entnahme von sonstigen Leistungen . . . zu 14 v.H.	272			272
15	c) Aufwendungen i.S. des § 4 Abs. 5 Nr. 1–7 u. Abs. 7 EStG . zu 14 v.H.	273			273
16	Unentgeltliche Leistungen von Gesellschaften an ihre Gesellschafter usw. . . . . zu 14 v.H.	274			274
17	Lieferungen und sonstige Leistungen . . . zu 7 v.H.	275			275
18	Eigenverbrauch a) Entnahme von Gegenständen . . . . zu 7 v.H.	276			276
19	b) Entnahme von sonstigen Leistungen . . . zu 7 v.H.	277			277
20	c) Aufwendungen i.S. des § 4 Abs. 5 Nr. 1–7 u. Abs. 7 EStG . zu 7 v.H.	278			278
21	Unentgeltliche Leistungen von Gesellschaften an ihre Gesellschafter usw. . . . . zu 7 v.H.	279			279
22	zu übertragen	146 800	20 552	–	

1) Nicht im Erhebungsgebiet ansässige Unternehmer haben auch die Anlage UN auszufüllen.
2) Entgeltserhöhungen und Entgeltsminderungen sowie beim Wechsel der Besteuerungsart in früheren Besteuerungszeiträumen noch nicht versteuerte Anzahlungen / Außenstände sind zu berücksichtigen.
3) Negative Beträge sind rot einzutragen oder mit einem Minuszeichen zu versehen.
4) Kommt mehr als eine Befreiungsvorschrift in Betracht, so ist Abschnitt B der Anlage UR auszufüllen.
5) Kommt mehr als eine Befreiungsvorschrift in Betracht, so ist Abschnitt C der Anlage UR auszufüllen.

USt 2 A Umsatzsteuererklärung 1989

Nr. 754/9 — (12.89) OFD Dü - St 14 **(gilt nur zur Abgabe bei Finanzämtern in Nordrhein-Westfalen)**

Recyclingpapier aus 100% Altpapier – erspart Energie, Rohstoffe und Abfall.

Zeile		Bemessungs-grundlage volle DM	Steuer DM	Pf	Nur vom Finanzamt auszufüllen
23	Übertrag	146.800	20.552	–	
24	Umsätze, die **anderen Steuersätzen** unterliegen, und Umsätze **land- und forstwirtschaftlicher Betriebe,** für die eine Steuer nach § 24 UStG zu entrichten ist (zu übernehmen aus Abschnitt A Zeile 11 der Anlage UR) [1]				
25	Umsätze nicht im Erhebungsgebiet ansässiger Unternehmer, die dem Abzugsverfahren unterlegen haben (zu übernehmen aus Abschnitt B Zeile 10 der Anlage UN)				
26	Nachsteuer auf versteuerte Anzahlungen u. ä. wegen Steuersatzänderung		319		319
27	Summe der steuerfreien und steuerpflichtigen Umsätze	146.800			
28	**Umsatzsteuer** (zu übertragen in Zeile 39)		20552	–	
29	Umsätze, die aufgrund eines Verzichts auf Steuerbefreiung (§ 9 UStG) als steuerpflichtig behandelt worden sind				
30	Zur Berechnung des Gesamtumsatzes: a) Umsätze im Rahmen eines land- und forstwirtschaftlichen Betriebes, soweit in den Zeilen 9 bis 24 nicht aufgeführt (ggf. geschätzt)	361			361
31	b) Im Gesamtumsatz enthaltene Umsätze von Wirtschaftsgütern des Anlagevermögens aus Anlaß der Einstellung der unternehmerischen Tätigkeit während des Kalenderjahrs	202			202
	C. Abziehbare Vorsteuerbeträge [2] [3] [4] (ohne die Berichtigung nach § 15 a UStG)				
32	**Vorsteuerbeträge** (Umsatzsteuer und Einfuhrumsatzsteuer), die nicht vom Abzug ausgeschlossen sind, ausgenommen die nach Durchschnittsätzen berechneten Vorsteuerbeträge		320 19.178	46	320
33	**Vorsteuerbeträge,** die nach den allgemeinen Durchschnittsätzen berechnet sind (§ 23 UStG)		333		333
	Kürzungsbeträge für Bezüge aus dem Währungsgebiet der Mark der DDR, die nicht vom Abzug ausgeschlossen sind				
34	zum Kürzungssatz von 11 v. H.	326			326
35	zum Kürzungssatz von 5,5 v. H.	327			327
36	zum Kürzungssatz von 5 v. H.	323			323
37	zum Kürzungssatz von 2,5 v. H.	325			325
38	Summe (zu übertragen in Zeile 42)		19178	46	
	D. Berechnung der zu entrichtenden Umsatzsteuer				
39	**Umsatzsteuer** (aus Zeile 28)		20.552	–	
40	Vorsteuerbeträge, die aufgrund des § 15 a UStG zurückzuzahlen sind (zu übernehmen aus Abschnitt E Zeile 42 der Anlage UR)				
41	Zwischensumme		20.552	–	
42	**Abziehbare Vorsteuerbeträge** (aus Zeile 38)		19178	46	
43	Vorsteuerbeträge, die aufgrund des § 15 a UStG nachträglich abziehbar sind (zu übernehmen aus Abschnitt E Zeile 42 der Anlage UR)				
44	**Kürzungsbetrag nach § 13 BerlinFG** [5] (Nur für Berliner Unternehmer) 4 v. H.		389		389
45	Umsätze aus einer freiberuflichen Tätigkeit oder einer Tätigkeit als Handelsvertreter oder Makler: Besteht der Gesamtumsatz ausschließlich aus diesen Umsätzen?	ja = 1 / nein = 2 373			373
46	Wenn nein (= 2): Entgelte für steuerpflichtige Umsätze aus der vorbezeichneten Tätigkeit	374			374
47	**Kürzungsbeträge nach § 24 a UStG** [6]	396	397		396
48	zu übertragen		1.373	54	397

1) Abschnitt A der Anlage UR ist auch in den Fällen des Wechsels der Besteuerungsart/-form auszufüllen.
2) Vorsteuer- und Kürzungsbeträge, die auf Entgeltserhöhungen und Entgeltsminderungen entfallen, sowie herabgesetzte, erlassene oder erstattete Einfuhrumsatzsteuer sind zu berücksichtigen.
3) Ausgenommen Vorsteuerbeträge, die nach § 24 UStG pauschaliert sind.
4) Ausgenommen Vorsteuerbeträge, die im Vorsteuer-Vergütungsverfahren (§§ 59 bis 61 UStDV) vergütet worden sind (gilt nur für nicht im Erhebungsgebiet ansässige Unternehmer).
5) Bei Einstellung der unternehmerischen Tätigkeit während des Kalenderjahres ist ggf. auch Zeile 31 auszufüllen.
6) Nur für land- und forstwirtschaftliche Betriebe, die ihre Umsätze nach den allgemeinen Vorschriften versteuern (§ 24 Abs. 4 UStG). Kürzungssatz vom 1. Juli 1984 bis 31. Dezember 1988 – 5 v.H. – und vom 1. Januar 1989 bis 31. Dezember 1991 – 3 v.H. –. Ab 1. Juli 1985 entfällt der Kürzungsbetrag für die Umsätze von Vieh, wenn die Obergrenze von 330 Vieheinheiten im vorangegangenen Wirtschaftsjahr überschritten wurde.

Zeile		Bemessungsgrundlage **volle DM**	Steuer DM	Pf	Nur vom Finanzamt auszufüllen
49	Übertrag		1373	54	
	Berechnung des Steuerabzugsbetrages (§ 19 Abs. 3 UStG)				
50	Gesamtumsatz nach § 19 Abs. 4 UStG [1]				
51	Entsprechende Umsätze, die außerhalb des Erhebungsgebiets ausgeführt worden sind	365			365
52	Maßgeblicher Umsatz				
	Steuerabzugsbetrag: [2] Betrag, wenn dieser nicht negativ ist, aus Zeile 49 oder aus Zeile 14 der Anlage UN				
53	______ v. H. [3] von ____________ DM ______ Pf [4]		368		368
54	Zwischensumme[5]		1.373	54	
	Umsatzsteuerkürzung nach dem Berlinförderungsgesetz – ausgenommen § 13 BerlinFG –				
55	a) Kürzungsbetrag nach § 2 BerlinFG für westdeutsche Unternehmer [6] . . . . . 4,2 v. H.	381			381
56	b) Weitere Kürzungsbeträge nach dem BerlinFG (zu übernehmen aus Abschnitt D Zeile 31 der Anlage UR)				
57	Zwischensumme[5]		1.373	54	
58	In Rechnungen unberechtigt ausgewiesene Steuerbeträge (§ 14 Abs. 2 und 3 UStG) . .		318		318
59	Steuerbeträge, die nach § 17 Abs. 1 Satz 2 UStG geschuldet werden		331		331
60	Steuer-, Vorsteuer- und Kürzungsbeträge, die auf frühere Besteuerungszeiträume entfallen (nur für Unternehmer, die § 19 Abs. 1 UStG anwenden – siehe Zeilen 7 und 8) [5] [7]		391		391
61	**Umsatzsteuer** ~~Überschuß~~ [5]		1.373	54	
62	Anzurechnende Umsatzsteuer, die im Abzugsverfahren einbehalten worden ist (Belege beifügen) [8]		890		890
63	**Verbleibende Umsatzsteuer** **Verbleibender Überschuß** – rot eintragen oder mit Minuszeichen versehen – (kann auf 10 Pf zu Ihren Gunsten gerundet werden)		816 1.373	54	Betrag zum Soll gestellt
64	Vorauszahlungs**soll** 1989 (einschließlich Sondervorauszahlung) [5]		1358	39	
65	Noch an die Finanzkasse zu entrichten (Abschlußzahlung)		15	15	
66	Erstattungsanspruch				Namenszeichen, Datum

Die Abschlußzahlung ist binnen einem Monat nach der Abgabe der Steuererklärung zu entrichten (§ 18 Abs. 4 UStG).

Ein Erstattungsbetrag ist auf mein dem Finanzamt benanntes Konto zu überweisen, soweit nicht eine Verrechnung mit Steuerschulden vorzunehmen ist.

Ich versichere, die Angaben in dieser Steuererklärung und in der beigefügten Anlage wahrheitsgemäß nach bestem Wissen und Gewissen gemacht zu haben.

Bei der Anfertigung dieser Erklärung hat mitgewirkt:
(Name, Anschrift, Telefon)

Datum
12. 4. 1990

Brömmelkamp, Gesch.führer

Eigenhändige Unterschrift des Unternehmers

Hinweis nach den Vorschriften der Datenschutzgesetze:
Die mit der Steuererklärung angeforderten Daten werden aufgrund der §§ 149 ff. der Abgabenordnung und des § 18 des Umsatzsteuergesetzes erhoben.

Ein Umsatzsteuerbescheid ergeht nur, wenn von Ihrer Berechnung der Umsatzsteuer abgewichen wird.

1) Bei Einstellung der unternehmerischen Tätigkeit während des Kalenderjahres ist ggf. auch Zeile 31 auszufüllen.
2) Nicht im Erhebungsgebiet ansässige Unternehmer haben die für die Berechnung des Steuerabzugsbetrags maßgebliche Steuer in Abschnitt C der Anlage UN zu berechnen.
3) Der anzuwendende v. H.-Satz kann der Tabelle in Abschnitt 248 UStR entnommen werden.
4) Der errechnete Steuerabzugsbetrag, höchstens aber 2562 DM, ist in der Spalte „Steuer" einzutragen.
5) Negative Beträge sind rot einzutragen oder mit einem Minuszeichen zu versehen.
6) Zurückzuzahlende Kürzungsbeträge sind zu berücksichtigen (§§ 11 und 12 BerlinFG).
7) Hierzu gehören Fälle der nachträglichen Entgeltserhöhungen und Entgeltsminderungen sowie beim Wechsel der Besteuerungsform in früheren Besteuerungszeiträumen bereits versteuerte Anzahlungen oder noch nicht versteuerte Außenstände.
8) Nur für nicht im Erhebungsgebiet ansässige Unternehmer. Unternehmer, die § 19 Abs. 1 UStG anwenden, dürfen die in Rechnungen oder Gutschriften gesondert ausgewiesenen Steuerbeträge nicht anrechnen (Abschnitt 238 Abs. 10 Nr. 3 UStR).

P. Exkurs:

Besonderheiten im innerdeutschen Waren- und Dienstleistungsverkehr

Die sich durch die seit dem 1. Juli 1990 bestehende Währungs- und Wirtschaftsunion zwischen der Bundesrepublik Deutschland und der Deutschen Demokratischen Republik ergebenden Auswirkungen für das Umsatzsteuerrecht wurden bereits in den einzelnen Kapiteln - soweit erforderlich - dargestellt. An dieser Stelle werden deshalb die wichtigsten Bestimmungen nur kurz noch einmal zusammengestellt:

I. Allgemeine Verwaltungsvorschrift über den innerdeutschen Waren- und Dienstleistungsverkehr

Die Volkskammer der DDR hat ein Umsatzsteuergesetz verabschiedet, das inhaltlich dem UStG der Bundesrepublik entspricht.
Auch nach dem 1. Juli 1990 zählt das Gebiet der DDR einschl. Berlin (Ost) weder zum Erhebungsgebiet der Bundesrepublik Deutschland noch zum Außengebiet. Lieferungen in die DDR bleibt daher die Steuerbefreiung nach §§ 4 Nr. 1, 6 UStG versagt.

Die "Allgemeine Verwaltungsvorschrift über die umsatzsteuerliche Behandlung des innerdeutschen Waren- und Dienstleistungsverkehrs zwischen den Währungsgebieten der Deutschen Mark und der Mark der Deutschen Demokratischen Republik (VwV zu § 26 Abs. 4 UStG)" in der Fassung vom 18. Juli 1984 wird mit Wirkung vom 1. Juli 1990 aufgehoben.

II. Kürzungsbetrag

Für den Erwerb von Gegenständen mit Ursprung in der Deutschen Demokratischen Republik erhält der westdeutsche Abnehmer für eine befristete Zeit einen Kürzungsbetrag, wenn diese Waren für das Unternehmen des Abnehmers geliefert werden. Der Kürzungsbetrag ist vom Entgelt zu berechnen und wie Vorsteuer bei der Ermittlung der Umsatzsteuerschuld zu berücksichtigen.

Der Kürzungsbetrag beträgt
a) in der Zeit vom 1. Juli 1990 bis 31. Dezember 1990 11 v.H. (bzw. 5,5 v.H. für Gegenstände lt. Anlage zu § 12 UStG) des Entgelts;
b) in der Zeit vom 1. Januar 1991 bis 31. März 1991 vermindert sich der Kürzungsanspruch von 11 auf 6 v.H. bzw von 5,5 auf 3 v.H.

III. Importzuschlag

Der am 20. Juni 1990 verfügte Importzuschlag i.H.v. 11 % für Konsumgüter aus der Bundesrepublik Deutschland wird nicht erhoben. Statt dessen ist beabsichtigt, zum Schutz von Waren mit Ursprung Deutsche Demokratische Republik für die Zeit vom 1. Juli 1990 bis zum 31. März 1991 für ausgewählte Erzeugnisse Steuerfreiheit bzw. einen verminderten Steuersatz zu gewähren. Diese Regelung betrifft u.a. Textilien, Bekleidung und Lederwaren, hauhaltschemische und kosmetische Erzeugnisse sowie eine Reihe industrieller Konsumgüter.

IV. Ort der sonstigen Leistung

Dem UStG ist § 26a hinzugefügt worden, der folgende Sonderregelungen beinhaltet:

§ 3a Abs. 2 bis 4 UStG werden für in der Bundesrepublik ansässige Unternehmer, die in der DDR sonstige Leistungen ausführen, bzw. für in der DDR ansässige Unternehmer, die in der BRD sonstige Leistungen ausführen, außer Kraft gesetzt.
Diese Regelung soll der Vereinfachung des Besteuerungsverfahrens dienen.

Sonstige Leistungen i.S.d. § 3a Abs. 2 bis 4 UStG werden also jeweils in dem Staat besteuert, in dem der leistende Unternehmer seinen Sitz hat.

Weiterhin wird die Frage geregelt, in welchem Gebiet die Beförderungsleistung eines im Außengebiet ansässigen Unternehmers zu versteuern ist, wenn sich die Beförderungsleistung sowohl auf die BRD als auch auf die DDR erstreckt.
Nach § 26 a Nr. 3 UStG hat die BRD das Besteuerungsrecht, wenn die Beförderung in ihrem Gebiet beginnt oder wenn die Beförderung zunächst durch ihr Gebiet führt, bevor sie im Gebiet der DDR ausgeführt wird. Entsprechendes gilt für das Besteuerungsrecht der DDR.

V. Vorsteuerabzug

Das Recht zum Vorsteuerabzug wird grundsätzlich auch auf die Steuer für Umsätze ausgedehnt, die in der DDR der Umsatzsteuer nach dem neu eingeführten Mehrwertsteuersystem unterliegen.

Als Vorsteuer abziehbar ist somit
- die in Rechnungen i.S.d. § 14 Abs. 4 UStG gesondert ausgewiesene Umsatzsteuer für Lieferungen und sonstige Leistungen nach dem UStG der DDR, sowie
- die an die DDR entrichtete Einfuhrumsatzsteuer.

Diese Sonderregelung kann nicht in Anspruch genommen werden, wenn der Unternehmer im Besteuerungszeitraum Umsätze sowohl in der BRD als auch in der DDR ausgeführt hat.
In diesen Fällen verbleibt es dabei, daß der Unternehmer Vorsteuerbeträge jeweils in dem Erhebungsgebiet geltend macht, in dem die Steuer für die eigenen Ausgangsumsätze geschuldet wird.
Entsprechendes gilt für die DDR. Dort kann also ein Unternehmer gesondert ausgewiesene Umsatzsteuer nach dem UStG der BRD, sowie an die BRD entrichtete Umsatzsteuer als Vorsteuer geltend machen, soweit er keine Umsätze in der BRD ausführt.